W0255341

Fortsetzung am Ende des Buches

Dr. Ulrich Frank

Expertensysteme: Neue Automatisierungspotentiale im Büro- und Verwaltungsbereich?

GABLER

CIP-Kurztitelaufnahme der Deutschen Bibliothek

Frank, Ulrich:
Expertensysteme: Neue Automatisierungspotentiale im Büro- und Verwaltungsbereich?
— Wiesbaden: Gabler

ISBN-13: 978-3-409-13112-4 e-ISBN-13: 978-3-322-89314-7
DOI: 10.1007/978-3-322-89314-7

Der Gabler Verlag ist ein Unternehmen der Verlagsgruppe Bertelsmann.

ISBN-13: 978-3-409-13112-4

Geleitwort

Die zunehmende Bedeutung der Informationstechnologie auch im Büro- und Verwaltungsbereich ist unbestritten. Die heute in der Praxis zu verzeichnenden Ansätze konzentrieren sich vor allem auf die Automatisierung solcher Aufgaben, die eine vergleichsweise geringe Komplexität aufweisen und vor allem wohlstrukturiert sind. Aus wissenschaftlicher Sicht interessanter erscheinen jedoch Tätigkeiten, die der Vorbereitung zielgerichteter Handlungen in dynamischen Realitätsbereichen dienen, deren Strukturen und Wirkungszusammenhänge nicht vollständig bekannt sind. Seit der Verfügbarkeit von EDV-Anlagen in Unternehmungen hat es zwar immer wieder Forschungsbemühungen gegeben, solche Managementfunktionen zu automatisieren oder weitgehend zu unterstützen – Management Informationssysteme und Entscheidungsunterstützungssysteme sind hier als die wohl bekanntesten Ansätze zu nennen –, überzeugende Erfolge konnten jedoch nicht verzeichnet werden.

Ein wesentlicher Grund für dieses Scheitern ist in der fehlenden Konzeption zur formalen Abbildung schwach strukturierter Zusammenhänge zu sehen. Ein aus der Künstliche Intelligenz-Forschung stammender Ansatz, der in den letzten Jahren in Wissenschaft und Praxis für Aufsehen gesorgt hat, verspricht, diese Automatisierungshürde zu überwinden: in Expertensystemen soll das Wissen – und eben auch sog. vages Wissen – hochqualifizierter Experten mit Hilfe geeigneter Formalismen abgebildet werden, so daß deren Entscheidungskompetenz rekonstruiert werden kann. In den wenigen dedizierten betriebswirtschaftlichen Beiträgen wird dieser Ansatz mit verhaltenem Optimismus beurteilt. Es mangelt allerdings an detaillierten Analysen der Möglichkeiten, Managementfunktionen durch Expertensysteme zu ersetzen. Ein Grund dafür mag die damit verbundene Notwendigkeit sein, die Mühen einer interdisziplinären Orientierung auf sich zu nehmen. So sind neben der formalwissenschaftlich orientierten Künstliche Intelligenz-Forschung u. a. die kognitive Psychologie und die Organisationstheorie zu berücksichtigen.

Die Untersuchung von Ulrich Frank zielt auf diese Lücke. Zunächst beschreibt er den gegenwärtigen Stand der Künstliche Intelligenz-Forschung. Sein besonderes Augenmerk gilt dabei dem theoretischen Gehalt der oft mit beeindrukkenden Etiketten versehenen Formalismen. Vor dem Hintergrund dieser Beurteilung werden die Merkmale betrachtet, die die Kompetenz von Managern konstituieren. Dadurch werden einige zu vermutende Grenzen der formalen Rekonstruktion dieser Kompetenz verdeutlicht. Darüber hinaus gelingt es Ulrich Frank, mit einem für die Diskussion um die Künstliche Intelligenz neuartigen Argument zu zeigen, daß mit dem Expertensystemansatz eine funktionierende umfassende Substitution der Entscheidungskompetenz von Managern nicht möglich ist. Er betont allerdings mit Nachdruck, daß diese Kritik keineswegs die Grenzen der Automatisierbarkeit festschreibt. Vielmehr wird überzeugend verdeutlicht, daß ein organisationstheoretisch fundiertes Automatisierungskonzept erheblich größere Rationalisierungspotentiale beinhaltet als der Expertensystemansatz. Die dazu diskutierten – wichtig: nicht empfohlenen – Maßnahmen werden sicher nicht unumstritten sein: zu drastisch sind die damit verbundenen Veränderungen. Ulrich Frank gibt allerdings zu bedenken, daß es sich hier letztlich nur um die konsequente gedankliche Weiterentwicklung bisheriger organisatorischer Veränderungen zur Vorbereitung des EDV-Einsatzes handelt. Im übrigen scheut er nicht davor zurück, mögliche unbequeme Auswirkungen des skizzierten Ansatzes kritisch zu reflektieren.

Ich halte die vorliegende Schrift für einen wertvollen Beitrag zu einer betriebswirtschaftlichen Theorie der Automatisierung, der nicht nur für die betroffenen Fachwissenschaftler anregend sein dürfte, sondern auch all jene Praktiker anspricht, die an einer sachlichen, auf Entmystifikation zielenden Beurteilung der Künstliche Intelligenz-Forschung interessiert sind und Anregungen dafür suchen, wie das Büro der Zukunft gedacht werden könnte.

ALFRED KIESER

Inhaltsverzeichnis

Inhaltsverzeichnis

I. Einleitung

Seit der Einführung digitaler Rechenanlagen und vor allem seit der Verfügbarkeit von Mikroprozessoren ist eine stetige Ausweitung des Informationstechnologie-Einsatzes in Unternehmungen zu verzeichnen. Die ständig zunehmende Leistungsfähigkeit der Hardware geht dabei einher mit einem wachsenden und immer differenzierteren Software-Angebot. Die weiter ansteigende Integrationsdichte von Chips wird zusammen mit in ähnlichem Ausmaß wachsenden Aufzeichnungsdichten peripherer Speicher die Kosten für Verarbeitungskapazität (Geschwindigkeit und Speichervolumen) immer weiter senken. Die Skizze einer Mikrocomputeranlage mit der Leistungsfähigkeit einer gegenwärtigen Großanlage ist schon heute eher Realität denn Fiktion.

Besonders beeindruckende Wirkungen zeigt die Mikroelektronik in einem Bereich, der traditionell durch ein hohes Maß an Mechanisierung gekennzeichnet ist: in der Produktion. Die konsequente Nutzung der durch Computer geschaffenen Steuerungs- und Kontrollmöglichkeiten führt hier bei günstigen Voraussetzungen zur nahezu vollautomatischen Fertigung. Anders im Büro- und Verwaltungsbereich. Zwar ist auch hier eine Ausweitung des Computer-Einsatzes nicht zu übersehen, aber im Vergleich zum Produktionsbereich bleiben die Automatisierungseffekte bescheiden. Allein aus der konstruierten Analogie zur Entwicklung in der Fertigung auf erhebliche Automatisierungspotentiale zu schließen, scheint gewagt: es gibt offensichtlich gewichtige Automatisierungsbarrieren, die in der spezifischen Eigenart der Aufgaben im Büro begründet sind. So ist zwar durch Programme zur Verwaltung und Aufbereitung von Daten (vor allem: Finanzbuchhaltung und Fakturierung, Textverarbeitung und Datenbankanwendungen) die teilweise Automatisierung und Unterstützung operativer Bürotätigkeiten gelungen, dispositive Aufgaben allerdings sperren sich gegen Automatisierungsbemühungen. Während der Rückgriff auf die klassischen DV-Funktionen Speichern und Rechnen hier auch für die

Zukunft keinen Erfolg erwarten läßt, verspricht die Künstliche Intelligenz-Forschung Programme, deren Leistungsfähigkeit weit über die konventioneller Datenverarbeitung hinausgeht. Einem Forschungsanliegen wird dabei besondere Aufmerksamkeit zuteil: dem Bemühen, hochqualifiziertes menschliches Wissen formal zu rekonstruieren und in Programmen zu implementieren, die unter Rückgriff auf "ihr" Wissen Probleme zu lösen versprechen, deren Bearbeitung die Kompetenz von Experten voraussetzt. Derartige Programme, wissensbasierte Systeme oder - häufiger - Expertensysteme (ES) genannt, sind seit wenigen Jahren, z.T. als Prototypen, in praktischer Erprobung.

Der mit ES verbundene Anspruch scheint also geradezu maßgeschneidert dafür, die Automatisierungslücken im Büro- und Verwaltungsbereich zu füllen. So ist explizit davon die Rede, daß ES auch in schwach strukturierten Bereichen Probleme lösen bzw. Entscheidungen treffen können (Raulefs 1982, S. 94). Auch Beurteilungen der Leistungsfähigkeit bereits implementierter ES unterstreichen den Eindruck, daß hier ein Konzept verfügbar sei, das gängige Vorstellungen von Automatisierbarkeit aus den Angeln hebt - zumal wenn sie aus berufenen Munde kommen: "Many existing systems can perform at the level of a human expert, while others are not far behind." (Quinlan 1982, S. 45) Es ist allerdings nicht eben angeraten, daraus auf den baldigen Einzug von ES in bisher nicht automatisierbare Bereiche der Verwaltung zu schließen. Denn selbst dann, wenn man sich in gutem Glauben allein auf das Urteil der KI-Forscher verlassen will, entsteht kein klares Bild der Leistungsfähigkeit von ES. So gibt es selbst in dieser von Optimismus geprägten Zunft skeptische Stimmen: Schank (1985, S. 34) beispielsweise mag überhaupt nicht daran glauben, daß maschinelle Experten bereits unter uns sind: "Expert systems are horribly misnamed, since there is very little about them that is expert."

Richtet man den Fokus der Betrachtung auf den Verwaltungsbereich, wird die Lage noch verwirrender. Während nämlich in anderen Bereichen (Technik, Naturwissenschaften) einige ES bereits kommerziell eingesetzt werden (was ja - unabhängig von ihrer Leistungsfähigkeit - ein Indiz für ihre Brauchbarkeit ist), werden in der Literatur keine etablierten Systeme genannt, die eine automatische Lösung von Managementaufgaben ermöglichen. Es ist bezeichnend, daß selbst solche Publikationen[1)], die betriebswirtschaftliche ES oder wenigstens konkrete Einsatzmöglichkeiten darzustellen versprechen, kaum über vage Konzeptionen hinausgehen. Die wenigen in der Literatur vorgestellten ES, die in diesen Bereich fallen, sind Prototypen[2)], die i.d.R. so oberflächlich beschrieben sind, daß eine Evaluierung Schwierigkeiten bereitet.[3)] Dennoch sind die (seltenen) betriebswirtschaftlichen Qualifizierungen der Einsatzchancen von ES in der Verwaltung durch verhaltenen Optimismus gekennzeichnet. So gelangen König/Niedereichholz (1986, S. 18) - ohne nähere Begründung - zu der Einschätzung, daß "Expertensysteme ... wahrscheinlich in zunehmendem Umfang zur Beurteilung komplexer technologischer und soziologischer Sachverhalte in den Bereichen Volkswirtschaft, Betriebswirtschaft, Technik, Arbeitswissenschaft usw. einsetzbar" sein werden. Zelewski (1986, S. 1010) prognostiziert bereits eine "Entwertung des Humankapitals in Unternehmungen" durch die Speicherung des Wissens "hochqualifizierter Mitarbeiter" in ES.

Die widersprüchlichen und vor allem wenig informativen Darstellungen des Leistungsvermögens von ES machen es für eine Untersuchung von Automatisierungspotentialen unumgänglich,

1) so z.B. Harris (1986), Winston/Prendergast (1984) oder die Beiträge in Bernold (1985), Krallmann (1986) und Reitman (1983)

2) Beispiele dafür: das System TICON zur Bewertung von "control systems" in Organisationen (Michaelsen/Michie 1983) oder, weniger ambitioniert, EVA, ein ES zur Vermögensanlageberatung, das mit Unterstützung der GMD entwickelt wurde. Bachem (1986) Ähnliches gilt für ein ES zur Beurteilung von Kreditrisiken für Banken (Horowitz 1985) oder ein anderes zur Vorhersage von Wechselkursen (Charpin 1985)

3) "Im betriebswirtschaftlichen Bereich verfügt man noch nicht über reiche und einigermaßen nachvollziehbare Praxiserfahrungen mit Expertensystemen." Mertens (1985), S. 133

die Merkmale, die ES von anderen Automatisierungskonzepten unterscheiden, näher zu betrachten. Dazu wird zunächst die Architektur von ES aus softwaretechnischer bzw. formalwissenschaftlicher Sicht dargestellt. Da die Repräsentation menschlichen Problemlösungswissens im Mittelpunkt des ES-Ansatzes steht, werden die in diesem Zusammenhang wichtigsten Formalismen sowie grundlegende Konzepte mechanischer Wissensverwertung beschrieben. Daneben soll untersucht werden, welche Verfahren zur Erhebung von Wissen und seiner Abbildung auf formale Systeme (Knowledge Engineering) in der Literatur präsentiert werden.

Erst nach Abschluß dieser allgemeinen Betrachtung des ES-Ansatzes wenden wir uns dem Büro- und Verwaltungsbereich zu. Nach einem kurzen Vergleich mit dedizierten Automatisierungskonzepten werden Merkmale der Kompetenz erarbeitet, die für dispositive Tätigkeiten in der Verwaltung kennzeichnend ist, um zu untersuchen, ob die zuvor dargestellten Formalismen des ES-Ansatzes eine funktional äquivalente Rekonstruktion erlauben. Dabei stellt sich heraus, daß die Frage nach Automatisierungspotentialen allein durch die so ausgemachten Grenzen nicht überzeugend beantwortet werden kann. Zunächst soll jedoch - anhand eines kurzen historischen Abrisses - geklärt werden, wieso ES innerhalb der KI-Forschung eine herausragende Bedeutung zukommt.

II. Der wissenschaftshistorische Hintergrund – vom Traum der Rekonstruktion menschlicher Intelligenz zur Verarbeitung von Wissen

Der Versuch, Regeln des menschlichen Denkens zu entdecken, ist so alt wie die Wissenschaften. Die Bemühungen der Philosophen waren dabei im wesentlichen darauf gerichtet, Vorschriften für *richtiges* Denken zu entwickeln, was sich vor allem in der Pflege der Aristotelischen Logik ausdrückte. Fasziniert von der Präzision der Logik und überzeugt davon, daß sich die Realität mit logischen Sätzen exakt beschreiben ließe, skizzierte Leibniz ein Projekt, daß den Menschen endlich von der Last anstrengender Überlegungen befreien sollte: die Entwicklung einer idealen Sprache, der *lingua characteristica*, und eines idealen Kalküls, des *calculus ratiocanator*, zur Verarbeitung der Sprache. Während die ideale Sprache eine exakte Beschreibung jedweder intellektueller Probleme - auch moralischer und politischer Fragen - ermöglichen sollte, sollte der Kalkül die Ermittlung der Problemlösung erlauben. Ihm kam also eher eine normative Funktion zu. Wie Leibniz sich eine solche exakte, regelgerechte Problemlösung vorstellte, verdeutlichte er durch den legendären Satz 'Laßt uns rechnen'[1]: mit Hilfe der *lingua characteristica* sollten alle realen Sachverhalte (wobei vor allem an Probleme zu denken ist) auf Zahlen abgebildet werden. Die Anwendung des Kalküls sollte es dann ermöglichen, die Zahl bzw. Zahlen, die die Lösung repräsentieren, zu berechnen. Leibniz kam über fragmentarische Ansätze nicht hinaus. Dennoch - auch nachfolgende logische Untersuchungen waren mit der Hoffnung verbunden, die Regeln richtigen Denkens zu finden, wobei wenig Mühe darauf verwandt wurde, deskriptive und normative Ebenen zu unterscheiden.[2]

Die im wesentlichen mit den Arbeiten Freges begründete moderne Logik entwickelte sich mehr und mehr zu einer rein

---

1) vgl. dazu Dreyfus (1985 a, S. 19)
2) exemplarisch dafür der Titel einer Arbeit von Boole: "The Laws of Thought."

formalen Disziplin, gleichwohl dabei der Leibnizsche Traum von einer exakten Beschreibung der Realität nicht aufgegeben wurde.[1)] Von besonderer Bedeutung für die später einsetzende Erforschung der maschinellen Reproduktion menschlicher Intelligenz sind dabei die Untersuchungen über die Formalisierung von Verfahren zur Ableitung von Sätzen aus gegebenen Sätzen, denn sie eröffneten die Möglichkeit automatischer Beweise (Davis 1983, S. 11 ff.). Der eigentliche Auslöser für das Entstehen des neuen Forschungszweiges war jedoch die Einführung elektronischer Digitalrechner zu Beginn der fünfziger Jahre. Schon in dieser Zeit entstanden die ersten Programme zum Beweisen von Theoremen (Siekmann/Wrightson 1983 a,S. IX). Es waren wohl diese ersten beeindruckenden Ergebnisse, die zusammen mit dem Glauben an den Erfolg der naturwissenschaftlichen Methode und dem faszinierenden Mythos vom Elektronengehirn dazu beitrugen, eben diesen Mythos weiter zu pflegen: im Jahre 1956 wurde von McCarthy der bis heute heftig diskutierte Begriff *Artificial Intelligence* eingeführt (Charniak/ McDermott 1985, S. 10).

1. Symbolverarbeitung, Logik und Intelligenz

Als Turing Mitte der dreißiger Jahre dieses Jahrhunderts noch vor der Einführung elektronischer Digitalrechner den theoretischen Entwurf einer Maschine vorlegte, die eine endliche Zahl von Symbolen mit einem austauschbaren Satz von Regeln manipulieren, d.h. in andere Symbole transformieren konnte, war nachgewiesen, daß man mit einer Maschine nicht nur rechnen, sondern auch logische Schlüsse durchführen konnte.[2)] Schließlich gehört es zu den wesentlichen Kennzeichen der (formalen) Logik, daß die zulässigen Aussagen normiert und

1) Vgl. dazu Davis (1983), S.4. Ein Traum, der sich ja auch im Anliegen des logischen Positivismus spiegelt.

2) die Durchführung arithmetischer Operationen kann dabei allerdings auch als eine Manipulation von Symbolen, nämlich Zahlen, nach den Regeln der Arithmetik verstanden werden.

symbolisiert werden. Damit war, auf einer recht abstrakten Ebene, ein erster Einbruch in die Domäne menschlicher Intelligenz vollzogen, zu deren wesentlichen Eigenschaften ja die Fähigkeit zum korrekten logischen Schließen gezählt wurde (und wird).

Der theoretischen Skizze folgten sehr bald beeindruckende Zeugnisse der Leistungsfähigkeit digitaler Rechenmaschinen. So wurde z.B. im zweiten Weltkrieg ein von Turing konzipierter Automat erfolgreich zur Rekonstruktion von Nachrichtencodes eingesetzt. Auch die - aus heutiger Sicht eher bescheidene - Rechengeschwindigkeit der ersten Computer verdeutlichte mit Nachdruck, daß Maschinen auch intellektuelle Aufgaben besser, nämlich schneller als Menschen durchführen konnten. Diese epochale, für manche Zeitgenossen beunruhigende, für andere eher faszinierende, für die meisten aber vor allem unverstandene Erfahrung führte zu einer nachhaltigen Mystifikation von Digitalrechnern als Elektronengehirne. Damit war die Frage aufgeworfen, ob diese Maschinen die Intelligenz von Menschen erreichen könnten. Ohne diese Frage entscheiden zu wollen, schlug Turing (1950) einen später nach ihm benannten Test vor, der der Überprüfung der Intelligenz einer Maschine (bzw. eines Programmes) dienen sollte. Der Turing-Test basiert nicht auf unterstellten meßbaren Eigenschaften der Intelligenz (wie viele sog. Intelligenztests), sondern rekurriert auf die Urteilsfähigkeit einer Testperson - deren Intelligenz bildet, dem Sinn der Fragestellung entsprechend, das Maß. Da die - wie auch immer sich artikulierenden - menschlichen Fähigkeiten, die Intelligenz konstituieren, streuen, stellt der Turing-Test kein eindeutiges Verfahren zur Feststellung maschineller Intelligenz dar. Von Neumann (1958) suchte die Frage nach der Möglichkeit maschineller Intelligenz durch die Betrachtung von Unterschieden und Gemeinsamkeiten von Digitalrechner und menschlichem Gehirn zu beantworten. Andere Computerwissenschaftler bemühten sich um eine möglichst exakte Definition maschineller Intelligenz, um eine Unterscheidung intelligenter von nicht intelligenten Programmen zu ermöglichen, kamen dabei jedoch über wenig brauchbare Allgemeinplätze nicht hinaus. Exemplarisch dafür ist die bis in die Gegenwart vielzitierte Feststellung Minskys, wonach eine Maschine dann intelligent ist, wenn sie Aufgaben lösen kann, zu deren Bearbeitung Menschen Intelligenz einsetzen müßten.

Die (mitunter recht mäßige) Diskussion um das Wesen der Intelligenz erschien vielen Computerwissenschaftlern (unter ihnen auch Turing) allzu müßig. Gab es doch Interessanteres zu unternehmen: mit der zunehmenden Verfügbarkeit programmierbarer Digitalrechner als universelle Turingmaschinen konnten die in der mathematischen Logik diskutierten formalen Verfahren zur Ableitung logischer Formeln mechanisiert werden. Die frühe KI-Forschung war denn auch vor allem angewandte Logik. Eine besondere Rolle spielten dabei Programme, die dem Beweis logischer Theoreme dienten. Sehr stark vereinfacht läßt sich die Funktionsweise dieser Programme so kennzeichnen: das zu beweisende Theorem wird zusammen mit gültigen Sätzen auf Symbolfolgen (bzw. Datenstrukturen) abgebildet. Im Programm sind sämtliche zulässigen Transformationen des zu Grunde gelegten Kalküls implementiert. So ist es möglich, durch wiederholte Anwendungen dieser Transformationen auf bekannte Sätze neue gültige Sätze zu generieren bis schließlich der zu beweisende Satz abgeleitet ist, oder aber, in der anderen Richtung, den zu beweisenden Satz so lange zu manipulieren bis ein gültiger oder falscher Satz entsteht. Das wesentliche Problem dabei ist die Handhabung der kombinatorischen Explosion der abgeleiteten Sätze. Die Forschung in diesem Bereich erreichte Anfang der sechziger Jahre einen vorläufigen Höhepunkt, als es dem Mathematiker Wang gelang, ein Programm zu entwerfen, das sämtliche Theoreme der 'Principia Mathematica' von Russel und Whitehead beweisen konnte (Davis 1983, S. 17). Andere, weniger spektakuläre, aber im Resultat nicht minder bedeutsame, Forschungen zielten darauf ab, Werkzeuge bereitzustellen, die das Erstellen symbolverarbeitender Programme erleichtern sollten. Die Programmierung von Rechnern erfolgte in den fünfziger Jahren üblicherweise in Assembler, einer Sprache, deren Struktur ja nicht am formalen Aufbau logischer

Problemstellungen orientiert ist, sondern vielmehr die Besonderheiten der Maschinenstruktur reflektiert. Der wichtigste Erfolg dieser frühen Bemühungen ist wohl die Implementierung der Programmiersprache LISP durch McCarthy (Stoyan/Görz 1984, S. 2 f.).

Logische Untersuchungen bildeten das Schwergewicht der frühen KI-Forschungen. Die mit den ersten Erfolgen auf diesem Feld einhergehende Aufbruchstimmung ermunterte jedoch einige Beteiligte zu wesentlich ambitionierteren Vorhaben: die menschliche Intelligenz sollte in ihrer Gesamtheit mit Hilfe eines Digitalrechners rekonstruiert werden.[1] Simon, Newell u.a. spielten dabei eine wesentliche Rolle. Nachdem sie sich zunächst auf den Entwurf von Theorembeweisern konzentriert hatten, formulierten sie schließlich gegen Ende der fünfziger Jahre das Forschungsziel, Struktur und Funktionsweise der menschlichen Intelligenz maschinell nachzubilden (Siekmann/Wrightson 1983 a, Vorwort). Dieser gewandelte Anspruch wird nicht zuletzt deutlich durch die Namen der Programme, die von ihnen entwickelt wurden. Während ein theorembeweisendes Programm den Namen 'logical theorist' trug, tauften Simon, Newell u.a. ein späteres Programm, auf dessen Funktionsweise noch einzugehen sein wird, 'General Problem Solver'.

Die zum Teil sehr euphorischen Hoffnungen gründeten auf einer Vorstellung darüber, wie menschliche Intelligenz funktioniert oder, weniger anspruchsvoll, wie sie rekonstruiert werden kann - eine Vorstellung, die für wesentliche Bereiche der KI-Forschung bis heute einen konstituierenden oder doch wenigstens legitimierenden Charakter hat. Danach wird unter Intelligenz die Fähigkeit verstanden, kreativ Symbole zu manipulieren, um den Anforderungen einer bestimmten Aufgabe zu

---

1) Wos und Henschen (1983) zu diesen beiden Forschungsrichtungen: "There were and continue to be two basic approaches to the question. One approach was based on an attempt to study and simulate human reasoning. The other approach was based on purely logical foundations...", S. 2 f.

genügen.[1] Symbole sind dabei Zeichen oder Zeichenfolgen, auf die Begriffe, Konstrukte und damit letztlich Sachverhalte abgebildet werden können. Die Grundannahme vieler KI-Forscher besteht darin, daß ein Intelligenz konstituierender Akt, sei er natürlich oder maschinell reproduziert, durch einen Anfangszustand, nämlich irgendein Problem, und ein Ziel (also eine Problemlösung) gekennzeichnet ist. Wenn nun sowohl Anfangs- als auch Zielzustand auf endliche Symbolketten abgebildet werden können, dann besteht die Chance, einen Lösungsweg, also die Transformation des Anfangs- in den Zielzustand, mit Hilfe einer endlichen Zahl von Operationen maschinell zu durchlaufen.

Mit diesem kurzen Überblick ist - auf einer recht abstrakten Ebene - der Bezugsrahmen der KI-Forschung skizziert. Die Annahmen, die den Schluß ermöglichen sollen, dieser Rahmen sei hinreichend, Intelligenz zu (re-)konstruieren, seien noch einmal zusammenfassend wiederholt:

1. Problemlösungen, die Intelligenz erfordern, lassen sich i.d.R. nicht durch arithmetische Verfahren beschreiben. Sie können allerdings als ein *formal beschreibbarer* Prozeß gedacht werden, innerhalb dessen Symbole zielgerichtet manipuliert werden.

2. Digitalrechner als universelle Turing-Maschinen sind grundsätzlich in der Lage, derartige Prozesse abzubilden.

So bescheiden dieser Bezugsrahmen auch erscheint, in den Anfangszeiten der KI-Forschung weckte er große Hoffnungen. So glaubte Minsky (1968), daß es für Maschinen keine Beschränkungen gibt, denen nicht auch der Mensch unterworfen ist, und meinte (1967, S. 2), die Schöpfung einer künstlichen Intelligenz sei innerhalb einer Generation zu bewerkstel-

1) "Intelligence may be defined as the ability creatively to manipulate symbols, or process information, given the requirements of the task in hand." Boden (1977), S. 17

ligen. Eine noch deutlichere Prognose wagte Simon (1964, S. 594): "Within the very near future - much less than twenty-five years - we shall have the *technical* capability for substituting machines for any and all human functions in organizations."[1]

Der unbekümmerte Positivismus, der in solchen Einschätzungen mitschwingt, wird im folgenden Zitat besonders deutlich:[2]

"Der einzige Grund dafür, daß es uns bisher noch nicht gelungen ist, jeden Aspekt der realen Welt zu simulieren, ist der, daß wir noch nicht über ein genügend leistungsfähiges Computer-Programm verfügen. Ich arbeite zur Zeit an diesem Problem."

2. Die Hoffnung auf die verborgenen Strukturen der Intelligenz und die Lust am Programmieren

Der skizzierte Bezugsrahmen richtete den Fokus der Untersuchungen der an der Nachbildung der menschlichen Intelligenz interessierten KI-Forscher[3] vor allem auf zwei Probleme:

- die Abbildung realer Problem- und Lösungszustände legt neben einer empirischen Erforschung der Realität die Entwicklung ausdrucksstarker formaler Sprachen nahe.
- neben der Erfassung zulässiger Transformationen des Anfangszustands ist, wegen der kombinatorischen Explosion möglicher Transformationen bei komplexen Aufgaben, nach intelligenten, also zielgerichteten Lösungsstrategien zu suchen.

---

1) Simon gibt sich damit noch bescheidener als einst Leibniz, der für sein oben skizziertes Vorhaben eine Entwicklungszeit von fünf Jahren angab (unter Mitarbeit einiger 'ausgewählter Männer')
2) McCarthy, zitiert nach Weizenbaum (1978), S. 266
3) von einer einheitlichen Orientierung der KI-Forschung konnte kaum die Rede sein. "What this field encompassed was not agreed upon exactly by any two workers in AI". Schank (1985), S. XI

Da intelligentes menschliches Denken das Maß der Bemühungen absteckte, war es naheliegend, dessen Merkmale mit Hilfe empirischer Forschungen aufzudecken zu suchen. Ganz in diesem Sinne verfuhren Simon, Newell und Shaw bei der Entwicklung des ersten Programms, das mit dem expliziten Anspruch verbunden war, intelligente menschliche Problemlösungsverfahren in einem umfassenden Sinne reproduzieren zu können: dem General Problem Solver, kurz GPS.[1] Da das Programm zunächst Aufgaben der Mathematik lösen sollte, wurde mit Hilfe von "thinking aloud"- Protokollen untersucht, wie Studenten Aufgaben dieser Art bearbeiteten. Durch zusätzliche Plausibilitätsüberlegungen glaubten Simon/Newell/Shaw (1965, S. 45) eine wesentliche - wenn nicht die wichtigste - Heuristik menschlichen Problemlösens entdeckt zu haben: die *means-end-analysis*. Danach versuchen Menschen den Unterschied zwischen einem gegebenen und einem gewünschten Zustand systematisch zu verringern. Dazu identifizieren sie die nötigen Mittel zur Erreichung eines Zielzustands und betrachten diese solange ebenfalls als (Zwischen-) Ziel, für dessen Erreichung Mittel zu finden sind. Das Verfahren setzt sich solange fort bis ein Mittel unmittelbar eingesetzt werden kann. Unabhängig davon, in welchem Maße die gewiß nicht neue, durchaus plausible Annahme, Menschen neigten dazu, die Komplexität eines Problems zu reduzieren, indem sie es in überschaubarere Teilprobleme zerlegen, tatsächlich zutrifft, mutet es doch etwas abenteuerlich an, eine Theorie mit derartig geringem Informationsgehalt[2] als hinreichende Grundlage für den Entwurf eines allgemeinen Problemlösers zu betrachten. Bleiben doch gewichtige Fragen offen:

- wie läßt sich ein beliebiges Problem überhaupt abbilden?
- wie funktioniert allgemein das Entdecken geeigneter Mittel?

1) eine ausführliche Darstellung findet sich in Simon/Newell (1972), S. 455 ff.
2) da sie als Grenzfall auch die unmittelbare Lösung eines Problems ohne weitere Unterteilung enthält, ist sie nahezu tautologisch

Der Grund, weshalb sich Simon und Newell dem unbefriedigenden Theoriestatus zum Trotz dennoch an die Konzeption des GPS machten, hängt wohl nicht zuletzt mit der Faszination des Programmierens zusammen. Der GPS war denn auch in keiner Weise und zu keiner Zeit (es gab eine Reihe von Versionen) eine Maschine, die Probleme jeder Art lösen konnte. Vielmehr stellt er ein Werkzeug dar, das die Erstellung von Systemen zur Lösung einer spezifischen Klasse von Problemen unterstützt.[1] Bemerkenswert ist dabei (nicht zuletzt im Hinblick auf die später erscheinenden ES) die Architektur des GPS: erstmals (Barr/Feigenbaum 1981, S.113) wurde eine Trennung zwischen der (variablen) Repräsentation des problemspezifischen Wissens und der Prozedur zur Verwertung dieses Wissens vorgesehen. Das eine Problemklasse zusammen mit möglichen Lösungen darstellende Wissen, wird nach bestimmten formalen Anforderungen mit Hilfe symbolisierter Aussagen und Operatoren sowie der sog. "*table-of-connections*" abgebildet. Die Aussagen dienen der Abbildung von Problem und Lösungsraum. Zu Beginn des Lösungsverfahrens wird die Differenz zwischen Problem und Lösung ermittelt. Diese Differenzen sind nicht kardinal skaliert. Vielmehr werden verschiedene Klassen jeweils ordinal skalierter Differenzen gebildet. Das Verfahren ermittelt sie durch einen Vergleich der Symbolstrukturen (z.B.: "die Zahl der Variablen einer Aussage ist geringer als die einer anderen" oder "die Art der zweistelligen Junktoren ist unterschiedlich"). Die ebenfalls problemspezifisch einzugebenden Operatoren, die zulässige Transformationen (Implikationen, Äquivalenzen) der Aussagen beschreiben, sind vom Verfahren so auszusuchen, daß die Chance, die ermittelte Differenz zwischen gegebenem und gewünschtem Zustand zu verringern, möglichst groß ist. Dazu werden den möglichen Differenzen in der table-of-connections diejenigen Operatoren zugeordnet, die diese Differenzen zu beseitigen versprechen. Nach Maßgabe der means-end-analysis ist das Verfahren rekursiv

1) in diesem Sinne Weizenbaum (1978, S. 234): "... der GPS ist nichts anderes als eine Programmiersprache, in der man Programme für bestimmte hochspezialisierte Aufgaben schreiben kann."

formuliert: das Ziel des Verfahrens besteht in der Transformation des Ausgangszustands in einen Endzustand. Nachdem ein dazu u.U. geeigneter Operator ausgewählt wurde, kann es vorkommen, daß er nicht auf die den Ausgangszustand darstellende Symbolstruktur angewandt werden kann. Damit wird die Transformation dieser Struktur in eine für den ausgewählten Operator geeignete Form zum neuen Ziel. Dieses Verfahren setzt sich solange fort, bis ein Operator auf die Ausgangsstruktur angewandt werden kann. Anschließend können rückwärtsschreitend die vorher nicht möglichen Operationen bis hin zu derjenigen, die den Zielzustand herstellt, durchgeführt werden.

Aus dieser kurzen Beschreibung des GPS wird deutlich, daß die allgemein formulierte (und wenig informative) means-end-analysis als Problemlösungsheuristik für das Programm nicht hinreicht. Vielmehr sind für die je betrachtete Problemklasse ganz spezielle Angaben zu machen, mit deren Ermittlung ein wesentlicher Teil der Problemlösung bereits geleistet ist:

1. Gegebener und gewünschter Zustand müssen in hinreichend exakter Weise auf Symbolstrukturen abgebildet werden.

2. Die zulässigen Operationen, die grundsätzlich eine Transformation vom Ausgangs- in den Zielzustand erlauben, müssen spezifiziert werden.

3. Die Unterschiede zwischen einzelnen Zuständen müssen erfaßbar sein und sich ordinal skalieren lassen.

4. Die verfügbaren Operatoren müssen hinsichtlich der Chance, einen gewünschten Zustand herbeizuführen, gewichtet werden.

Dabei ist eine Einschränkung in Punkt 4 am leichtesten zu verkraften: wenn die dargestellten Informationen über die Operatoren nicht vorliegen, muß das Verfahren in einer blinden Suche die Anwendung der Operatoren auf einen möglichen Erfolg hin überprüfen. Bei komplexeren Problemen (bei denen sich die Rekursion über viele Stufen erstreckt) sind allerdings erhebliche, u.U. nicht vertretbare, Einbußen an der Lösungszeit hinzunehmen.

Angesichts der geschilderten Anforderungen verwundert es wenig, daß es vor allem Aufgaben der formalen Logik (Beweise) waren, die der GPS löste. Zu den wenigen Ausnahmen gehörte das Kannibalen und Missionare-Problem, für das die nötigen Anforderungen relativ leicht zu erfüllen sind. Trotz des hohen Anspruchs, der durch den Namen des Programms bekundet wurde, und der großen Hoffnungen, die Simon und Newell in seine Leistungsfähigkeit setzten, war es auch nach der letzten Modifikation Ende der sechziger Jahre (Ernst/Newell 1969) offensichtlich, daß eine umfassende Rekonstruktion menschlichen Problemlösungsverhaltens oder gar der Intelligenz nicht gelungen war. Das Scheitern des GPS wurde schließlich - mit einem durchaus gängigen Hinweis - durch (vermeintliche) erkenntnistheoretische Instrumentalisierung zu legitimieren versucht: die Arbeit an einem mechanisierten, wenn auch unzureichenden Modell des Problemlösens sollte neue Erkenntnisse über menschliches Problemlösungsverhalten liefern (Ernst/Newell 1969, S. 2).

Es scheint bis heute für weite Bereiche der KI-Forschung kennzeichnend, daß an dem hehren Ziel, die menschliche Intelligenz zu erforschen, festgehalten wird, die wesentliche Arbeit sich jedoch auf die Entwicklung von Programmen bzw. formaler Systeme konzentriert[1)], die einen eher mäßigen Theoriestatus widerspiegeln, allerdings häufig neue softwaretechnische Konzepte beinhalten:

1) so beinhaltet das von Siekmann und Wrightson herausgegebene zweibändige Sammelwerk "Automation of Reasoning", mit dem ein Überblick über die Entwicklung der Disziplin bis 1970 intendiert ist, ausschließlich formalwissenschaftliche Beiträge (Logik bzw. Informatik). Auch in der seit 1970 erscheinenden, bedeutendsten Zeitschrift des Faches *Artificial Intelligence* dominieren eindeutig Aufsätze aus diesem Bereich.

"There are two quite different starting points to define AI - the dream and the technology. As a dream, there is a unified (if ill-defined) goal of duplicating human intelligence in its entirety. As a technology, there is a fairly coherent body of techniques that distinguish the field from others in computer science." (Winograd in Bobrow/Hayes 1985, S. 380)

Auch wenn zweifelsohne der technologischen Forschung die weitaus größte Bedeutung[1)] zukommt, so hat doch der Traum, das Geheimnis der Intelligenz zu lüften, wesentlich dazu beigetragen, die KI-Forschung zu mystifizieren und die Diskussion über ihren Gegenstand zu emotionalisieren. Die Frage, ob die menschliche Intelligenz in ihrer Funktionsweise vollständig beschrieben werden könne, ist nun gewiß nicht neu. Aber gerade die gänzlich unbescheidenen, in manchen Ohren anmaßend klingenden Prognosen namhafter KI-Forscher haben ihr einen neuen Reiz verliehen. So vermerkt Dreyfus (1985 a, S. 301), daß die Untersuchung des menschlichen Wissens und Denkens nicht von den KI-Forschern begonnen wurde, sondern die Wissenschaften, vor allem die Philosophie, durchzieht wie ein roter Faden. Leicht polemisch fügt er hinzu:

"Er (Minsky, U.F.) glaubt, daß Programmierer sich sicher auf dem schwankenden Boden bewegen können, den Heidegger nicht zu betreten wagte, daß sie ohne weiteres die Totalität des menschlichen Handelns explizit machen könnten, die unser Leben durchdringt wie Wasser das Leben eines Fisches."

Während die meisten der angegriffenen KI-Wissenschaftler scheinbar wenig Interesse zeigen, sich eingehend an dieser erkenntnistheoretischen Diskussion zu beteiligen, bemüht sich Hofstadter (1985) mit großem Aufwand, Gründe für die Möglichkeit einer wohlstrukturierten Intelligenz zu erarbeiten. Von besonderer Bedeutung ist dabei das Konstruktionsprinzip Rekursion. Hofstadter gibt zahlreiche Beispiele von Strukturen (vor allem Symbolfolgen), die auch bei näherer Untersuchung keine Isomorphien erkennen lassen, aber im Licht einer rekursiven Deutung relativ unkompliziert erscheinen. Das Paradebeispiel für die Bedeutung derartiger Strukturen für die Konstruktion der (lebenden) Welt ist die Entschlüsselung des

1) vgl. zu dieser Einschätzung Wos/Hentschen (1983), S. 3

Aufbaus von DNS-Molekülen mit Hilfe einer rekursiven Beschreibung (Hofstadter 1985, S. 550 ff.). In ähnlicher Weise, so jedenfalls möchte Hofstadter glauben machen, könnte Intelligenz aufgebaut sein. Dem naheliegenden Hinweis auf die Komplexität und die scheinbare Undurchdringbarkeit des Phänomens hält er die komplexitätsreduzierende Wirkung der Rekursion entgegen. Für ihn ein Indiz dafür, "... daß das Denken in all seinen Aspekten als eine Beschreibung hoher Stufe eines Systems verstanden werden kann, das auf einer tieferen Stufe von einfachen, sogar formalen Regeln beherrscht wird." (S. 596) Der von Hofstadter virtuos vorgetragenen, ebenso verwirrenden wie verführerischen Mystifikation der Rekursion ist allerdings entgegenzuhalten, daß sie keine grundsätzliche Voraussetzung für die Beschreibbarkeit irgendwelcher Strukturen darstellt. Vielmehr lassen sich rekursive Beschreibungen immer durch nicht rekursive Äquivalente ersetzen. Dieser Hinweis hebt die Bedeutung der Rekursion jedoch nicht auf. Denn auch wenn es kein Phänomen gibt, das allein rekursiv beschrieben werden kann, so ist sie doch mitunter am besten geeignet, die Komplexität von Strukturen zu reduzieren.

So reizvoll die skizzierte Diskussion auch sein mag, so wenig ergiebig ist sie. Vielmehr laufen die Kontrahenten Gefahr, in wenig fruchtbarer Apologie zu verharren: ebensowenig wie man aus dem bisherigen Scheitern im Bemühen, Intelligenz formal zu beschreiben, den Schluß ziehen kann, daß Intelligenz eben keine formale Strukturen aufweist oder diese zumindest dem Menschen nicht zugänglich sind, läßt sich zeigen, daß diese Strukturen je entdeckt werden können.

3. Anspruch und Wirklichkeit - gegenwärtige Bereiche der Künstliche Intelligenz-Forschung

Mehr als zwanzig Jahre nach der Simonschen Prophezeiung eines intelligenten Automaten ist immer noch keine Maschine in Sicht, die die Funktionen menschlicher Intelligenz in ihrer Gesamtheit oder doch in wesentlichen Teilen ersetzen könnte. Nach den ersten Erfolgen mit Programmen zum Beweisen logischer Theoreme wurden Anfang der sechziger Jahre ehrgeizige Projekte initiiert, die in realen Bereichen intelligentes Verhalten reproduzieren sollten. Beispielhaft für diese Phase ist ein großzügig ausgestattetes Projekt in den USA, das ein Programm zur Übersetzung wissenschaftlicher Texte aus dem Russischen ins Englische zum Ziel hatte. Nach anfänglicher Euphorie wurde das Projekt 1964 eingestellt, weil kein Erfolg absehbar war (Sparck-Jones/Kay 1976, S. 55). Auch der vielzitierte GPS konnte kaum dem von Simon und Newell bekundeten Anspruch genügen. Derartige Fehlschläge führten zwar nicht dazu, daß das Ziel, die Funktionsweise der Intelligenz zu erklären, völlig aufgegeben wurde[1], die Projekte zur Implementierung künstlich intelligenter Programme sind allerdings durch eine entsprechende Anspruchsanpassung gekennzeichnet.[2] Zwei gegen Ende der sechziger Jahre eingeleitete Entwicklungen scheinen dabei von besonderer Bedeutung. So beschränkte man sich einerseits auf die Entwicklung von Programmen, die auf den Objekten einer modellierten Miniaturwelt operierten, also keinen expliziten Anwendungsbezug beinhalteten. Das wohl bekannteste Miniaturwelt-Programm ist SHRDLU

1) in diesem Sinne kennzeichnen Barr/Feigenbaum (1981, S.11) den Anspruch der KI-Forschung: "... the *big* questions: Physicists ask what kind of place this universe is and seek to characterize its behavior systematically. Biologists ask what it means for a physical system to be *living*. We in AI wonder what kind of information-processing system can ask such questions." Ähnlich Schank in Bobrow/Hayes (1985, S.402): "But the real issue in AI is how the mind works."

2) "The goals of today's applied computational logicians are less ambitious and less arrogant than they were 30 years ago before we actually tried to do things. ... We are now more modest." Robinson (1984), S.21

von Winograd (1972), das u.a. innerhalb einer Spielzeugwelt zu Sprachverstehen fähig ist und Veränderungen an dieser Modellwelt durchführen kann. Daneben bemühte man sich um die Entwicklung von Programmen, die eine praktische Anwendung ermöglichen sollten. Anders als es z.B. mit dem GPS zunächst intendiert war, versuchte man nicht, das Funktionieren der Intelligenz als Verfahren zu rekonstruieren. Da Menschen Problemlösungen häufig nicht in einem ausschließlich kreativen Akt erarbeiten, sondern dazu auch auf ihr je verfügbares Wissen zurückgreifen, schien es ein plausibler und erfolgversprechender Ansatz, identifizierbares Problemlösungswissen auf die Maschine abzubilden und sich dabei zunächst auf kleine reale Problembereiche zu beschränken. Ein Ansatz, der in ähnlicher Weise, allerdings unter anderem Etikett, für die Konzeption des GPS gewählt wurde. Danach war das Erkenntnisinteresse nun nicht mehr so sehr auf die Formalisierung von Verfahren gerichtet, die es Maschinen erlauben sollten, Problemlösungen kreativ zu generieren, sondern - weniger anspruchsvoll - das zur Bearbeitung bestimmter Problemklassen benötigte Wissen so zu rekonstruieren, daß es als Grundlage einer mechanisierten Prozedur dienen könne.

Die ersten aufsehenerregenden Programme, die über formalisiertes Wissen über Ausschnitte der realen Welt verfügten, operierten in naturwissenschaftlichen bzw. medizinischen Bereichen.[1] Die mit großem Aufwand zumeist an nordamerikanischen Universitäten erstellten Prototypen weckten einerseits das Interesse an Folgeprojekten, andererseits eröffneten sie Perspektiven für eine kommerzielle Nutzung. So hielt Anfang der siebziger Jahre diese neue Softwareart - erst später unter Anspielung auf die intendierte maschinelle Substitution menschlicher Experten Expertensysteme genannt - Einzug in die

1) so das später als erstes Expertensystem eingestufte Programm Dendral, mit dessen Entwicklung schon Mitte der sechziger Jahre begonnen wurde. Vgl. dazu S. 22

Literatur.[1] Die zunehmende Anwendungsorientierung geht bei einigen Beteiligten einher mit einer forschungskonzeptionellen bzw. epistemologischen Kehrtwendung: während einige KI-Forscher bis heute die Entwicklung und schrittweise Modifikation von Programmen als Hilfsmittel zur Erforschung der Intelligenz ansehen, ist für andere die Entwicklung leistungsfähigerer, komfortablerer Programme Selbstzweck. Weizenbaum (1978, S. 242 f.) spricht in diesem Zusammenhang vom "Performance"-Ziel, dem er als weitere Forschungsziele die Simulation kognitiver Prozesse und das Testen von (mechanisierten) Theorien gegenüberstellt.

Eine detaillierte Beurteilung des Leistungsstandes der KI-Forschung soll hier nicht versucht werden.[2] Stattdessen ein kurzer Überblick über aktuelle Forschungszweige. Je nachdem, welcher Disziplin die jeweiligen Forscher bzw. das hauptsächliche Erkenntnisinteresse zuzuordnen sind, lassen sich im wesentlichen nennen:

- Informatik
- kognitive Psychologie
- Logik bzw. Mathematik
- (formale) Entscheidungstheorie
- Philosophie

Die je vertretenen Ansprüche erlauben eine Differenzierung nach:

---

1) der erste Beitrag in der Zeitschrift AI zu derartigen wissensverarbeitenden Programmen erschien allerdings erst 1977; Davis u.a. (1977). Der Begriff Expertensystem begann sich erst Ende der siebziger Jahre zu etablieren. Vgl. dazu Bramer (1982), S. 4

2) das Bemühen um die Erforschung der Intelligenz hat jedenfalls kaum Früchte getragen. Schank anläßlich einer Umfrage zum fünfzehnjährigen Bestehen der Zeitschrift AI auf die Frage nach dem wesentlichen wissenschaftlichen Fortschritt: "The most significant advance in the last decade has been the appreciation of just how complex the nature of thinking is." Bobrow/Hayes (1985), S.383

- Verbesserung der Software-Performance
- Simulation (z.B. kognitiver Prozesse)
- Modellierung
- Entwicklung und Überprüfung von Theorien [1)]

Schließlich lassen sich als intendierte Anwendungsbereiche nennen:

- visuelle Wahrnehmung, Mustererkennung
- Verarbeitung natürlicher Sprache
- Beweisen von Theoremen
- strategische Spiele (z.B. Schach)
- Robotersteuerung
- Expertensysteme

Es handelt sich hierbei um eine analytische Differenzierung, reale Projekte lassen sich nicht immer eindeutig zuordnen. Bei den Disziplinen bilden sicherlich die Informatik bzw. ihr angelsächsisches Pendant "Computer Science" sowie die kognitive Psychologie das Schwergewicht. Der ES-Ansatz erweitert den Kreis der betroffenen Disziplinen erheblich. So sind alle Disziplinen gefordert, in deren Domäne das für ein ES zu rekonstruierende Fachwissen fällt.

1) in diesem Sinne unterscheidet Daiser (1984, S. 10) Technologie, Simulation, Modellierung und Theorie.

III. Expertensysteme als neue Hoffnung der Künstliche Intelligenz-Forschung

Der gegenüber dem Vorhaben, menschliche Intelligenz in ihrer Gesamtheit formal zu rekonstruieren, sehr viel realistischere und erfolgversprechendere Ansatz, explizit gemachtes Wissen abzubilden und maschinell zu verarbeiten, geht auf ein erkenntnistheoretisch motiviertes Projekt zurück.[1] Feigenbaum wollte die Arbeitsweise eines Naturwissenschaftlers untersuchen. Er nahm dabei an, daß Induktion ein wesentliches Verfahren zur Gewinnung neuer Erkenntnisse sei. Um diese Annahme zu testen, entwarf er ein Programm, das auf der Basis einzelner Beobachtungsdaten durch Induktion strukturelle Isomorphien entdecken sollte. Als Anwendungsfeld wählte Feigenbaum massenspektrographische Moleküluntersuchungen. Dazu suchte er den Kontakt zu Fachwissenschaftlern. Mit deren Hilfe entstand schließlich nach mehreren Jahren Entwicklungszeit gegen Ende der sechziger Jahre das später als erstes ES eingestufte System DENDRAL (Buchanan/Feigenbaum 1978), das nach Eingabe chemisch-experimenteller Daten, vor allem aus der Massenspektrographie, Hinweise auf die Struktur der untersuchten unbekannten Verbindungen ableiten sollte. Eine Aufgabe, die die Kompetenz hochqualifizierter Experten erfordert.

Es folgten weitere Prototypen wissensbasierter Beratungs- bzw. Problemlösungssysteme in naturwissenschaftlichen und medizinischen Bereichen. Es mag nicht zuletzt mit dem für die KI-Forschung geradezu charakteristischen Hang zu möglichst beeindruckenden Etikettierungen zusammenhängen, daß sich schließlich um 1980 für derartige Systeme der recht spektakuläre Name ES zu etablieren begann. Auch wenn die Leistungsfähigkeit der ersten ES ihrer mangelnden Verfügbarkeit wegen hier nicht ausreichend beurteilt werden kann, so ist wohl doch davon auszugehen, daß wenigstens einige von ihnen Probleme lösen können, derer sich gewöhnlich Experten anneh-

1) eine ausführliche Darstellung findet sich in Bonnet (1985), S. 142

men.[1)] Die wenigen bisherigen ES haben für die ES-Forschung eine nahezu konstituierende Bedeutung. So fehlt in fast keiner Abhandlung der Verweis auf die (ohnehin bekannten) Renommiersysteme. Ein Grund dafür ist wohl in dem Umstand zu sehen, daß es bis heute keine Theorien der Formalisierung gibt, die die Konstruktion eines ES unmittelbar anleiten könnten.[2)] Die Betrachtung existierender Systeme dient also dem Ausgleich eines Theoriedefizits. Daneben erfüllt sie allerdings noch eine weitere Funktion: im Unterschied zu anderen, weniger erfolgreichen KI-Vorhaben lassen ES die Chancen für eine baldige Kommerzialisierung erkennen. Kommerzialisierung, an der vor allem amerikanische KI-Forscher interessiert sind[3)], setzt jedoch voraus, bei potentiellen Kapitalgebern Vertrauen in die Verwertbarkeit des Konzepts zu gewinnen.[4)] Dazu scheint der Verweis auf bisherige Erfolge besonders ge-

---

1) hier ist z.B. PROSPECTOR (Duda u.a. 1980) zu nennen, das geologische Untersuchungen durchführt und u.a. ein Molybdän-Vorkommen im Wert von einigen 100 Mio. DM entdeckt hat. Aber: so beeindruckend dieser Erfolg erscheint, so problematisch ist es, ihn als Indiz für die Leistungsfähigkeit des Systems zu betrachten (so glaubt Appelrath (1985, S. 9) im Erfolg von PROSPECTOR einen "glücklichen Zufall" am Werk, S.9). Valide Informationen über die Performance realer ES sind kaum verfügbar. Ein ähnliches Beispiel für diese Unsicherheit liefert DENDRAL, dem Hayes-Roth u.a. (1983, S.6) eine "super-human performance" und einen weitverbreiteten Einsatz ("...supports hundreds of international users daily in chemical structure elucidation.") zuschreiben. Demgegenüber behauptet Dreyfus (1985 b, S. 28), daß schon 1978 die praktische Nutzung von DENDRAL eingestellt wurde, "weil es den Ansprüchen nicht genügte."

2) ".. there is no formal metric for the appropriateness of a representation scheme." Barr/Feigenbaum (1981), S. 148

3) So bekennt Schank (1985, Vorwort) offen: "I am not unconcerned with business and money. In fact, I am the president of a private company in the business of selling AI programs." Wahlster (1985 b, S. 26) stellt fest: "Fast jeder zweite KI-Wissenschaftler in den USA ist nebenbei noch Mitinhaber einer privaten Firma." In der Verflechtung zwischen Wissenschaft und Kommerz sieht W. einen großen Hemmschuh für einen offenen Erfahrungsaustausch.

4) wie umfangreich die Verwertbarkeit eingeschätzt wird, verdeutlichen exemplarisch Hayes-Roth u.a. (1983, S. 14), die die folgenden Anwendungsbereiche sehen: "Interpretation, Prediction, Diagnosis, Design, Planning, Monitoring, Debugging, Repair, Instruction, Control".

eignet. Neben der Verheißung kommerzieller Verwertbarkeit gibt es ein weiteres Merkmal, das ES von anderen KI-Vorhaben unterscheidet. Ein Merkmal, das sehr eng mit dem ersten verknüpft ist: seit kurzem sind Anzeichen für eine einsetzende Professionalisierung festzustellen. Ein Indiz dafür sind erste lehrbuchartige Darstellungen zur Entwicklung von ES.[1] Einen weiteren, besonders nachdrücklichen Hinweis stellt die Einführung eines neuen Berufsbildes dar, das des Knowledge-Engineers. Professionalisierung bedingt die Einführung einheitlicher Konzepte und Methoden. Bemühungen in dieser Richtung sind unverkennbar. Neben Phasenkonzepten[2] ist dabei vor allem an die auf der konzeptionellen Ebene weitgehend einheitliche Architektur von ES zu denken.

ES sind also in zweifacher Hinsicht aus dem Dunstkreis der KI-Labors herausgetreten: einerseits sind sie, wenn auch in geringer Zahl, bereits im praktischen Einsatz, andererseits ist ihre Struktur, gemessen an vergleichbar komplexen Programmen anderen Typs, so übersichtlich, daß auch Nicht-Informatiker sich ohne allzu großen Aufwand an der Konzeption eines konkreten ES beteiligen können.

Die einsetzende Kommerzialisierung ist nicht ohne Schattenseiten. So ist mittlerweile in den Medien, vor allem in Fachzeitschriften, eine Fülle von Publikationen über ES zu verzeichnen, die z.T. ebenso reißerisch wie unqualifiziert zur Mystifikation dieser neuen Software-Art beitragen.[3] Aber auch die Protagonisten der KI-Forschung schrecken nicht davor zurück, wohl vor allem eigener kommerzieller Interessen wegen, die Leistungsfähigkeit und zukünftige ökonomische Bedeu-

---

1) Stefik/Aikins u.a. (1982), Hayes-Roth u.a. (1983), Harmon/King (1985)

2) vgl. z.B. Harmon/King (1985), S. 197 ff. und S. 123 ff. dieser Arbeit.

3) beispielhaft dafür Edelson (1982): "Expert Systems - computers that think like people."

tung von ES allzu positiv zu beurteilen.[1] Es ist wenig verwunderlich, daß auch die Ankündigungen der Anbieter von dedizierter Hardware und Entwicklungswerkzeugen nicht eben zu einer sachlicheren Sicht der Dinge beitragen.

Die in der Literatur angebotenen Definitionen von ES sind fast allesamt dadurch gekennzeichnet, daß sie nicht hinreichen, ES von anderen Programmtypen eindeutig abzugrenzen. Darüber hinaus ist häufig unklar, ob die Definitionen Merkmale gegenwärtiger Systeme beschreiben oder eher normativ zu verstehen sind. Zusammenfassend lassen sich vier charakteristische Kennzeichen von ES erkennen:

eigenständige Architektur	Trennung formalisierten Wissens und der auf diesem Wissen operierenden Prozeduren.
anspruchsvolle Aufgabenstellung	die Aufgaben, die ES übernehmen, sind so komplex, daß sich ihrer gewöhnlich hochqualifizierte Experten annehmen.
anwendungsbezogen	ES sollen die Lösung realer Probleme unterstützen bzw. automatisieren.
anwenderfreundlich	ES sollen dem Anwender einen hochkomfortablen Dialog gestatten und ihm in möglichst aufschlußreicher Weise das Zustandekommen von Ergebnissen erklären

Auf die einzelnen Merkmale wird noch näher einzugehen sein. Vor allem wird zu untersuchen sein, welcher Art die Kompetenz sein kann, die ES zu reproduzieren versprechen. Es geht uns also nicht um eine Analyse existierender Systeme.

1) dabei tut sich Feigenbaum besonders hervor. Aber auch die sachlich argumentierenden Harmon/King (1985, S. 2) geben sich betont optimistisch: "Expert systems technology will also help America solve its productivity problems."

1. Der funktionale Aufbau von Expertensystemen

ES stellen nicht zuletzt ein Software-Konzept dar, d.h. es gibt in der Literatur einen weitgehenden Konsens darüber, wie die Architektur eines ES zu denken ist. Architektur betrifft dabei weniger die durch die je verwendeten Sprachen und Werkzeuge realisierte Detailgestaltung als vielmehr die Struktur des Systementwurfs. Dazu wird i.d.R. eine funktionsorientierte Betrachtung gewählt. Der Aufbau eines ES wird so durch einzelne, bestimmte Funktionen realisierende, Komponenten beschrieben. Die modulare Struktur ist dabei von besonderer Bedeutung.

Ein ES besteht danach aus den folgenden Teilen:[1)]

- *Wissensbasis*
- *Inferenzkomponente*
- *Dialogkomponente*
- *Erklärungskomponente*
- *Wissensakquisitionskomponente*

Die Wissensbasis enthält das formal dargestellte Wissen, das zur Problemlösung benötigt wird. Das Wissen wird häufig nach Fakten und Regeln differenziert. Fakten sind Aussagen über konkrete Objekte des je betrachteten Wirklichkeitsausschnitts. Regeln sind Aussagen (meist in Form von Implikationen notiert) über Klassen von Objekten, die als Variable abgebildet werden. Die Anwendung von Regeln unter Rückgriff auf die Fakten erlaubt es, Aussagen (und damit u.U. Problemlösungen) abzuleiten, die nicht explizit in der Wissensbasis enthalten sind. Es ist evident, daß die Wissensbasis dazu allein nicht hinreicht. Es muß außerdem ein Mechanismus vorhanden sein, der das abgelegte Wissen verarbeitet. Der Teil eines ES, der den skizzierten Mechanismus, also ein Programm,

---

1) vgl. beispielhaft Raulefs (1982), S. 63 oder Harmon/King (1985), S. 34

beinhaltet, heißt gewöhnlich Inferenzkomponente oder auch Inferenzmaschine.

Die Benutzerschnittstelle oder Dialogkomponente eines ES soll es dem Anwender ermöglichen, die Potentiale des Systems in möglichst komfortabler Weise zu nutzen. Zur Dialoggestaltung stehen zwei idealtypische Verfahren bereit:

- die Auswahl einer Funktion aus einer Menge (Menu) am Bildschirm dargestellter Funktionen

- die Verwendung einer Kommandosprache

Die Menüauswahl bietet dem ungeübten Anwender die Möglichkeit des schnellen Zugangs zum System: er muß keine systemspezifischen Kommandos lernen, sondern läßt sich im kommentierten Dialog vom System führen. Diesem Vorteil steht allerdings, vor allem bei Systemen mit großem Funktionsumfang, der gravierende Nachteil gegenüber, daß die Darstellung vieler Funktionen am Bildschirm unübersichtlich und nur in Grenzen möglich ist. Diesen unterschiedlichen Anforderungen von sporadischen Benutzern einerseits und routinierten Benutzern andererseits wird mitunter dadurch Rechnung getragen, daß zwischen beiden Dialogformen gewählt werden kann. Die in der ES-Literatur formulierten Ansprüche gehen gewöhnlich noch erheblich darüber hinaus: eine natürlichsprachliche Eingabe ist das Ziel. So sehen Hayes-Roth u.a. (1983, S.17) in ihrem Modell eines idealen ES eine Schnittstelle natürliche Sprache/Maschinensprache vor, die mittels eines "Language Processors" zu realisieren ist. Dabei ließe sich noch zwischen einer akustischen und einer Eingabe über ein entsprechendes Gerät (Terminal, Maus) unterscheiden. Auch wenn die Skizze eines natürlichsprachlichen Dialogs heute noch eher Vision denn Realität ist (vgl. III.4.1), macht die einsetzende Kommerzialisierung eine ansprechende Dialogkomponente nötig. Dabei wird i.d.R. eine Oberfläche modelliert, wie sie dem Stand der Dinge auch in der konventionellen Datenverarbeitung entspricht: eine menugesteuerte Auswahl der Funktionen, eventuell ergänzt durch eine Kommandosprache. Dazu wird auf grafikfähige Terminals zurückgegriffen, die es erlauben, die auszuwählenden Funktionen auch bildlich darzustellen.[1] Die andere Seite des Dialogs, die Ausgabe von Meldungen oder Ergebnissen des Systems, ist ähnlich zu denken. Sie kann in Form sprachlicher Gebilde wie auch in grafischer Aufbereitung erfolgen.

Die Konzeption von ES ist nicht zuletzt mit dem Ziel verbunden, Software bereitzustellen, die sich dem Anwender besonders freundlich präsentiert. Neben der Dialogkomponente spielt dabei die Erklärungskomponente eine besondere Rolle. Ihre Aufgabe besteht darin, das Entstehen von Meldungen bzw. Ergebnissen des ES für den Anwender zu rekonstruieren. Eine derartige Rekonstruktion läßt sich in der einfachsten Form als ein Protokoll (Trace) der einzelnen Schritte denken, die die Inferenzkomponente durchgeführt hat.

Es gehört zu den unbestrittenen Grundsätzen des Software-Engineering, Programme möglichst flexibel zu gestalten, also so, daß zukünftige Änderungen einfach durchführbar sind. Dieser Forderung wird im ES-Konzept durch die Wissensakquisitionskomponente Rechnung getragen. Sie soll zunächst die Konstruktion der Wissensbasis erleichtern. Das Wissen wird ihr in einer bestimmten formalen Weise übergeben. Sie bereitet die Struktur dieser Daten für die Inferenzkomponente auf. Darüber hinaus soll sie den Experten oder den Knowledge Engineer unterstützen, wenn eine bestehende Wissensbasis an veränderte Gegebenheiten anzupassen ist. Idealtypisch werden der Wissensakquisitionskomponente dabei z.B. zusätzliche Regeln eingegeben, die sie dann in die bisherige Wissensbasis einfügt.

Neben den skizzierten Komponenten eines ES werden mitunter weitere Funktionseinheiten genannt. So ist für die Konstruktion und Pflege von Wissensbasen an Programme zu denken, die

1) vgl. dazu exemplarisch die Darstellung der Oberfläche eines Diagnose-ES in Klar/Wittur (1985).

die implementierten Regeln und Daten auf Konsistenz, Redundanz und, in einem eingeschränkten Sinn, auf Vollständigkeit prüfen.[1] Im gleichen Zusammenhang sind Versuche zu nennen, den Informationsgehalt von Wissensbasen mit Hilfe formaler Verfahren zu erhöhen - häufig umschrieben als maschinelles Lernen. Mitunter wird vorgeschlagen, Wissen über die Verarbeitung von Wissen, sog. Meta-Wissen separat in einer Meta-Wissensbasis zu erfassen.

2. Formal repräsentiertes Wissen als wesentlicher Bestandteil von Expertensystemen

Die Skizze der Funktionselemente eines ES reicht kaum aus, um die Reproduktion menschlicher Kompetenz mittels einer Maschine zu verdeutlichen. Dazu ist es unerläßlich, zu betrachten, wie die Repräsentation von Wissen in einem ES zu denken ist. Sie wird häufig nicht allein als konzeptionelle Eigenart von ES angesehen, sondern darüber hinaus als wesentlicher Grund für deren besondere Leistungsfähigkeit. In der KI-Literatur wird der Begriff "Wissen" kaum reflektiert.[2] Man begnügt sich damit, auf die sehr plausible Funktion des je implementierten Wissens für die Problemlösungskapazität eines ES hinzuweisen: "The power resides in the knowledge." (Feigenbaum 1984, S. 47). Der Grund dafür ist wohl darin zu sehen, daß die Bedeutung grundlegender, häufig verwendeter Begriffe (wenigstens scheinbar) evident ist und sich gegen Definitionen sperrt. Angesichts der Tatsache, daß das Wesen von Wissen als Bedingung und Ausdruck des bewußten Umgangs mit der Welt allenfalls Gegenstand philosophischer Untersuchungen sein kann[3] , scheint es hinreichend, sich auf die Frage zu konzentrieren, *wie* Wissen in Programmen repräsentiert werden kann. Dazu allerdings reicht es nicht aus, gängige Abbildun-

---

1) vgl. dazu exemplarisch Barachini/Adlassnig (1985).
2) vgl. zu dieser Einschätzung Daiser (1984), S. 76.
3) für Schefe (1985, S. 17) sind Fragestellungen dieser Art gar "außerwissenschaftlich".

gen von Wissen in ES-Wissensbasen zu betrachten. Wenn man den Begriff des Wissens auf diese speziellen Darstellungsformen einschränkt, klammert man ex ante eine für die Beurteilung von ES wesentliche Fragestellung aus: ist die Abbildung von Wissen eine exklusive Eigenschaft von ES?

Um auf diese Frage eingehen zu können, braucht man wenigstens ein Merkmal von Wissen, daß für den Verwendungszusammenhang in Programmen nicht vernachlässigt werden kann. Die Voraussetzung für die Chance, eine Frage zu beantworten, scheint ein solches Merkmal zu sein. Hierbei handelt es sich um ein in pragmatischer Absicht formuliertes Merkmal: nur ein Programm, das irgendeine Frage irgendeines Anwenders beantworten kann, verfügt danach über Wissen. Ein ES, das die Frage nach einer plausiblen Diagnose beantwortet, benötigt also ebenso Wissen, wie ein Programm, das die Frage nach dem Produkt zweier Zahlen beantwortet. Es ist ohnehin weitgehend anerkannt, daß ES nicht die einzigen Programme sind, in denen Wissen repräsentiert sind. Die Besonderheit liegt in der Form der Repräsentation. Dennoch: anders als bei anderen Software-Konzepten wird Wissen bzw. seine Repräsentation häufig als wesentliches - und damit wenigstens scheinbar exklusives - Merkmal von ES dargestellt. So wird die Wissensverarbeitung explizit der Datenverarbeitung gegenübergestellt[1] - ein Unterscheidungskriterium, das sich auch in der Bezeichnung "wissensbasierte Systeme" ausdrückt. Damit bleibt die Frage, ob eine deklarative Repräsentation von Wissen der gängigen Vorstellung von Wissen eher entspricht als eine prozedurale.

---

1) so in Wahlster (1985 a, S. 777). Ganz anders jedoch Robinson (1984, S. 21), der - wohl in entmythologisierender Absicht - auch in der sog. Wissensverarbeitung "just a kind of data processing" erblickt. Während W. den Verwendungszusammenhang im Auge hat, denkt R. eher an den informationstechnischen Aspekt: Wissen wird nicht anders als Daten auf der Basis bestimmter Konventionen auf Symbole abgebildet.

Prozedurale und deklarative Repräsentation

Die prozedurale Formulierung eines Programms ist ein wesentliches Kennzeichen der konventionellen Software-Entwicklung. Eine Prozedur besteht aus einer Folge von Anweisungen, die Operationen auf Variablen beschreiben. Das Wissen zur Beantwortung einer Frage wird damit in einer Folge zulässiger Anweisungen zur Erreichung einer Antwort repräsentiert, z.B. in einer zur Ermittlung der Quadratwurzel einer Zahl geeigneten Folge von Anweisungen. Anders bei der deklarativen Repräsentation.[1] Als Grundlage für die Beantwortung von Fragen (bzw. die Lösung von Problemen) wird nicht der Lösungsweg explizit beschrieben, sondern der je betrachtete Realitätsausschnitt. Diese Beschreibung ermöglicht es dann, Antworten bzw. Lösungen zu finden. Die einfachste Form der Beantwortung von Fragen mit Hilfe deklarativen Wissens liegt vor, wenn sich eine Frage unmittelbar auf eine Aussage bezieht. Sie ist vergleichbar mit Datenbankabfragen. So kann z.B. die Frage nach der Einwohnerzahl von Frankfurt[2] allein durch den Zugriff auf die Aussage "Frankfurt hat 600.000 Einwohner" beantwortet werden. Enthält die Beschreibung zudem Implikationen und Äquivalenzen, ist es möglich, neue Aussagen zu generieren und damit Lösungen zu *konstruieren*. Eine solche deklarative Repräsentation von Wissen ist vergleichbar mit einem Handbuch für ein technisches Gerät. Die darin enthaltenen Daten und Regeln erlauben es dem Anwender, Probleme zu lösen, ohne daß dafür explizit ein Verfahren angegeben ist: der Lösungsweg kann mit Hilfe der Daten und Regeln konstruiert werden. Es ist ein Kennzeichen menschlicher Wissensanwendung, daß sowohl auf deklarative als auch auf prozedurale Darstellungsformen zurückgegriffen wird. So ist zur Beantwortung der Frage "Wie viele Einwohner hat Frankfurt?" sicher der Rückgriff auf die deklarative Repräsentation der Einwohnerzahl angeraten, während die Frage "Wie viele Stühle befin-

1) es geht hier um die Ebene des System- bzw. Programmentwurfs, (natürlich) nicht um die Hardware-Ebene.
2) das Beispiel ist aus Hofstadter (1985), S. 390

den sich in diesem Raum" wohl eher mit Hilfe einer Prozedur beantwortet wird: man zählt die Stühle.

Dieses Beispiel macht zweierlei deutlich. Zum einen ist die Wahl der Repräsentationsform nicht kontextunabhängig. Es gibt Probleme, zu deren Lösung eine der beiden Repräsentationen offensichtlich vorzuziehen ist. Zum anderen veranschaulicht das Beispiel, daß eine deklarative Repräsentation durch eine äquivalente prozedurale weitgehend ersetzt werden kann - et vice versa. Dabei ist allerdings jeweils der Aufwand einer solchen Substitution zu berücksichtigen. Die Ermittlung der Einwohnerzahl einer Stadt ist natürlich ungleich aufwendiger als der Rückgriff auf die irgendwo abgelegte Zahl - gleichwohl nicht übersehen werden kann, daß dieses deklarative Wissen irgendwann prozedural, nämlich durch Zählen, ermittelt wurde.

Der Hinweis auf die in großem Umfang mögliche Substituierbarkeit einer Repräsentationsform durch die andere kann nicht darüber hinwegtäuschen, daß zur Realisation einer Problemlösung grundsätzlich sowohl prozedurales als auch deklaratives Wissen benötigt wird. Das Attribut prozedural bzw. deklarativ betrifft nur die jeweils explizit gemachte Form der Darstellung. So enthält ein Algorithmus stets - implizit oder explizit - die Definition der einzelnen Anweisungen bzw. die Deklaration von Variablen. Eine Prozedur zum Zählen von Einwohnern setzt eben die (deklarative) Vereinbarung des Objekts "Einwohner" voraus. Noch deutlicher wird dieser Umstand bei einer deklarativen Repräsentation: die Anwendung von Regeln und Daten zur Lösung eines Problems impliziert die Verfügbarkeit eines entsprechenden Verfahrens.[1] Die Unterscheidung zwischen prozeduraler und deklarativer Wissensrepräsentation ließe sich auf einer hinreichend abstrakten Ebene ohnehin aufheben - was allerdings an dieser Stelle wenig sinnvoll wäre, denn es bleibt zu klären, warum gerade die Bedeutung

1) "... all AI systems use a procedural representation at some level of their operations ..", Barr/Feigenbaum (1981), S.156

der deklarativen Repräsentation so nachhaltig betont wird, sie für die Konstruktion von ES eine gleichsam konstituierende Rolle spielt. Ein Grund dafür ist wohl in dem intendierten Anwendungsbereich von ES zu sehen. Es scheint plausibel, daß die Problemlösungsfähigkeit von Experten sich nicht in der Beherrschung weniger Prozeduren erschöpft. Vielmehr dürfte es wesentlicher sein, in einer konkreten Problemsituation die relevanten Umstände zu berücksichtigen, um mit Hilfe geeigneter Regeln (wenn sie denn verfügbar sind) eine angemessene Lösung zu konstruieren. Zur Automatisierung derartiger Entscheidungsabläufe bietet sich eine deklarative Darstellung der Regeln an, denn sie ist hier i.d.R. knapper und damit übersichtlicher als eine äquivalente prozedurale. Das gilt vor allem dann, wenn Regeln miteinander in Beziehung stehen, also die Erfüllbarkeit einer Regel den Rekurs auf andere Regeln nötig macht.

Ein weiterer Vorteil der deklarativen Repräsentation betrifft die Pflege des Systems. Wenn sich im Zeitverlauf einzelne Regeln oder Daten ändern, beschränkt sich die Modifikation des Systems auf genau diese in der Wissensbasis abgebildeten Regeln und/oder Daten. Eine prozedurale Repräsentation macht in solchen Fällen häufig umfangreiche Änderungen des Programms nötig. Die komfortable Modifikation einer deklarativ angelegten Wissensbasis hat jedoch ihre Grenzen, die darauf zurückzuführen sind, daß die Wirksamkeit des in der Inferenzkomponente implementierten Verfahrens nicht unabhängig von der Struktur der Wissensbasis ist. Da aber die Inferenzkomponente bei Veränderungen nicht berücksichtigt wird (bzw. werden soll), kann durch eine solche einseitige Systempflege die Effizienz eines ES im Zeitverlauf erheblich abnehmen.

Der Umstand, daß deklarativ dargestelltes Wissen seinen Charakter scheinbar eher preisgibt, ist wohl darauf zurückzuführen, daß mit Wissen gemeinhin Wahrheit assoziiert wird. Während den einzelnen Aussagen einer deklarativen Repräsentation unmittelbar ein Wahrheitswert zugeordnet werden kann, entziehen sich die einzelnen Anweisungen einer Prozedur einer solchen Einordnung. Die Wahrheit einer prozeduralen Abbildung ergibt sich daraus, daß die an sie gestellten Anforderungen erfüllt werden, sie also in diesem Sinne richtige Ergebnisse produziert. Damit ist ein weiterer Vorteil von Programmen, die auf der Basis eines deklarativen Ansatzes entworfen werden, markiert: ihre Verifikation[1] ist i.d.R. wesentlich einfacher als bei Prozeduren.

Formale Systeme zur propositionalen Repräsentation deklarativen Wissens

Das in einem ES zu implementierende Wissen besteht aus Aussagen über einen bestimmten Realitätsausschnitt. Da diese Sätze von einem mechanisierten Verfahren verarbeitet werden, sind sie zu formalisieren. Dazu müssen sie in einer Sprache mit normierter symbolischer Syntax notiert werden. Einige der Aussagen darstellenden symbolischen Konfigurationen sind Axiome, die anderen können durch Anwendung logischer Operationen, auch Ableitungsregeln genannt, deduziert werden. Eine so gekennzeichnete Sprache wird als Formalismus, formales logisches System oder auch als Kalkül bezeichnet.[2] Das je abzubildende Wissen ist also in Formeln[3] eines solchen Systems zu erfassen. Es handelt sich dabei formal nur um Symbolfolgen, die bestimmten syntaktischen Anforderungen genügen müssen und eo ipse keine Bedeutung tragen. Der semantische Gehalt einer Formel und damit einer Wissensbasis ergibt sich erst durch ihre Interpretation.

---

1) Verifikation betrifft allerdings nur die Überprüfung der *formalen* Anforderungen, ist also nicht mit der Evaluierung des Systems aus der Sicht der Anwender zu verwechseln. Vgl. dazu S. 63 f. u. S. 184
2) vgl. Novikov (1973), S. 13 sowie Lorenz (1984, S. 338): "... ein Herstellungsverfahren von Figuren aus Grundfiguren nach bestimmten Vorschriften, den Grundregeln."
3) die Begriffe Satz, Formel, Aussage und Proposition werden synomym gebraucht.

Für die Wahl einer geeigneten Repräsentationssprache bietet sich aus dem Bereich der klassischen Logik vor allem die Prädikatenlogik an. Sie ist mächtiger als die Aussagenlogik und - im Hinblick auf eine Mechanisierung von besonderer Bedeutung - gründlicher untersucht worden als andere Formalismen zur Wissensrepräsentation. Diesem erheblichen Vorteil stehen allerdings gewisse Nachteile gegenüber, die auf das spezielle Ansinnen der ES-Konzeption zurückzuführen sind. Während die Prädikatenlogik bewußt als möglichst exaktes Analyse-Instrument eingeführt wurde, soll eine Wissensbasis ein getreues Abbild realen Wissens liefern. Dabei spielt, nicht zuletzt als Abgrenzungskriterium gegenüber anderen Software-Arten, auch nicht-exaktes, sog. diffuses Wissen, eine wichtige Rolle. Um diffuses Wissen zu formalisieren, wurde in der KI-Forschung eine Reihe von Formalismen, zumeist Erweiterungen der Prädikatenlogik, entwickelt. Die wichtigsten Formalismen dieser Art werden, neben der Prädikatenlogik, im folgenden näher dargestellt. Zwei häufig diskutierte Repräsentationsschemata können wir dabei aussparen: *Semantische Netze* und *Frames*. Semantische Netze, die in einer großen Zahl von Varianten diskutiert werden[1)], sind nur eine andere Darstellungsform logischer Propositionen (Charniak/McDermott 1985, S.24). Ähnlich wie Quillian (1968) bei der Einführung semantischer Netze, hatte Minsky (1975) mit der "Theory of Frames" im Sinn, eine theoretische Grundlage für die Automatisierung von Denkprozessen zu schaffen. Von einer Theorie kann allerdings kaum die Rede sein: Frames stellen lediglich ein formales Gerüst zur Wissensrepräsentation dar. Die herausragende Eigenschaft der Frame-Konzeption ist in Schnittstellen zu Prozeduren zu sehen. Grundsätzlich jedoch handelt es sich auch hier um eine Darstellungsform, die durch eine Menge logischer Propositionen ersetzt werden kann.

Mit der Darstellung der ausgewählten Formalismen ist keine formalwissenschaftliche Analyse intendiert. Es soll vielmehr eine, im Vergleich zur ontologischen Frage nach den Grenzen

---

1) ein Überblick findet sich in Findler (1979).

der Formalisierbarkeit, griffigere Grundlage für die Untersuchung der Einsatzvoraussetzungen von ES geschaffen werden. Daneben bietet die Darstellung der Formalismen die Möglichkeit, die Brauchbarkeit des ES-Konzeptes im Vergleich zu konventionellen Software-Konzepten zu beurteilen.

Die Prädikatenlogik erster Stufe als wesentlicher Formalismus zur Abbildung (exakten) Wissens

Der wohl bekannteste Formalismus zur Untersuchung korrekter Folgerungen zwischen Aussagen auf der Grundlage ihrer Zusammensetzung mit Hilfe von Junktoren[1] ist die Aussagen- oder Junktorenlogik. Gegenstand der Aussagenlogik sind Aussagenschemata, die durch die Verbindung von Aussagensymbolen - mitunter leicht irreführend Aussagenvariablen genannt[2] - mit Hilfe von Junktoren entstehen. Dabei wird nicht die logische Wahrheit einer (i.d.R. durch Versalien vom Anfang des Alphabets) symbolisierten elementaren Aussage untersucht, sondern die Allgemeingültigkeit eines zusammengesetzten Aussagenschemas. Wenn mit Hilfe der Aussagenlogik Wissen formalisiert werden soll, sind also wahre Sätze über den betrachteten Realitätsausschnitt zu bilden und zu symbolisieren. Um Schlußfolgerungen auf der Basis der Ableitungsregeln der Aussagenlogik zu ermöglichen, müssen die Aussagen mit Hilfe von Junktoren zu wahren Aussagen zusammengesetzt werden. Z.B. der durch A symbolisierte Satz "Es regnet" und - durch B symbolisiert - "Die Straße ist naß" zu A -> B. Die wesentliche Schwäche der Aussagenlogik für die Abbildung realer Sachverhalte liegt auf der Hand: ihre elementare syntaktische Einheit ist die Aussage. Aussagen selbst sind nicht weiter strukturiert, d.h. die Objekte und Beziehungen, auf die sie sich beziehen, werden formal nicht berücksichtigt.

1) die Junktoren der Aussagenlogik sind: Konjunktor, symbolisiert durch $\wedge$, Disjunktor bzw. Adjunktor ($\vee$), Negator ($\overline{}$) und Subjunktor (->).
2) eine Variable setzt ja einen Definitionsbereich voraus, der für Aussagensymbole nicht formuliert ist.

Damit ist es unmöglich, die Beziehung zwischen Objekten bzw. Eigenschaften von Objekten darzustellen. Die Möglichkeiten logischen Schlußfolgerns sind dadurch erheblich eingeschränkt, denn aus einem Satz, der für eine Klasse von Objekten wahr ist, kann nicht auf die Wahrheit des Satzes für ein konkretes Objekt aus dieser Klasse geschlossen werden: Klassenzugehörigkeit ist nicht darstellbar.

Anders in der Prädikatenlogik. Sie umfaßt alle Formeln (und damit auch alle Operationen) der Aussagenlogik. Darüber hinaus erlaubt sie, Objekte, auf die sich Aussagen beziehen, besonders auszuzeichnen. In der Terminologie der Prädikatenlogik heißen Objekte *Individuen*. Sie können als Variablen (i.d.R. durch kleine Buchstaben vom Ende des Alphabets) oder als Konstanten symbolisiert werden. Individuenvariablen und Individuenkonstanten werden *Terme* genannt. *Funktionen*, dargestellt durch Funktionssymbole wie z.B. f oder g und einer Folge von n in Klammern gefaßten Termen, den Funktionsargumenten, heißen ebenfalls Terme. Ebenso wie Individuen bilden sie - im Kontext der Wissensrepräsentation - reale Objekte ab, z.B. einen Preis als Funktion von Einzelpreis und Menge. Ein bis n Terme werden durch ein- bis n-stellige *Prädikate* zu atomaren Formeln, auch kurz *Atome* genannt. Prädikate, i.d.R. symbolisiert durch Versalien wie P, Q, R, ..., dienen also der Kennzeichnung spezieller Eigenschaften von Termen. Für n > 1 konkretisieren sich diese Eigenschaften in Relationen zwischen Termen bzw. den durch sie abgebildeten realen Objekten. Formeln können durch Junktoren zu komplexeren Formeln zusammengesetzt werden. Neben diesen Operatoren der Aussagenlogik umfaßt die Prädikatenlogik zwei weitere, die sog. Quantoren. Der *All-Quantor* oder *Generalisator* erlaubt die Darstellung von Allgemeingültigkeit, der *Existenzquantor* oder *Partikularisator* die Darstellung von Existenz:[1)]

1) dabei gilt, daß der Partikularisator durch den Generalisator abgebildet werden kann und umgekehrt. Beispiel: $\forall x, A(x)$ ist gleichbedeutend mit $\overline{\exists x, \overline{A(x)}}$. Vgl. Hermes (1976), S. 47 f.

Generalisator $\forall x$, A(x) : *für <u>alle</u>* x gilt A(x)
Partikularisator $\exists x$, A(x) : *es gibt ein* x, für das A(x) gilt

Von besonderer Bedeutung für die Abbildung realer Sachverhalte ist die Möglichkeit, Individuenvariablen zu verwenden. Dabei sind freie und gebundene Variablen zu unterscheiden. Eine Formel, die wenigstens eine freie Variable enthält, wird Aussageform oder auch offene Formel genannt. Ihr kann kein Wahrheitswert zugeordnet werden. Erst durch die Verwendung von Quantoren werden Individuenvariablen gebunden und es entstehen wahrheitsfähige Aussagen, auch geschlossene Formeln genannt. Es ist evident, daß für die Wissensrepräsentation dem Allquantor besondere Bedeutung zukommt: er gestattet es, Aussagen für alle Objekte einer Klasse zu formulieren und damit überhaupt Klassen zu bilden. Damit sind die Möglichkeiten zur Konstruktion von Aussagen in der Prädikatenlogik erster Stufe skizziert.[1] Um formal zulässige Formeln konstruieren zu können, ist darüber hinaus die Definition (logischer) Axiome und zulässiger Ableitungsregeln (Inferenzregeln) nötig. Logische Axiome sind gültige Aussageschemata, die jeweils nicht aus anderen Aussageschemata abgeleitet werden können. Die Ableitungsregeln beschreiben formal zulässige Transformationen gegebener Formeln (z.B. *modus ponens* und *Spezialisierung*: $\forall x$ P(x) -> P(a)).[2]

Im Hinblick auf die Transparenz einer prädikatenlogisch konstruierten Wissensbasis ist es sinnvoll, für die reale Objekte und Beziehungen abbildenden Symbole mnemotechnische Bezeichnungen zu wählen: Vorgesetzter (Brösel, Mahlmann). Diese Darstellungsform, in der das Prädikat vor dem bzw. den in Klammern gefaßten Term(en) steht - Präfix-Notation genannt -, kann darüber hinaus durch die Verwendung der Infix-Notation

---

1) zur vollständigen Symbolisierung der Syntax s. Appelrath (1985) S. 12 f. oder Novikov (1973), S.125 ff.
2) zur vollständigen Beschreibung der Axiome und Ableitungsregeln s. Novikov (1973), S. 131 ff.

der Struktur der natürlichen Sprache noch weiter angeglichen werden: Brösel ist_Vorgesetzter_von Mahlmann.[1)]

Wie bei allen Formalismen ist strikt zwischen syntaktischer und semantischer Betrachtungsebene zu unterscheiden. Während die Syntax durch logische Axiome und Ableitungsregeln definiert ist, wird die Grundlage des semantischen Gehalts eines formalen Systems durch eine Menge nicht-logischer Axiome[2)] geschaffen. Solche Axiome sind Formeln, die Prädikate und/oder Individuenbereiche festlegen, also nicht aus anderen Formeln abgeleitet werden können.[3)] Die konkrete, mit einer Repräsentation jeweils verbundene Bedeutung erhält ein System nicht-logischer Axiome durch eine Interpretation: die Angabe eines Individuenbereichs und einer Anzahl von Prädikaten, für die die Axiome zutreffen, d.h. es gibt keine zwei Axiome, die sich semantisch widersprechen. Eine Menge nicht-logischer Axiome, also das formale, interpretierte Abbild eines Wissensbereichs, wird Theorie genannt.[4)]

Für die Formulierung von Algorithmen zur korrekten Ableitung von Formeln sind zwei formale Eigenschaften des Prädikatenkalküls erster Stufe bedeutsam: die Widerspruchsfreiheit und Vollständigkeit. Widerspruchsfrei ist ein Kalkül dann, wenn es nicht möglich ist, durch Anwendung der Ableitungsregeln irgendeine Formel zusammen mit ihrer Negation abzuleiten. Die Vollständigkeit des Prädikatenkalküls erster Stufe ergibt sich aus dem Umstand, das jede allgemeingültige Formel mit

---

1) Kowalski (1979, S. 22 f.) betont die Übersichtlichkeit der Infix-Notation, gibt aber gleichzeitig ein Beispiel dafür, daß sie fehleranfälliger ist als die Präfix-Schreibweise.

2) der Begriff wird in Anlehnung an Appelrath (1985, S. 16), verwendet.

3) vgl. Novikov (1973), S. 94. Formeln, die keine Axiome sind, werden i.d.R. Theoreme genannt.

4) vgl. McDermott/Doyle (1980). Appelrath (1985, S. 15 f.) erweitert den Begriffsinhalt, indem er als weiteren Bestandteil einer Theorie eine zusätzliche Beschreibung eines geeigneten Ableitungsalgorithmus (Inferenzmechanismus) fordert.

Hilfe der Ableitungsregeln deduziert werden kann.[1] Eine Formel heißt dabei allgemeingültig, wenn sie für jede Interpretation gültig ist.[2] Während es grundsätzlich nicht möglich ist, das Entscheidungsproblem der Prädikatenlogik zu lösen[3], sind einige Algorithmen bekannt[4], die aus einer gegebenen Formelmenge sämtliche ableitbaren Formeln korrekt deduzieren - man spricht deshalb auch von der Semi-Entscheidbarkeit[5] der Prädikatenlogik. Von besonderer Bedeutung ist dabei das Resolutionsverfahren von Robinson (1965), das u.a. in PROLOG-Interpretern Anwendung findet.[6] Es liegt auf der Hand, daß sich die Prädikatenlogik, wegen der Verfügbarkeit solcher Verfahren im besonderen, wegen der detaillierten formalwissenschaftlichen Untersuchungen im allgemeinen, für die Implementierung von ES-Wissensbasen besonders eignet. Aus softwaretechnischer Sicht ist es dabei bedeutsam, daß die Prädikatenlogik monoton ist: durch das Hinzufügen weiterer Axiome (also eine Erweiterung der Theorie) wird keine der bisher gültigen Formeln ungültig. Das jeweils repräsentierte Wissen steigt also durch neue Axiome monoton an.

---

1) vgl. Hermes (1976), S. 85. Novikov (1973, S. 144 u. 182) unterscheidet Vollständigkeit im engeren und im weiteren Sinn. Vollständigkeit i.e.S. liegt danach dann vor, wenn sich zu den logischen Axiomen eines Kalküls kein Axiom hinzufügen läßt, so daß das neue System widerspruchsfrei bleibt. Sie ist für die Prädikatenlogik nicht gegeben. Vollständigkeit i.w.S. entspricht dem oben verwendeten Begriff.
2) vgl. Novikov (1973), S. 108 und Appelrath (1985), S. 15
3) das Entscheidungsproblem betrifft die Frage, ob ein Algorithmus angegeben werden kann, der für jede Formel entscheidet, ob sie allgemeingültig ist oder nicht. Church und Turing haben unabhängig voneinander gezeigt, daß ein solches Verfahren für die Prädikatenlogik nicht existiert. Vgl. dazu Reiter (1980, S. 104)
4) ein Überblick findet sich in Kowalski (1985), S. 71
5) Appelrath (1985, S. 16) weist darauf hin, daß diese Algorithmen bei nicht-allgemeingültigen Formeln nicht immer terminieren.
6) vgl. dazu Clocksin/Mellish (1984), S.251. Es ist dabei zu berücksichtigen, daß die Anwendung des Resolutionsverfahrens die Transformation der prädikatenlogischen Formeln in Horn-Klauseln voraussetzt. Zur Beschreibung der Transformation s. Appelrath (1985), S. 17

Prädikatenkalküle höherer Stufen erlauben es, Prädikate nicht nur auf Individuen zu beziehen, sondern auch auf Prädikate. Sie sind damit mächtiger als die Prädikatenlogik erster Stufe und wären aus diesem Grund ein besseres Instrument zur Repräsentation von Wissen. Es hat einen formalen Grund, daß Kalküle höherer Stufe in ES dennoch eine geringere Bedeutung haben als der erster Stufe: sie sind nicht vollständig. Es gibt für sie also keine generellen Ableitungsverfahren.[1)]

Konzepte zur Formalisierung vagen Wissens

Als ein wesentliches Kriterium zur Abgrenzung von anderen Software-Konzepten und damit als ein nahezu konstituierendes Merkmal von ES wird häufig die Abbildung auch nicht-exakten, sog. diffusen oder vagen Wissens genannt. Es läßt sich vermuten, daß das Konstrukt "vages" bzw. "diffuses Wissen" erheblich zur Attraktivität des ES-Konzepts beigetragen hat. So ist es einerseits offenkundig oder wenigstens plausibel, daß das Expertenkompetenz konstituierende Wissen nicht immer exakt algorithmisch reproduzierbar ist, aber dennoch irgendwie funktioniert. Andererseits öffnen Begriffe wie "vage" oder "diffus" Raum für allerlei Spekulationen über ES-Einsatzmöglichkeiten.[2)] Damit ist die Frage aufgeworfen, was denn unter vagem Wissen - oder enger: seiner Formalisierung - zu verstehen ist.

Dazu ist an dieser Stelle keine umfassende Reflexion auf Merkmale, Typen oder gar das Wesen nicht-exakten Wissens nötig. Vielmehr wird der Begriffsinhalt eingeschränkt auf die Bedeutung, die sich in der KI-Literatur erkennen läßt. Da es keine befriedigenden Definitionen vagen Wissens - nämlich solche, die es erlaubten, (vages) Wissen zu identifizieren,

---

1) zur Verwendung solcher Kalküle vgl. III.2.2.2.1.1
2) exemplarisch dafür der Artikel "Kollege Computer" im Industriemagazin 5/85, in dem ES als "Wegbereiter einer bislang ungeahnten Automatisierungswelle" daherkommen.

das einer Abbildung auf ES nicht zugänglich ist - gibt, wird hier der Begriffsinhalt mit Hilfe der in der Literatur diskutierten Konzepte zur Wissensrepräsentation rekonstruiert. Dabei lassen sich als konkretere Merkmale vagen Wissens Unvollständigkeit und Unsicherheit in unterschiedlichen Ausprägungen erkennen.

Es ist offenkundig, daß die Prädikatenlogik für die formale Rekonstruktion derartigen Wissens wenig geeignet ist: n-stellige Prädikate sind letztlich boolesche Funktionen über n Individuenbereiche. Sie ordnen also jedem n-Tupel von Individuen eindeutig einen von zwei Wahrheitswerten zu. Übertragen auf den jeweils abzubildenden Realitätsausschnitt heißt das, daß nur solche Eigenschaften von Objekten bzw. Relationen zwischen Objekten berücksichtigt werden können, von denen bekannt ist, ob sie existieren oder nicht. Das setzt u.a. voraus, daß sie sich eindeutig identifizieren lassen. Eine prädikatenlogisch formulierte Wissensbasis ist nur ein Modell der Wirklichkeit und Modelle lassen sich in unterschiedlichen Graden der Abbildungsgenauigkeit denken, so daß es durchaus vorstellbar ist, künstliche, faktisch nicht existierende Determinismen aufzubauen. Aber auch wenn solche Idealisierungen in Einzelfällen durchaus zu brauchbaren Ergebnissen führen können, ist es doch offenkundig, daß ein solcher Kompromiß häufig genug dem hohen Anspruch des ES-Konzepts nicht entspräche: wenn ein für einen Problemraum relevanter Sachverhalt entweder gar nicht berücksichtigt wird oder aber durch Aussagen repräsentiert wird, von denen bekannt ist, daß sie nicht immer zutreffen, ist die Gefahr, unbrauchbare Ergebnisse zu produzieren, allzu groß.[1)] Es gehört deshalb zu den wesentlichen Bemühungen der KI- bzw. ES-Forschung, Formalismen zu entwickeln, die für eine Abbildung vagen Wissens geeigneter erscheinen. Während entsprechende Formalismen in ES bereits implementiert wurden, sind andere Formalismen wie

1) in derartigen Verkürzungen, die sich vor allem in der Verwendung gut funktionierender, allerdings realitätsferner Modelle, ausdrückten, kann wohl ein wesentlicher Grund für das Scheitern früher MIS-Ansätze gesehen werden. Vgl. dazu IV.1.1.

mehrwertige logische Systeme[1)] weniger bedeutend. Die für die Modallogik kennzeichnende, zur Abbildung realer Sachverhalte bedeutsame, Formalisierung von Kontingenz findet auch in den vorgestellten Ansätzen Berücksichtigung.[2)]

Ansätze zur Formalisierung unvollständigen Wissens: die explizite Berücksichtigung fallibler Plausibilitätsannahmen

Bei der Bearbeitung von Problemen sind mitunter nicht alle benötigten Informationen verfügbar, m.a.W.: das Problemlösungswissen ist nicht vollständig. Während ein Teil dieser Informationen zwangsläufig nicht berücksichtigt werden kann (z.B. faktisch vorhandene, aber nicht bekannte Einflußfaktoren), müssen andere Sachverhalte unbedingt in den Problemlösungsprozeß einfließen - auch dann, wenn ihre konkrete Ausprägung nicht bekannt ist. So ist es z.B. für den Entwurf eines Vermögensanlagekonzeptes gleichsam unerläßlich, die Risikopräferenz des Anlegers zu berücksichtigen. Wenn solche Informationen nicht vorliegen, ist eine Problembearbeitung nur möglich, wenn (möglichst plausible) Annahmen über den betrachteten Sachverhalt gemacht werden. Dabei werden solche Annahmen nicht immer aus der schieren Not der Nichtverfügbarkeit besseren Wissens getroffen. Häufig wäre es zu aufwendig, sämtliche Ausprägungen aller relevanten Merkmale zu erheben bzw. explizit zu machen. Vielmehr können sie als bekannt unterstellt werden. So spricht McCarthy (1986, S. 91) in diesem Zusammenhang von "communication convention".

---

1) ein Überblick über Systeme dreiwertiger Logik findet sich in Turner (1984), S. 32 ff. Ebenda eine Beschreibung der Modallogik zusammen mit Hinweisen auf Anwendungen im Bereich der Programmverifikation, S. 18 ff. Ansätze zu einer Implementierung dreiwertiger Logik finden sich in Codd (1979) oder Bossu/Siegel (1985).

2) McDermott (1982, S. 34) spricht dabei sogar explizit von "Modal Theories". Dabei handelt es sich allerdings nicht um eine exakte Applikation der Modallogik. Vielmehr werden Axiome eingeführt, die es in der Modallogik nicht gibt: "For our purposes the standard treatment of modal logic is not quite adequate."

Ein verbreiteter Ansatz, dem Problem unvollständig repräsentierter Sachverhalte zu begegnen, besteht in der Annahme einer geschlossenen (Modell-) Welt ("closed world assumption", Reiter (1980)): nur die Aussagen sind wahr, die in der Wissensbasis explizit gemacht sind bzw. sich deduzieren lassen. Alle nicht verifizierbaren Aussagen werden als falsch unterstellt. Auch wenn die Annahme einer geschlossenen Welt eine vergleichsweise unproblematische Implementierung verspricht - Reiter (1980, S. 84) sieht "a considerable computational and representational advantage" - dem Anspruch, die Kompetenz menschlicher Experten zu rekonstruieren, wird sie kaum gerecht: es ist wohl kein Kennzeichen derartiger Kompetenz von Nicht-Wissen auf Nicht-Existenz zu schließen. Darüber hinaus ergeben sich für derartig konzipierte ES ernsthafte Performance-Probleme: Anwender, die den Zustand der Wissensbasis nicht kennen, laufen Gefahr, falsche Auskunft bzw. unangebrachte Empfehlungen zu erhalten.[1] So kann die Anfrage, ob eine bestimmte Aktie eine gewisse Mindestrendite verspreche, negativ beschieden werden, weil die Aktie gar nicht gespeichert ist; oder aber - nicht weniger bedenklich - positiv, weil bestimmte Aussagen (z.B. über branchenspezifische Rezessionserscheinungen) nicht verifiziert werden konnten und deshalb als nicht zutreffend unterstellt wurden.

Diese Nachteile werden durch Ansätze zu vermeiden gesucht, in denen zunächst unbekannte Ausprägungen bestimmter Merkmale durch plausible Annahmen, auch *defaults* genannt, explizit gemacht werden. Es gibt im wesentlichen zwei, bereits angedeutete Gründe für die Einführung solcher Annahmen, die beide Bestandteile menschlichen Problemlösungsverhaltens sind. Immer dann, wenn konkrete Ausprägungen zu berücksichtigender Sachverhalte nicht bekannt sind oder ihre Erhebung zu aufwendig erscheint, werden sie durch Annahmen ersetzt. Es ist evi-

---

1) ".. the user of the KB (Knowledge Base, U.F.)(man or machine) must distinguish between what is known and what is true in the intended application area." Levesque (1984), S. 165

dent, daß es für diese Annahmen gute Gründe geben sollte, also ein hohes Maß an Invarianz zu vermuten ist. Daneben werden Annahmen verwandt, um die durch Ausnahmen entstehende Komplexität zu verringern. Die Ausnahmen sind dabei als solche bekannt, allein ihre permanente Berücksichtigung wäre zu aufwendig. So wird es z.B. gemeinhin sinnvoll sein, vom Beruf "Hochschulprofessor" auf die Qualifikation "Promotion" zu schließen, auch wenn es Ausnahmen geben mag. Die durchgängige Berücksichtigung von Ausnahmen wäre nicht zuletzt mit einer erheblich redundanteren formalen Repräsentation und damit mit aufwendigeren Inferenzprozeduren verbunden. Die Voraussetzung für Ausnahmen ist Klassenbildung. Ein in der Literatur häufig zitiertes Beispiel ist die Klasse der Vögel. Die Klasse wird durch Eigenschaften (bzw. Prädikate) bestimmt, die die Klassenmitglieder auszeichnen. So kann die Klasse der Vögel bestimmt werden durch Eigenschaften wie "hat Federn" oder "hat einen Schnabel". Subklassen werden durch weitere Eigenschaften gebildet, die nur für einen Teil der Klassenmitglieder zutreffen (so läßt sich z.B. durch die Beschreibung der Nahrungsbeschaffung die Klasse der Raubvögel bilden). Für die Durchführung logischer Ableitungen ist es dabei von besonderer Bedeutung, daß sämtliche Eigenschaften einer Klasse auch für die Unterklasse gelten: die Eigenschaften werden *vererbt*. Wenn eine Eigenschaft nicht für alle Mitglieder einer Klasse zutrifft, ist es nicht korrekt, sie der Klasse als Gesamtheit zuzuordnen, denn sie würde dann ja auch an solche Subklassen bzw. Exemplare vererbt, die diese Eigenschaft eben nicht kennzeichnet. Aber: wenn nahezu alle Objekte einer Gesamtheit ein bestimmtes Merkmal aufweisen (z.B. können fast alle Vögel fliegen) und das Merkmal der Gesamtheit <u>nicht</u> zugeordnet wird, werden i.d.R. redundante Angaben nicht zu vermeiden sein. Wenn man zwei Klassen von Vögeln, die der flugfähigen und die der flugunfähigen bildete, müßten Eigenschaften, die beide Klassen auszeichen, doppelt zugeordnet werden. Wenn stattdessen das Merkmal "kann fliegen" erst bei den Unterklassen explizit gemacht wird, für die es in der Gesamtheit zutrifft, wird es ebenfalls i.d.R. mehrfach zuzuordnen sein.[1] Die so entstehende Redundanz erschwert die Ableitung von Aussagen erheblich: je niedriger eine zu überprüfende Eigenschaft in einer Klassenhierarchie angeordnet ist, desto aufwendiger ist im konkreten Einzelfall ihre Verifikation. Es scheint also sinnvoll zu sein, auch bei der Repräsentation realer Zusammenhänge, mögliche Ausnahmen zunächst unberücksichtigt zu lassen, d.h. die Hypothese, daß keine Ausnahme vorliegt, anzuwenden - eine Hypothese, die bei der Berücksichtigung weiterer Aussagen (z.B. der, daß der betrachtete Vogel ein Pinguin ist) revidiert werden muß.

Die Bedeutung nicht-monotoner Wissensbasen

Während der Umgang mit Plausiblitätsannahmen eine gängige und i.d.R. unproblematische menschliche Strategie zur Reduktion von Komplexität darstellt, beinhaltet die Formalisierung fallibler Aussagen erhebliche Schwierigkeiten: die u.U. nötige Revision zunächst wahrer Sätze ist nicht mit der Monotonie-Eigenschaft der Prädikatenlogik vereinbar.[2] Die Konsequenz ist fatal: ein einziger Widerspruch in einer prädikatenlogisch formulierten Theorie führt dazu, daß sämtliche Aussagen sowohl verifiziert als auch falsifiziert werden können.[3] Eine inkonsistente Wissensbasis dieser Art wäre also unbrauchbar. Die Prädikatenlogik ist nicht hinreichend,

1) Borgida u.a. (1985, S. 165) sehen darin die Gefahr einer kombinatorischen Explosion redundanter Merkmale und empfehlen deshalb aus Effizienzgründen, von Ausnahmen zu abstrahieren. Sie sprechen in diesem Zusammenhang von "overabstraction".

2) das gilt auch für die close world assumption: wenn in einer gegebenen Formelmenge p nicht enthalten ist, wird auf p geschlossen. Sobald p eingeführt wird, ergibt sich ein Widerspruch. Ein solcher Widerspruch kann (wie z.B. in PROLOG) dadurch vermieden werden, daß (zumindest die aus Nicht-Existenz) abgeleiteten Formeln nicht in die Wissensbasis aufgenommen werden.

3) ein Widerspruch ist eine unerfüllbare, also in allen Interpretationen falsche Formel. Da eine Implikation immer wahr ist, wenn ihre Prämisse falsch ist, kann also aus einem Widerspruch jeder Satz abgeleitet werden.

um Hypothesen adäquat zu verarbeiten: eine in Form einer Regel gefaßte Annahme würde die Ableitung eines Satzes gestatten, der bei einer Erweiterung der Wissensbasis u.U. zu einem Widerspruch führt. Es ist also nötig, Formalismen zu verwenden, die auch ohne strikte Monotonie handhabbar sind. Die wesentlichen Ansätze dazu finden sich in McCarthy (1980 a, 1980 b, 1986), McDermott/Doyle (1980), McDermott (1982) und Reiter (1980). Gemeinsames Ziel dieser Bemühungen ist die Definition eines formalen Systems, das in möglichst umfassender Weise die Ableitung zutreffender bzw. plausibler Aussagen gestattet. Es ist evident, daß der Aufbau einer Wissensbasis aus unbedingt gültigen und revidierbaren Formeln jeweils eine entsprechende Kennzeichnung nahelegt. Eine solche Kennzeichnung revidierbarer Formeln ist denn auch allen Ansätzen gemein. So verwenden Doyle und McDermott die Modalität "*is consistent*". Sie ist durchaus vergleichbar mit der Modalität "möglich" der Modallogik. Während allerdings die Modallogik den Schluß von der Möglichkeit eines Satzes auf seine Wahrheit (M(A) -> A) nicht erlaubt, werden in den skizzierten Ansätzen derartige Regeln, die ihrer Fehlbarkeit wegen die Monotonie eines Systems verletzen[1)], eingeführt. Der Grund dafür ist in dem Bemühen zu sehen, menschliches Problemlösungsverhalten abzubilden: Annahmen werden wie wahre Aussagen behandelt - solange sie nicht revidiert werden müssen. So formalisieren McDermott/Doyle (1980, S. 44)) die Plausibilitätsannahme, daß mittags die Sonne scheint, wie folgt:

1. noon $\wedge$ *M(sun-shining) -> sun-shining*

Dabei steht M für "is consistent": wenn die Aussage "sun-shining" durch keinen gültigen Satz der Wissensbasis negiert wird, dann soll sie gelten. Die Monotonie verletzende Eigenschaft dieser Regel liegt auf der Hand: eine in der klassischen Logik nicht ableitbare, aber auch nicht falsifizierbare Formel ist möglicherweise wahr. Wenn nun daraus auf ihre Wahrheit geschlossen wird, entsteht eine Formel, die in

---

1) so spricht McDermott (1982, S. 35 u. 55) in diesem Zusammenhang von einer "non-monotonic rule".

zukünftigen Situationen, nach der Aufnahme weiteren Wissens, möglicherweise falsch ist.

Um das Problem der Nicht-Monotonie zu verdeutlichen, fügen sie einige Axiome hinzu:

2. *noon*
3. *eclipse* -> $\overline{\textit{sun-shining}}$

Dadurch wird der Schluß

4. *sun-shining*

möglich. Diese Aussage wird aber inkonsistent, wenn als weiteres Axiom

5. *eclipse*

eingeführt wird (z.B. im Dialog mit einem Anwender). Anders als in monotonen Systemen kann die alte Theorie nicht erweitert werden (wodurch sie wertlos würde), sie muß vielmehr revidiert werden.

In durchaus vergleichbarer Weise werden Plausibilitätsannahmen von Reiter (1980) gehandhabt. Zwar weist er ausdrücklich darauf hin, daß er keine Modalitäten verwendet[1] , die von ihm eingeführten "defaults", die er als Meta-Regeln bezeichnet, erfüllen allerdings eine ähnliche Funktion und werden in nahezu gleicher Weise notiert:[2]

$$\frac{BIRD\ (x)\ :\ MFLY\ (X)}{FLY\ (x)}$$

Auch McCarthy (1986) arbeitet mit Regeln, die Nicht-Monotonie begründen. Er verwendet dazu das Prädikat *abnormal*:(S. 93 f.)

<1> *x: ab*(normal) *aspect1 x* -> *flies x*

1) "We avoid modal logic or any modal concepts entirely ...", S. 93
2) S. 82. Das Inferenzschema ist zu lesen als: *WENN* X ein Vogel ist und es konsistent ist, anzunehmen, daß X fliegen kann, *DANN* kann X fliegen.

Damit wird zunächst für alle verzeichneten Objekte die Annahme gemacht, sie können nicht fliegen - vorausgesetzt, sie sind hinsichtlich aspect1 nicht *abnormal*. Vögel sind's:

<2> *x: bird x -> ab aspect1 x*

Aber eben doch nicht alle:

<3> $x{:}\ bird\ x \wedge \overline{ab\ aspect2\ x} \rightarrow flies\ x$

Die Ausnahmen werden durch Formeln wie

<4> *x: penguin x -> ab aspect2 x*

explizit gemacht. Dieses System verstößt gegen die Monotonie, weil ein Aspekt dann als <u>nicht</u> abnormal angesehen wird, wenn das Gegenteil nicht explizit notiert ist. Wenn also <4> (zunächst) nicht in der Wissensbasis enthalten ist, ergibt sich aus <1>, <2> und <3> *flies x*, ein u.U. später zu revidierender Satz. Formeln, die das Prädikat *ab* enthalten, bezeichnet McCarthy als *circumscriptions*. Da diese Aussagen fehlbare Annahmen kennzeichnen, sind sie von unbedingt wahren Aussagen formal zu unterscheiden. Dazu führt McCarthy das Metaprädikat *circumscribe*[1)] und damit Formeln der Prädikatenlogik zweiter Stufe ein.

Der Vergleich der drei Ansätze ist problematisch. Die dargestellten Regeln zum nicht-monotonen Schließen sind - auch wenn die Darstellungen leicht voneinander abweichen - ein wesentliches gemeinsames Merkmal. Wenn diese Regeln in unterschiedlicher Weise erläutert werden - während Doyle/ McDermott (1982, S. 55) von "rules about changing theories, not rules within a theory" sprechen, betont Reiter (1980, S. 93), daß defaults eine gegebene Theorie vervollständigen - ist dies wohl hauptsächlich darauf zurückzuführen, daß die

1) S. 95, er spricht dabei von "some sort of metamathematical statement".

Verfasser je unterschiedliche Akzente setzen.[1] Die für eine Implementierung wesentlichen Unterschiede ergeben sich aus den formalen Eigenschaften. So betont McCarthy, daß circumscription zusammen mit den Inferenzregeln der Prädikatenlogik erster Stufe verwendet werden kann, schränkt aber später ein, daß auch Formeln der Prädikatenlogik zweiter Stufe zu berücksichtigen seien.[2] Demgegenüber betont McDermott (1982, S. 34) seine Anleihen an die Modallogik. Die Evaluierung dieser Unterschiede erscheint allerdings äußerst problematisch. So schreibt Reiter (1980, S. 94):

"In general the relationship between default and non-monotonic logics appears to be complex."

Gemeinsam ist allen Formalismen, daß es kein generelles Verfahren zur Ableitung aller möglichen Annahmen gibt.[3] Durch die Einschränkung auf bestimmte Formelarten kann Vollständigkeit allerdings erreicht werden.[4]

Truth Maintenance Systems

Die Inferenzkomponente eines ES, dessen Wissensbasis durch Hinzufügen neuer Formeln nicht unbedingt monoton wächst, muß über Möglichkeiten verfügen, widerlegte Annahmen sowie Formeln, die unter Rückgriff auf diese Annahmen abgeleitet wurden, zu revidieren.[5] Dazu sind die im Zeitverlauf durchgeführten Ableitungen zu protokollieren, um im Lichte neuen Wissens möglichst umfassend rekonstruiert zu werden.

---

1) so spricht auch Reiter (1980, S. 94) an anderer Stelle davon, daß ein "consistent set of beliefs" jeweils für eine von vielen möglichen Welten steht. Beim Auftreten eines Widerspruchs fordert er "... a switch to a new extension ..".
2) McCarthy (1980), S. 28 und ders. (1986), S. 107
3) vgl. dazu Reiter (1980), S. 87; Doyle/McDermott (1980), S. 68; McCarthy (1986), S. 108
4) McDermott (1982), S. 34. Vgl. auch Minker/Perlis (1986)
5) "A computer program using nonmonotonic inference must always be prepared to withdraw some conclusion." McDermott (1982), S. 37

Einen wesentlichen Ansatz, dieses Ziel zu erreichen, stellt das von Doyle (1979) vorgeschlagene *Truth Maintenance System* (TMS) dar. Das TMS überwacht Veränderungen der Wissensbasis. Immer dann, wenn Widersprüche auftreten, werden sie vom TMS durch Zurücksetzen an die Annahme, die den Widerspruch ausgelöst hat, beseitigt. Das TMS sorgt damit für die Funktionstüchtigkeit der unabhängig von ihr operierenden Inferenzkomponente: durch das Eingreifen des TMS bleibt die Konsistenz der Wissensbasis gewahrt. Doyle teilt die falliblen Annahmen einer Wissensbasis in zwei Mengen: die Menge der zu einem gegebenen Zeitpunkt akzeptierten Annahmen und die der gleichzeitig nicht akzeptierten Annahmen. Das TMS erstellt für jede abgeleitete Formel eine Liste von "*justifications*", das sind die Annahmen, von denen die Wahrheit der Formel abhängt. Immer dann, wenn eine dieser Annahmen durch eine Aktualisierung der Wissensbasis widerlegt wurde (also aus der Menge der akzeptierten Annahmen zu streichen ist), ist es das Ziel des TMS, die Konsequenzen der irrtümlich unterstellten Aussage durch Zurücksetzen ("dependency-directed backtracking") an die entsprechende Stelle der Rechtfertigungsliste zu eliminieren (Doyle 1979, S. 236 ff.). Da zur Wahrung der Konsistenz alle u.U. betroffenen Formeln berücksichtigt werden müssen, ergibt sich bei großen Wissensbasen ein erheblicher Suchaufwand. Zunächst ist zu prüfen, ob durch das Hinzufügen einer neuen Formel eine Annahme zu revidieren ist. Ist dies der Fall, müssen die Rechtfertigungslisten aller Formeln durchsucht werden. Bei der durch einen Widerspruch nötigen Rekonstruktion einer Wissensbasis entfernt das TMS einzelne Annahmen aus der Wissensbasis, um deren Konsistenz zu wahren. Wenn z.B. zur Beantwortung der Anfrage eines Kunden nach dem frühest möglichen Liefertermin für eine Maschine auf die als Annahme gekennzeichnete Aussage "Tranport im Inland durch Spedition" zurückgegriffen werden kann, läßt sich daraus mit Hilfe entsprechender Regeln und der Berücksichtigung des Kundenstandorts die Transportzeit ableiten. Wenn sich jetzt aber herausstellt, daß keine in Frage kommende Spedition kurzfristig über freie Kapazitäten verfügt, entsteht durch das Hinzufügen dieses Hinweises ein Widerspruch. Ein TMS entfernt daraufhin die nicht mehr haltbare Annahme und die aus ihr abgeleitete Aussage über die Transportzeit.

Auch die von de Kleer (1986 a,b,c) eingeführten *assumption based truth-maintenance systems* (ATMS) sollen die Folgen revidierter Annahmen rückgängig machen. Für jede Annahme wird durch eine Liste der Prämissen (entsprechend den justifications der TMS) der Kontext angegeben, in dem sie gilt. Wenn sich an diesem Kontext, also an einer der ihn repräsentierenden Formeln, etwas ändert, wird er entsprechend eingeschränkt - bis hin zu dem Grenzfall, daß kein Kontext mehr gilt. Im Unterschied zu Doyles Ansatz wird dabei allerdings die Konsistenz der gesamten Wissensbasis nicht unbedingt angestrebt. Vielmehr werden zwei widersprüchliche Formeln u.U. als verschiedene, nicht gemeinsam mögliche, Extensionen einer Theorie angesehen. Beispiel:[1)]

<1> *WENN* es konsistent ist, *DANN* scheint die Sonne (Annahme)

<2> *WENN* es konsistent ist, *DANN* regnet es (Annahme)

<3> *WENN* die Sonne scheint, *DANN* ist die Straße trocken

<4> *WENN* es regnet, *DANN* ist die Straße naß

<5> *WENN* es regnet *UND* die Sonne scheint, *DANN* ist die Straße naß

Durch Hinzufügen des Satzes

<6> Die Straße ist niemals gleichzeitig trocken und naß (bzw.: Straße trocken $\wedge$ Straße naß -> Widerspruch)

erweist sich <5> als unhaltbar. Das ATMS streicht daraufhin nicht <1> oder <2>, sondern nur die direkt betroffene Formel <5>, für die wegen <6> kein Kontext existiert. De Kleer beschränkt sich auf eine rein formale Notation, die von der konkreten Problemstellung abstrahiert. In dem hier zur Illustration gewählten Beispiel wäre es sicher zweckmäßiger, die

1) in Anlehnung an De Kleer (1986 a), S. 131 f.

plausible, aber gewiß nicht immer zutreffende Regel <3> als Annahme zu formulieren.

Zusammenfassende Beurteilung

Es ist offenkundig, daß menschliches Problemlösen häufig mit Annahmen operiert, wenn tatsächliche Sachverhalte nicht bekannt sind. Annahmen werden in Abhängigkeit von bestimmten Realitätszuständen gemacht - wobei sie natürlich nicht im Widerspruch zu verfügbarem Wissen stehen dürfen. Der zur formalen Repräsentation fallibler Annahmen nötige Aufwand hängt wesentlich von der Komplexität des je zu berücksichtigenden Kontextes und dem Grad ihrer Invarianz ab. So kann eine hochgradig invariante Annahme (die also in der Regel zutreffend ist) ohne Angabe von Voraussetzungen unterstellt werden: sie gilt solange, bis durch ein Update ihre Verneinung in die Wissensbasis aufgenommen wird. Mitunter allerdings sind mehrere Annahmen möglich, deren Plausibilität vom Zutreffen bestimmter Umstände abhängt. Dadurch ergibt sich einerseits die Schwierigkeit, ggfs. eine Vielzahl solcher Umstände als Voraussetzungen benennen zu müssen.[1)] Andererseits entsteht in solchen Fällen das grundsätzliche Problem, daß u.U. die Voraussetzungen für mehrere, einander widersprechender Annahmen erfüllt sind. Beispiel:

- *WENN* ein Wahlberechtigter Arbeitnehmer ist und sein Jahres-Einkommen geringer ist als DM 30000.-, *DANN* wählt er SPD
- *WENN* ein Wahlberechtigter katholisch ist und in Bayern wohnt, *DANN* wählt er CSU

Für einen katholischen Arbeitnehmer in Bayern mit einem entsprechend geringen Einkommen wären also beide Annahmen zulässig. Zusammen allerdings können sie nicht gelten (was durch eine weitere Formel explizit zu machen wäre). Für die formale Verwertung alternativ zutreffender Annahmen gibt es

1) darüber hinaus ist mit Problemen durch auftretende Interdependenzen und die Gefahr von Verkürzungen zu rechnen.

zwei Möglichkeiten: die in einem Ableitungsvorgang zuerst erreichte Annahme wird als wahr unterstellt, es erfolgt also eine willkürliche Auswahl.[1] Andernfalls wird keine der inkompatiblen Annahmen unterstellt, sondern - logisch unzweifelhaft - ihre Adjunktion.[2] Während durch willkürliche Auswahl u.U. wichtige Aspekte vernachlässigt werden, ist die Alternative dann nicht akzeptabel, wenn ein Problemlösungsprozeß die Wahl einer Annahme nötig macht. Darüber hinaus ergibt sich durch die Ableitung einer Adjunktion in Zusammenhang mit der closed-world assumption u.U. eine bizarre Situation: während $A \vee B$ wahr ist, werden sowohl A als auch B als falsch angesehen, offensichtlich ein Widerspruch zu $A \vee B$, denn es gilt ja $A \vee B <-> (\overline{\overline{A} \wedge \overline{B}})$.[3]

Die Verwendung von Annahmen kann schließlich zu Inferenz-Verklemmungen führen. Wenn es zwei Annahmen der Art M (A -> B) sowie M ($\overline{A}$ -> $\overline{B}$) gibt, dann muß die Konsistenz von A gezeigt werden. Dazu muß gezeigt werden, daß $\overline{A}$ nicht zutrifft, wozu allerdings wieder der Rekurs auf A nötig ist: ein unendlicher Zirkel ist die Folge. Beispiel[4] :

- *WENN* es konsistent ist, daß ein Wahlberechtigter CDU wählt und er ein Unternehmer ist, *DANN* wählt er CDU
- *WENN* es konsistent ist, daß ein Wahlberechtigter nicht CDU wählt und er in der Nähe eines Kernkraftwerks wohnt, *DANN* wählt er nicht CDU

Die dargestellten Schwierigkeiten als Schwächen der Formalismen zu kennzeichnen, scheint wenig angebracht. So sind z.B. auch Menschen auf willkürliche Auswahl angewiesen, wenn sie nicht über Evaluierungskriterien verfügen. Es bleibt allein der an dieser Stelle nicht weiter zu betrachtende Verdacht, daß menschliches Problemlösen flexibler sein kann und damit der je aktuellen Situation besser angepaßt ist. In jedem Fall

1) vgl. Reiter (1980), S. 86. Weitere Paradoxien nicht-monotoner Formalismen finden sich in McDermott (1982), S. 51 ff.
2) vgl. McCarthy (1986), S. 99
3) vgl. dazu Bossu/Siegel (1985), S. 17
4) ein ähnliches Beispiel findet sich in Charniak/McDermott (1985), S. 370 f.

machen die aufgezeigten Probleme in der Handhabung nichtmonotoner Formalismen deutlich, daß eine Implementierung mit einem erheblichen Aufwand verbunden ist: die in die Wissensbasis eingeführten Aussagen können auch formal nicht immer als unabhängig voneinander betrachtet werden - anders als in einer monotonen Wissensbasis, wodurch gerade bei komplexen Zusammenhängen Schwierigkeiten entstehen können, die vom Entwickler nicht vorhergesehen wurden.

Der Implementierungsaufwand hängt nicht zuletzt von den verfügbaren Werkzeugen ab. Es läßt sich vermuten, daß für die dargestellten Formalismen allenfalls prototypische Programmierumgebungen (Wissensakquisitions- und Inferenzkomponente) existieren.[1] Es gibt allerdings Programmiersysteme, deren Inferenzprozeduren die Verarbeitung von Hypothesen mitsamt ihrer Revision erlauben. Dabei handelt es sich vor allem um Implementierungen des Frame-Konzepts von Minsky wie FRL (Roberts/Goldstein 1977) und KRL (Bobrow/Winograd 1977). Frames gestatten das Einfügen von Default-Werte (also hypothetisch unterstellten Werten bzw. Aussagen). KRL erlaubt es zudem, Zeitgrenzen anzugeben, die für die Ableitung einer Aussage zur Verfügung stehen. Ist innerhalb dieser Zeit eine Ableitung nicht realisiert, wird die abzuleitende Aussage als falsch angenommen.

PLANNER (Sussman/Winograd 1970), eine mit PROLOG vergleichbare Programmiersprache, erlaubt die Kennzeichnung von Annahmen mit Hilfe des Metaprädikats *THNOT*. Das dabei eingesetzte Ableitungsverfahren ist zwar vollständig, beschränkt sich aber auf quantorenfreie Ein-Literal-Formeln, also auf Formeln, die keine Junktoren (und damit auch keine Implikationen) enthalten.

1) lediglich McCarthy (1986, S. 109) weist explizit daraufhin, daß "At present there are no reasoning or problem-solving programs using circumscription."

Die Verwendung von Wahrscheinlichkeiten

Formalismen, die die Möglichkeit vorsehen, die Wahrheit von Sätzen hypothetisch zu unterstellen, weisen u.a. zwei Schwächen auf:

- eine Bewertung alternativer, einander ausschließender Annahmen ist nicht vorgesehen. Wenn eine Auswahl stattfindet, ist sie deshalb zwangsläufig willkürlich.

- die durch den Rekurs auf fehlbare Annahmen geminderte Zuverlässigkeit inferierter Problemlösungen ist den Lösungen nicht anzusehen: durch die nicht-monotonen Inferenzregeln werden Annahmen ja zu wahren Aussagen.

Die Tragweite dieser Schwächen hängt von der je abgebildeten Domäne ab. Das Paradebeispiel für Bereiche, in denen sie besonders schwer wiegen, sind Diagnose-Aufgaben im allgemeinen, die medizinische Diagnose im besonderen. Bestimmte Symptome deuten mitunter auf verschiedene Ursachen - allerdings mit unterschiedlicher Sicherheit. Es sind denn auch vor allem ES, die in diesem Bereich operieren, in denen bisher wahrscheinlichkeitslogische Ansätze implementiert wurden. Dazu werden einzelnen Formeln Werte aus einem Intervall (z.B. [0..1]) zugeordnet, die einen Grad der Verläßlichkeit bzw. - sicher nicht ganz unproblematisch - die Wahrscheinlichkeit dieser Formeln anzeigen sollen. Es handelt sich dabei i.d.R. um individuelle Lösungen, die speziell für das jeweilige ES entwickelt wurden. Ein Beispiel für einen solchen speziellen und dabei recht aufwendigen Ansatz liefert das ES *MYCIN* (Shortliffe 1976), das für die Diagnose von Lungenkrankheiten konzipiert wurde.

Das in *MYCIN* verfolgte Ziel besteht darin, einen möglichst zuverlässigen *certainty factor* (CF) für das Vorliegen einer Krankheit zu ermitteln. Dazu werden den vorliegenden Symptomen zwei Anscheinsmaße zugeordnet. Mit Hilfe des einen, *measure of belief* (MB), wird die Wahrscheinlichkeit dafür quantifiziert, daß das oder die vorliegenden Symptome auf eine bestimmte Krankheit hindeuten. Mit Hilfe des zweiten Anscheinsmaßes, *measure of disbelief* (MD), wird die subjektive Wahrscheinlichkeit dafür, daß die unterstellte Krankheit beim Fehlen des betrachteten Symptoms dennoch vorliegt, beschrieben. MB ist also ein Anscheinsmaß für die Implikation

WENN Symptom S, *DANN* Krankheit K,

MD ein solches für die Implikation

WENN $\overline{\text{Symptom S}}$, *DANN* Krankheit K.

Der Wertebereich beider Maße liegt zwischen null und eins. Das Gesamtanscheinsmaß CF ergibt sich durch die Differenz MB-MD, sein Wertebereich ist also durch das Intervall [-1 .. +1] abgesteckt. Dabei stellt sich die Frage, was durch die Differenz MB-MD überhaupt ausgedrückt wird. Ein gegenüber MB zuverlässigeres Maß für die Wahrscheinlichkeit der betrachteten Krankheit läßt sich nicht erblicken: wenn ein Symptom mit einer bestimmten Wahrscheinlichkeit auf eine Krankheit hindeutet, spielt es für eben diese Wahrscheinlichkeit keine Rolle, ob die Krankheit auch ohne dieses Symptom anzutreffen ist oder nicht. CF ist vielmehr ein Maß für die Eignung eines Symptoms als eineindeutiger Indikator: je größer CF ist, desto besser kann dieses Symptom hinsichtlich der vermuteten Krankheit diskriminieren.

Der Ansatz von Nilsson

Anders als in speziellen Implementierungen wahrscheinlichkeitslogischer Ansätze versucht Nilsson (1986) den Entwurf eines generellen Formalismus zur Abbildung risikobehafteten Wissens. Dazu rekonstruiert er zunächst eine gängige Rechtfertigung der Einführung von Wahrscheinlichkeiten gegenüber gemeinhin akzeptierten Prinzipien der klassischen Logik. Der wesentliche Vorwurf, der sich gegen wahrscheinlichkeitslogische Ansätze richtet, basiert auf dem Grundsatz des *tertium non datur*. Danach ist eine Aussage eben entweder wahr oder falsch, aber nicht zu einem bestimmten Prozentsatz wahr. Nilsson bekennt sich zum tertium non datur, es gebe auch für ihn keine Teilwahrheiten. Aber es gibt für jeden Satz eine mehr oder weniger große Zahl möglicher Welten (also Kontexte), in denen der Satz entweder wahr ist oder nicht. Die für eine Aussage relevanten möglichen Welten lassen sich also in zwei Mengen unterteilen: eine umfaßt alle Welten, in denen die Aussage wahr ist, die andere enthält die Welten, in denen sie falsch ist. Damit ergibt sich die Wahrscheinlichkeit für die Wahrheit eines Satzes als die relative Häufigkeit der Welten in der ersten Menge (Nilsson 1986, S. 73).

Das zentrale Problem für die Definition von Inferenzen auf so gekennzeichneten Sätzen besteht in der Zuordnung geeigneter Wahrscheinlichkeiten zu verknüpften Sätzen. Dabei sind Negation, Konjunktion und Adjunktion von geringerem Interesse. Gemeinhin gilt:

Negation : $p(\overline{A}) = 1 - p(A)$
Konjunktion : $p(A \wedge B) = \min (p(A), p(B))$
Adjunktion : $p(A \vee B) = \max (p(A), p(B))$

Auch der Implikation läßt sich für bekannte Wahrscheinlichkeiten p(A) und p(B) unter Rückgriff auf die Äquivalenz $A \rightarrow B \leftrightarrow \overline{A} \vee B$ ein Wahrscheinlichkeitswert zuordnen:

Implikation : $p(A \rightarrow B) = \max (1-p(A), p(B))$

Wenn allerdings sowohl Prämisse als auch Implikation mit einer Wahrscheinlichkeit belegt sind, stellt sich die Frage, wie die Wahrscheinlichkeit der Konklusion abzuleiten ist. Nilsson listet dazu zunächst die möglichen Konstellationen der beiden Grundmengen möglicher Welten für die Formeln des Modus ponens (P -> Q, P, Q) auf. Da jede Formel wahr oder falsch sein kann, ergäben sich 2^3 Kombinationen. Einige dieser Kombinationen sind allerdings logisch unzulässig, z.B. P falsch <u>und</u> P -> Q falsch. So erhält man insgesamt vier Mengen möglicher Welten (für andere Kombinationen sind aus der Perspektive der klassischen Logik keine Welten möglich, Nilsson 1986, S. 75):

Kombinationen von Wahrheitswerten

P	1	1	0	0
P -> Q	1	0	1	1
Q	1	0	1	0

Zunächst gibt es für die Wahrscheinlichkeiten der möglichen Welten eines Satzes nur die Regel $\Sigma p_i = 1$ (anders formuliert: die Wahrscheinlichkeit dafür, daß ein Satz zutrifft, addiert sich mit der Wahrscheinlichkeit dafür, daß er falsch ist, zu eins) sowie die Beschränkung für die Wahrscheinlichkeit eines Satzes $0 <= p_i <= 1$. Nilsson bildet die in der Matrix dargestellten Extremwerte für die Wahrscheinlichkeiten der betrachteten Sätze in einem dreidimensionalen Koordinatensystem ab. Er erhält so Grenzen für zulässige ("consistent") Wahrscheinlichkeiten. Dabei wird die letztlich interessierende Wahrscheinlichkeit von Q durch die folgende Ungleichung beschränkt:

$$p(P \rightarrow Q) + p(P) - 1 <= p(Q) <= p(P \rightarrow Q)$$

Die damit vorgeschlagene Ableitungsregel, von Nilsson "probabilistic entailment" genannt, ergibt also nicht eine exakte Wahrscheinlichkeit, sondern lediglich einen zulässigen Bereich. Es bleibt anzumerken, daß der plausible Ansatz, die

Wahrscheinlichkeit der Konklusion als Produkt der Wahrscheinlichkeiten von Prämisse und Implikation zu bilden[1)], durch diese Schranken nicht ausgeschlossen ist.

Um eine Ableitungsregel zu erhalten, die einen möglichst sinnvollen konkreten Wert für die Wahrscheinlichkeit der Konklusion liefert, sucht er unter den Wahrscheinlichkeitsverteilungen im abgesteckten Intervall diejenige mit der größten Entropie[2)] . Auf diese Weise ergibt sich für die Wahrscheinlichkeit der Konklusion (Nilsson 1986, S. 82):

$$p(Q) = 1/2 * p(P) + p(P\text{->}Q) - 1/2$$

Danach ist p(Q) bis auf den marginalen Fall, daß die Eingangswahrscheinlichkeiten beide eins sind, immer größer als das Produkt p(P) * p(P->Q).

Die Berücksichtigung bedingter Wahrscheinlichkeiten

Bei der Abbildung realer Zusammenhänge - dabei ist vor allem an Diagnose-Aufgaben zu denken - kann es mitunter wichtig sein, zu ermitteln, wie wahrscheinlich ein Sachverhalt ist, wenn ein anderer vorliegt. Die Berechnung solcher bedingter Wahrscheinlichkeiten ist - wenn die dazu nötige Information vorhanden ist - unproblematisch. Nach dem Theorem von Bayes gilt:[3)]

$$p(D/S) = \frac{p(D) * p(S/D)}{p(S)}$$

---

1) eine Ableitung dieses Satzes für den Fall p(A) > p(B) findet sich in Schefe (1980), S. 44
2) Nilsson verwendet dabei die in der Informationstheorie gängige Defintion der Entropie H: $H = - \Sigma p_i * \log p_i$
3) eine gewisse Ähnlichkeit zu Implikationen, denen Wahrscheinlichkeiten zugeordnet werden, ist nicht zu übersehen. Allerdings lassen sich in nicht quantifizierbaren Bereichen kaum unbedingte Wahrscheinlichkeiten für einzelne Sätze sowie für die Umkehrung der Implikation angeben. Vielmehr wird die Wahrscheinlichkeit für das Zutreffen einer Implikation ex ante vorgegeben (s.o.).

Schwierigkeiten ergeben sich allein durch die Speicherung der Werte des rechten Terms (sieht man einmal von dem wohl noch gewichtigeren, später zu diskutierenden Problem der Validität der einfließenden Wahrscheinlichkeiten ab)[1]. Wenn in einer Wissensbasis z.B. m Diagnosen und n Symptome enthalten sind, sind nach den Regeln der Kombinatorik m * n bedingte und zusätzlich m + n unbedingte Wahrscheinlichkeiten möglich. Eine Zahl, die für eine konkrete Anwendung i.d.R. dadurch verringert wird, daß einige Kombinationen vernachlässigt werden können. Wenn darüber hinaus Kombinationen mehrerer Symptome betrachtet werden, wird die Zahl der maximal abzulegenden Wahrscheinlichkeiten noch wesentlich größer. Schon für die Kombination zweier Symptome ergeben sich näherungsweise $m * n^2$ Wahrscheinlichkeiten, bei 100 Krankheiten und je 400 Symptomen also 16.000.000. Zu dem Problem der Speicherung gesellt sich dabei das Problem der Beschaffung derartig vieler Wahrscheinlichkeiten. Beides zusammen führt dazu, daß der Konzeption von ES, die solche Aufgaben bewältigen sollen, i.d.R. Annahmen zugrundeliegen, die die Komplexität des dargestellten Problems erheblich reduzieren. Die Notwendigkeit, für jede Kombination von Symptomen eine Wahrscheinlichkeit für das Vorliegen einer Krankheit anzugeben, resultiert ja aus dem Umstand, daß die Symptome nicht unabhängig voneinander sind bzw. sein müssen. Durch das Einführen von Unabhängigkeitsannahmen wird diese Notwendigkeit überwunden: die Wahrscheinlichkeit für das gemeinsame Auftreten zweier Symptome stellt sich dar als das Produkt der unbedingten Einzelwahrscheinlichkeiten. Für die Wahrscheinlichkeit einer Krankeit beim Vorliegen zweier Symptome S_i und S_j ergibt sich damit (Charniak/McDermott 1985, S. 463):

$$p(D/S_i \wedge S_j) = (p(D)*p(S_i/D)*p(S_j/D)) \;/\; (p(S_i)*p(S_j))$$

Gegenüber $m * n^2$ bei der Berücksichtigung von Abhängigkeiten ergeben sich hier nur noch ungefähr 2 * (m * n) Kombinationen, für das dargestellte Zahlenbeispiel also 80.000. Von wesentlicher Bedeutung ist dabei, daß mit zunehmender Zahl ge-

1) vgl. dazu Charniak/McDermott (1985), S. 460 ff.

meinsam betrachteter Symptome keine kombinatorische Explosion der Anzahl abzulegender Wahrscheinlichkeitswerte einhergeht.

Der Preis solcher Vereinfachungen variiert mit dem Ausmaß, in dem die Symptome hinsichtlich einer Ursache voneinander abhängen. Bei einer hohen Korrelation dieser Art ergibt sich u.U. eine fatale Wirkung. Wenn die einzelnen Symptome je für sich nur ein schwaches Indiz für eine bestimmte Diagnose darstellen, aber bei gemeinsamem Auftreten ein sehr viel stärkeres, wird dieser Zusammenhang durch die Unabhängigkeitsannahme ins Gegenteil verkehrt: die durch das Produkt der Einzelwahrscheinlichkeiten ermittelte Wahrscheinlichkeit ist in diesem Fall erheblich kleiner als die bedingte Wahrscheinlichkeit für das gemeinsame Auftreten beider Symptome. Diese Verzerrung fällt dann weniger ins Gewicht, wenn beide Symptome insgesamt (also unabhängig von der je betrachteten Diagnose) schwach korreliert sind.

Zusammenfassende Beurteilung

Die Quantifizierung von Unsicherheit mit Hilfe von Wahrscheinlichkeiten birgt eine Reihe von Problemen. Im Vordergrund steht dabei zunächst die Ermittlung geeigneter Wahrscheinlichkeiten. Eine statistisch einwandfreie ex-post-Erhebung der Wahrscheinlichkeiten abzubildender Sachverhalte wird mit steigender Zahl der so zu untersuchenden Aussagen immer aufwendiger. Bei singulären Sachverhalten ist sie gar nicht möglich. Die benötigten Wahrscheinlichkeiten werden denn auch i.d.R. in Form subjektiver Annahmen von den jeweiligen Bereichsexperten bereitgestellt. So betonen Harmon/King (1985, S.42), daß es sich dabei eigentlich nicht um Wahrscheinlichkeiten handelt: "They represent the degree to which we believe that evidence is, in fact, true."

Diese Konfidenzmaße werden allerdings formal wie Wahrscheinlichkeiten behandelt. Die Erhebung solcher Maße durch Befragung von Experten beinhaltet das Problem, überhaupt konsistente Angaben zu erhalten - in dem Sinne, daß die Summe von Konfidenzmaßen, die den einzelnen disjunkten Ausprägungen eines Sachverhalts zugeordnet werden, wenn nicht gleich 100%, so doch auf keinen Fall größer ist. Auch wenn grundsätzlich die Chance besteht, solche Inkonsistenzen durch formale Verfahren aufzudecken[1], ist der Aufwand doch erheblich - was dann besonders schwer wiegt, wenn der Anwender im Dialog Wahrscheinlichkeitsmaße zuordnen kann. Ohnehin ist allein mit einer in diesem Sinne konsistenten Wissensbasis noch kein Blumentopf gewonnen: Konsistenz garantiert nicht die Angemessenheit der einzelnen Konfidenzmaße. Die befragten Experten dürften häufig genug überfordert sein, wenn sie um Konfidenzmaße für das Zutreffen bestimmter Sachverhalte gebeten werden (Vgl. IV.2.1.2). Wenn aber eine Überprüfung der angegebenen Wahrscheinlichkeiten durch ex-post-Untersuchungen zu aufwendig oder nicht möglich ist, kann wohl nur der Erfolg der je abgeleiteten Problemlösungen einen Hinweis auf ihre Angemessenheit liefern.[2] Es ist evident, daß gerade dann, wenn in einen Problemlösungsweg mehrere geschätzte Konfidenzmaße eingehen, die Ermittlung der "falschen" Maße zum Vabanquespiel wird. Wohl mag es gelingen, die Maße so zu korrigieren, daß für die bis dahin bearbeiteten Probleme bessere Lösungen zustandekommen. Solch induktives Vorgehen, nämlich die versuchte Rekonstruktion von Ursachen mit Hilfe kasuistisch vorliegender Wirkungen, erlaubt allerdings kaum verläßliche Prognosen für das Verhalten des ES bei veränderten Problemen. Letztlich entspricht ein solcher "Feinschliff" der Konfidenzmaße dem Vorgehen mancher unerfahrener Programmierer beim Debugging: ein zunächst fehlerfrei arbeitendes Programm liefert für eine bestimmte Datenkonstellation ein falsches Ergebnis. Anstatt den gesamten Entwurf neu zu überdenken, konzentriert sich der Programmierer auf den Einzelfall, dem das Programm

---

1) vgl. dazu beispielhaft Barachini/Adlassnig (1985).
2) die Evaluierung von ES wird i.d.R. durch einen Vergleich der vom System vorgeschlagenen Lösungen mit denen von Experten vorgenommen. So wurden z.B. für die Evaluierung von *MYCIN* einer Reihe unterschiedlich qualifizierter Mediziner die gleichen Diagnose-Aufgaben gestellt wie *MYCIN*.

nicht gerecht wird. Der "Erfolg" solcher Strategien ist häufig genug ein Pyrrhussieg: für die bewußte Datenkonstellation liefert das Programm zwar nunmehr ein korrektes Ergebnis, dafür treten jetzt in anderen Fällen Fehler auf.

Die dargestellten Schwierigkeiten werden durch ein weiteres, ähnlich subtiles Problem noch verstärkt: immer dann, wenn sowohl Prämisse als auch Implikation risikobehaftet sind, haftet der Ermittlung der Wahrscheinlichkeit der Implikation ein Hauch von Willkür an. Die Auswahl einer konkreten Wahrscheinlichkeit aus dem Intervall möglicher Wahrscheinlichkeiten ist wie z.B. bei Nilsson durch Plausibilitätsüberlegungen geleitet, aber eben nicht logisch zwingend. Die dadurch möglichen Verzerrungen sind in der Logik bzw. der Philosophie seit langem bekannt. Einen eindrucksvollen Beleg für solche Verzerrungen liefert z.B. das 'Lotterie-Paradoxon'[1], das zeigt, daß eine Deduktion, die auf Sätze rekurriert, deren Wahrscheinlichkeiten sehr angemessen erscheinen, zu völlig abwegigen Konklusionen führen kann. Unabhängig davon, daß es sich dabei um einen konstruierten Fall handelt, mahnt er vor allzu großem Vertrauen in wahrscheinlichkeitslogische Inferenzen - auch dann, wenn man den in der Wissensbasis implementierten Wahrscheinlichkeitsangaben hohes Vertrauen entgegenbringt.

Die softwaretechnische Implementierung von ES, die wahrscheinlichkeitslogisch formulierte Wissensbestandteile enthalten, ist gegenüber nicht-monotonen Formalismen weniger problematisch. So gibt es denn auch eine Reihe von ES-Entwicklungsumgebungen, die die Zuordnung von Konfidenzmaßen zu einzelnen Formeln erlauben[2] - u.a. auch *Empty-MYCIN*, das den Rückgriff auf den in *MYCIN* realisierten Ansatz gestattet. Es kann allerdings nicht übersehen werden, daß durch die Verfügbarkeit solcher Werkzeuge die grundlegenden Schwierigkei-

1) vgl. dazu Harman (1967). Weitere philsophische Untersuchungen über wahrscheinlichkeitslogische Inferenzen finden sich in Adams/Levine (1975).

2) in einer Übersicht, die Harmon/King (1985, S. 128 ff.) geben, sind dies neun von sechzehn Shells.

ten wahrscheinlichkeitslogischer Wissensrepräsentation und -verwertung nicht ausgeräumt sind.

Die Fuzzy-Logic - Überwindung der klassischen Logik?

Auch wenn die Adepten der angewandten Logik hoffnungsvoll an die Möglichkeit der Rekonstruktion menschlichen Wissens und Denkens mit den Mitteln der formalen Logik glaubten (und glauben), gab es schon früh Zweifler in den eigenen Reihen, die die scheinbar offensichtlichen Unterschiede zwischen sprachlich artikuliertem menschlichen Wissen sowie sich irgendwie vollziehendem Denken auf der einen und den Anforderungen formal-logischer Systeme auf der anderen Seite für wesentlich hielten. Eine Formalisierung des Denkens wäre danach allenfalls mit Hilfe eines Formalismus möglich, für den gewisse Einschränkungen der klassischen Logik aufgehoben werden. Den bekanntesten Versuch, einen adäquaten Formalismus dieser Art zu entwickeln, stellt die von Zadeh (1975, 1978) vorgeschlagene Fuzzy-Logic dar, also eine unscharfe, vage Logik.

Das mit der Fuzzy-Logic verbundene Ziel ist die formale Abbildung und Handhabung von Sachverhalten bzw. Problemräumen, die sich gegen eine Beschreibung mit den Mitteln der klassischen Logik sperren und damit auch logisch konstruierte Problemlösungen nicht zulassen. So soll die Fuzzy-Logic die Möglichkeit eröffnen, Mehrdeutigkeit, Ambivalenz und Vagheit zu formalisieren (Goguen 1968/69, S. 25). Darüber hinaus soll sie Regeln des formalen Schließens zur Verfügung stellen, die ebenfalls vage sind. Denn: "It is a truism that much of human reasoning is approximate rather than precise in nature."[1)]

---

1) Zadeh (1975), S. 407. Er spricht in diesem Zusammenhang auch von "approximate reasoning".

Als Beispiele für Aufgaben, die auf diese Weise formalisiert und letztlich automatisiert werden könnten, werden Entscheidungen unter Risiko genannt (z.B. die Wahl eines geeigneten Pokereinsatzes) und Problemstellungen, für die die exakte Definition einer Zielfunktion Schwierigkeiten bereitet. Es liegt auf der Hand, daß die Bemühungen von Zadeh und seinen Mitstreitern bei ES-Forschern auf große Resonanz stießen, soll doch mit ES auch solche Kompetenz reproduziert werden, die sich eben nicht allein auf die Anwendung exakt beschriebener Konzepte beschränkt.

Die Ersetzung von Prädikaten durch unscharfe Mengen

Die Abbildung realer Sachverhalte in der Prädikatenlogik vollzieht sich mit Hilfe von Objekten und Prädikaten. Objekte, denen ein bestimmtes Prädikat zugeordnet wird, werden dadurch ausgezeichnet. Durch Zuordnung eines Prädikats zu mehreren Objekten wird also eindeutig eine Menge bzw. Klasse von Objekten[1)] definiert. Es ist offenkundig, daß gewisse Prädikate im Sinne ihrer umgangssprachlichen Verwendung eine solche eindeutige Zuordnung nicht erlauben. Um das Scheitern konventioneller Logik bei der formalen Definition solcher Prädikate zu belegen, verweist Goguen (1968/69, S. 329) in Anlehnung an klassische Beispiele auf die folgende Paradoxie: ein Mann X genüge eindeutig dem Prädikat "klein", der Satz "X ist klein" ist also wahr. Daneben gilt der Satz "Wenn ein Mann Y 10^{-3} Fuß größer ist als X, dann ist auch Y klein", denn "...we cannot even discern the difference in the heights of x and y". Nach Hinzufügen der ebenfalls plausiblen Sätze "Ein Mann, der kleiner ist als ein kleiner Mann, ist klein" und "Kein Mann ist größer als 10 Fuß" läßt sich leicht zeigen, daß alle Männer klein sind. Die Anwendung korrekter Schlußregeln auf Sätze, deren Wahrheit unmittelbar einsichtig scheint, führt also zu einer Aussage, der man wohl kaum zu-

1) vgl. dazu S. 131 ff.

stimmen wird. Demgegenüber, so Goguen, gestatte die Fuzzy-Logic die Auflösung der Paradoxie. Anders als in der Prädikatenlogik sind Prädikate in der Fuzzy-Logic keine booleschen Funktionen über Objekte, sondern vielmehr Funktionen, die Objekte auf eine reele Zahl im Intervall [0 .. 1] abbildef. Da-`urch wird aus allen Objekten, die für ein bestimmtes Prädikat eine solche Zuordnung erfahren, eine Menge, ein "Fuzzy-Set". Aus der Sicht der Prädikatenlogik ergibt sich damit ein etwas bizarres Bild: eine unscharfe Menge ist nicht eine Ansammlung von Objekten, die alle die gleiche Eigenschaft aufweisen, sondern eine Anzahl von Objekten, die diese Eigenschaft in unterschiedlicher Intensität - dargestellt durch den je zugewiesenen Wert in [0 .. 1] - auszeichnet. Die Funktion, die diese Objekte in das Intervall abbildet, ist in dem von Goguen betrachteten Beispiel leicht zu denken: da sich die Eigenschaft "klein" allein auf die Körpergröße der betrachteten Männer bezieht, können die unterschiedlichen "degrees of membership" einfach unterschiedlichen Körpergrößen zugeordnet werden (Goguen 1968/69, S. 332):

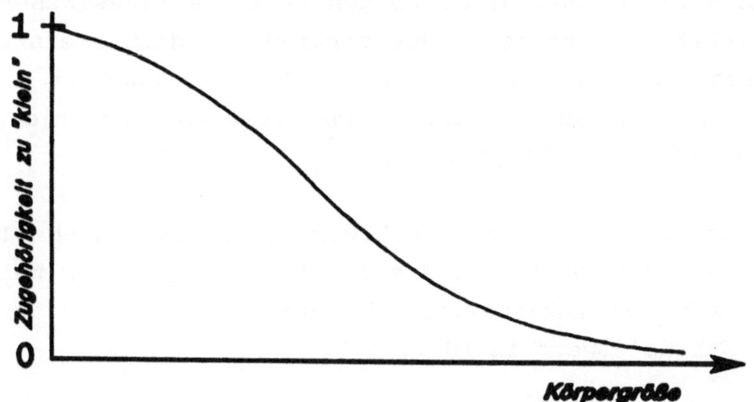

Die Frage nach der Ermittlung einer geeigneten Funktion wird von Zadeh und anderen Proponenten der Fuzzy-Logic nur am Rande behandelt. Angesichts der empirischen Evidenz, daß die Bedeutung von Eigenschaften i.d.R. nicht kontextunabhängig ist, spiegelt eine solche Abbildung immer nur eine lokale Semantik wider[1]. Die Ermittlung der konkreten Wertepaare soll scheinbar - ausführliche und eindeutige Erläuterungen dazu sind mir nicht bekannt - durch die Befragung der Mitglieder der für die intendierte Anwendung relevanten Sprachgemeinschaft erfolgen.[2]

Noch problematischer ist die Ermittlung der *degrees of membership*, wenn die betrachtete Eigenschaft nicht nur von kardinal meßbaren Größen abhängt. Für diesen - gewiß nicht seltenen Fall - muß eben, so Zadeh (1985, S. 399) am Beispiel "Attraktivität" <u>jedem</u> der betrachteten Objekte in einer "explanatory database" ein Intensitätsmaß zugeordnet werden: Fritz ist attraktiv <0.7>.

Unscharfe Wahrheitswerte und die Einführung von Regeln des approximativen Schließens

Die Einführung unscharfer Mengen anstelle klassischer Prädikate führt zur Preisgabe des tertium non datur: ein unscharfes Prädikat ist eben keine boolesche Funktion, vielmehr tritt an die Stelle der Zugehörigkeitsdichotomie wahr - falsch das Intervall [0 .. 1].

So entsteht zunächst eine mehrwertige Logik. Zadeh (1975, S. 410) übernimmt denn auch die folgenden Regeln der mehrwertigen Logik von Lukasiewicz als "base logic": (v steht für einen Wahrheitswert in [0 .. 1])

Negation : $v(\overline{P}) := 1 - v(P)$
Adjunktion : $v(P \lor Q) := \max(v(P), v(Q))$
Konjunktion : $v(P \land Q) := \min(v(P), v(Q))$
Implikation : $v(P \rightarrow Q) := \min(1, 1 - v(P) + v(Q))$

1) vgl. dazu Turner (1984), S. 109
2) Zadeh (1975, S. 409) spricht von "universe of discourse"

Die Intervallgrenzen 0 und 1 stehen in einer solchen Logik für falsch und wahr, die klassischen Wahrheitswerte sind also als Grenzfälle enthalten. Demgegenüber führt Zadeh mit der Fuzzy-Logic eine erhebliche Änderung ein. So beschränkt er sich einerseits nicht darauf, das Kontinuum der Wahrheitswerte durch nur zwei sprachlich vermittelte Werte einzugrenzen. Dazu führt er eine Menge verbalisierter Wahrheitswerte ein: *true, very true, more or less true, rather true, false* oder ähnliche Abstufungen (Zadeh 1975, S. 410). Darüber hinaus - und dies ist die wesentliche Abkehr auch von mehrwertigen Formalismen - werden diese Wahrheitswerte selbst als unscharf bezeichnet. Auf diese Weise soll dem Umstand Rechnung getragen werden, daß derartige Metaprädikate bzw. Wahrheitsprädikate in ihrer natürlichsprachlichen Verwendung eben häufig nicht eindeutig sind. Jedes Element der Menge repräsentiert dabei eine unscharfe Untermenge von [0 .. 1], also z.B. *rather true* das Intervall [0.6 .. 1]. Einerseits werden also die klassischen Wahrheitswerte als unscharf bezeichnet, andererseits wird durchaus die Existenz von Extremwerten der Wahrheit unterstellt. Die Zuordnung der Werte in unscharfen Untermengen zu Werten im Referenzintervall [0 .. 1] ist nicht unbedingt linear, sondern ergibt sich jeweils durch die Definition bzw. Ermittlung geeigneter Funktionen[1]. Ihrer Unschärfe entsprechend sind die einzelnen Untermengen nicht disjunkt.

1) dabei ist wohl - ähnlich wie bei der Ermittlung der Zugehörigkeitsmaße für Fuzzy Sets, die unscharfe Prädikate abbilden - an sozio-linguistische Untersuchungen zu denken.

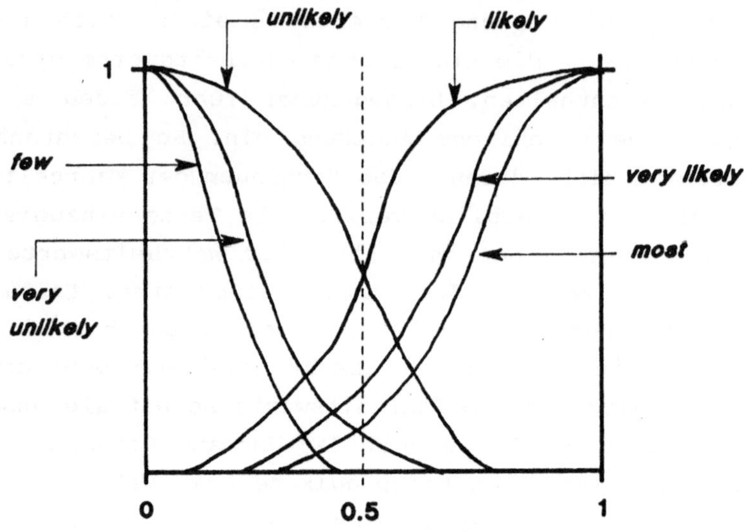

Abbildung von unscharfen Wahrheitswertemengen auf das "Wahrheitskontinuum"[1]

Die Einführung sprachlicher Ausdrücke bedeutet also nicht, daß Zadeh auf eine Quantifizierung der Wahrheit verzichtet. Vielmehr hat sie offensichtlich allein die Funktion, eine Brücke zwischen der formalen Ebene und dem Anwendungsbereich zu schlagen: die Formeln sollen anschaulicher werden. Zwischen einzelnen unscharfen Wahrheitsprädikaten bestehen allerdings Beziehungen, deren Quantifizierung ex definitione eingeführt wird (Turner 1984, S. 106):

$$U_{false}(v) = U_{true}(1 - v)$$
$$U_{nottrue}(v) = 1 - U_{true}(v)$$
$$U_{very\ true}(v) = (U_{true}(v))^2$$
$$U_{rather\ true}(v) = (U_{true}(v))^{1/2}$$

Dabei ist $U(v)$ der Wert in der durch das jeweilige (unscharfe) Wahrheitsprädikat gebildeten unscharfen Menge, der dem Wert v in [0 .. 1] zugeordnet wird. Die mit Hilfe der Regeln ableitbaren Werte können nur dann gebildet werden,

1) Zadeh (1975, S. 408) spricht dabei von "compatibility functions".

wenn die Abbildung der Werte in U_{true} auf [0 .. 1] bekannt ist.

Wenn z.B. die Körpergröße 175 cm für *klein* ein Zugehörigkeitsmaß von 0.5 hat und diesem Wert in U_{true} 0.2 zugeordnet ist, ergibt sich so für $U_{very\ true}(0.5)$ der Wert 0.04. Eine derartige Vereinfachung der komplexen semantischen Beziehungen der dargestellten "linguistic terms" ist allerdings sicherlich nicht der Ausdruck einer naiven Realitätssicht, sondern Konzession an das Ziel, Problemlösungskompetenz zu automatisieren.[1)]

Auch die untersschiedlichen Zugehörigkeitsmaße einer unscharfen Menge, die ein Prädikat repräsentiert, können verbalisiert werden: X ist *mehr oder weniger* klein. Damit ergeben sich Möglichkeiten für Redundanzen oder zumindest für Sätze ("nested fuzzy propositions"), deren Bedeutungen nicht unzweifelhaft differenziert werden können. Beispiel:

<1> (X ist mehr oder weniger attraktiv) ist wahr
<2> (X ist attraktiv) ist mehr oder weniger wahr

Aus der Sicht Zadehs wäre es völlig verfehlt, derartige Vagheiten zum Anlaß für eine Kritik an der Fuzzy-Logic zu nehmen: gerade solche Vagheiten, wie sie die Sprache und das "common sense reasoning" nun einmal kennzeichnen, formal zu rekonstruieren, ist ja das Anliegen dieses Ansatzes. Allerdings sind diese Bemühungen nicht eben konsequent, denn auf Quantifizierung und die Anwendung arithmetischer Operationen mag Zadeh ja nicht verzichten.

Neben der Verfügbarkeit unscharfer Mengen anstelle eindeutiger Prädikate und der Anwendung von Metaprädikaten auf diese Mengen bietet die Fuzzy-Logic auch unscharfe Quantoren. Als

1) "This simple approximation should not be viewed, of course, as an accurate representation of the complex and rather varied ways in which *very* modifies the meaning of its operands in a natural language discourse." Zadeh (1975), S. 415

Beispiel nennt Zadeh (1980, S. 400) *most, almost all* und merkwürdigerweise *usually*, das eher auf die Funktion einer Modalität hinweist. Das Beispiel in der Abbildung auf Seite 70 legt allerdings nahe, daß die Quantoren ohnehin wie Metaprädikate verwendet werden. Von besonderer Bedeutung für die Durchführung von Ableitungen ist die Definition unscharfer Inferenzregeln, die nach Zadeh die Abbildung des für menschliches Problemlösen so wesentlichen *approximate reasoning* ermöglichen. Die Regeln, an die Zadeh dabei denkt, illustriert er mit Hilfe von Beispielen:[1)]

<1> *Most* men are *vain*
Socrates is a man

It *is likely* that Socrates is *vain*
It *is very likely* that Socrates is *vain*

<2> (u_1 is *small*) is *very true*
(u_1 and u_2 are *approximately equal*) is *very true*

(u_2 is *more or less small*) is *true*

Welche der beiden möglichen Konsequenzen in <1> zu präferieren ist, hängt dabei von den je betroffenen "compatibility functions" ab. Für das Beispiel ergibt sich damit nach Zadeh, daß die zweite Alternative eine bessere Approximation darstellt (vgl. Abb. S. 70). Bemerkenswert ist dabei, daß der Verlauf dieser Funktionen scheinbar - Zadeh macht dazu keine näheren Angaben - unabhängig von der jeweils involvierten Proposition ist.

An anderer Stelle zeichnet Zadeh in formaler Notation das folgende Inferenzschema:

Q_1 *A*'s are *B*'s
Q_2 *C*'s are *D*'s

Q_3 *E*'s are *F*'s

1) Zadeh (1975), S. 408 f., u_1 und u_2 stehen für Zahlen

Dabei sind Q_1, Q_2, und Q_3 unscharfe Quantoren (bzw. Metaprädikate), die übrigen Buchstaben stehen für unscharfe Prädikate. Die zwischen den Prädikaten bestehenden Beziehungen dienen als Grundlage für die Formulierung unscharfer Syllogismen, wie z.B. $C = A \wedge B$, $E = A$, $F = C \wedge D$. Auf diese Weise soll ein für eine bestimmte Implementierung geeignetes Inferenzsystem definiert werden (Zadeh 1985, S. 401):

"In the context of expert systems, these and related syllogisms provide a set of inference rules for combining evidence through conjunction, disjunction and chaining."

Beurteilung

Im Lichte gemeinhin akzeptierter Anforderungen an formale Systeme weist die Fuzzy-Logic eine Reihe von Schwachstellen auf, die vor allem auf die Einführung unscharfer Wahrheitsprädikate zurückzuführen ist. So ist es möglich, daß Tautologien einen Wahrheitswert erhalten, der kleiner ist als eins - eine scheinbar absurde Konstellation. Ein Beispiel dafür ist der Satz

$$\text{X ist } \textit{groß} \ \ \textit{ODER} \ \ (\overline{\text{X ist } \textit{groß}})$$

Voraussetzung für die Anwendung der Fuzzy-Logic ist die Verfügbarkeit des Fuzzy-Subsets U_{true} als Funktion des Zugehörigkeitsmaßes für die durch das Prädikat *groß* gebildete unscharfe Menge. Für alle Werte in U_{true}, die kleiner als eins sind, ergeben sich nach $U_{false}(v) = U_{true}(1 - v)$ für U_{false} Werte größer null. Der unscharfe Wahrheitswert der Adjunktion ergibt sich nun nicht als Maximum der beiden Teilwerte, sondern durch eine nicht näher spezifizierte Funktion, die Zadeh (1975, S. 419) "linguistic approximation"[1] nennt. Werte, die kleiner sind als eins, sind dadurch allerdings

1) Dazu Turner (1984): "Unfortunately, there is not an obvious candidate for the notion of 'best' such approximation, nor a general technique for computing 'good' ones." S. 107

nicht explizit ausgeschlossen. In ähnlicher Weise ist es möglich, daß Widersprüche ($p \wedge \overline{p}$) einen Wahrheitswert erhalten, der größer ist als null.[1]

Die Anhänger der Fuzzy-Logic können einer solchen Kritik entgegenhalten, daß derartige Unschärfen gleichsam beabsichtigt sind, da sie in der natürlichen Sprache ja auch vorkommen. Gerade für Automatisierungszwecke bleibt es allerdings bedenklich, daß die Fuzzy-Logic keine "adequate definition of complementation" (Schefe 1980, S. 55) bereitstellt, denn auch wenn Widersprüche umgangssprachlich nicht immer als solche behandelt werden, scheint es zweifelhaft, daß ein derartiger Umgang mit Sprache eine adäquate Grundlage für intelligentes Problemlösen ist.

Ein wesentliches Ziel der Fuzzy-Logic ist die Abbildung natürlichsprachlich vermittelter Bedeutung. Dazu ist für einen Satz, der ein unscharfes Prädikat beinhaltet, zunächst die Zuordnung der Werte der Untermenge U_{true} zu der zugehörigen unscharfen Referenzmenge durchzuführen - eine Zuordnung, die durch die Untersuchung der jeweils für relevant erachteten Sprachgemeinschaft erfolgen soll. Die dabei zu erwartenden Probleme sind erheblich: nicht nur inter- sondern auch intrapersonell sind inkonsistente und vor allem zeitlich und mit dem Kontext der jeweiligen Redesituation schwankende Angaben zu erwarten (vgl. dazu IV.2.1.2.3). Es ist überhaupt mit Nachdruck zu bezweifeln, daß irgendjemand[2] authentische Angaben machen kann - das würde schließlich voraussetzen, daß die mit der Intensität einer Eigenschaft bzw. mit Wahrheit assoziierte Bedeutung grundsätzlich einer Quantifizierung zugänglich ist. Die Beziehungen zwischen einzelnen unscharfen Wahrheitswerten sind in bestimmter Weise gesetzt. Die syntaktischen Regeln, die auf diesen Beziehungen beruhen, sollen zu brauchbaren - und das heißt ja wohl sinnvollen - Ergebnissen führen. Die dazu vorgeschlagenen arithmetischen Opera-

---

1) vgl. zu dieser Kritik Schefe (1980), S. 37 f. u. S. 41 f.
2) auch die von Schefe (1980, S. 38) in diesem Zusammenhang erwähnte "ideal person", S. 38

tionen sollten also eine realistische Rekonstruktion der durch die Veränderung zugeordneter Wahrheitswerte je erfolgenden Bedeutungsverschiebung ermöglichen - eingedenk der mit einer solchen Arithmetisierung einhergehenden Willkür ist dies schwer vorstellbar. Wenn aber nur eine der in eine konkrete Ableitung einfließenden Voraussetzungen nicht in hinreichendem Maße zutrifft, lösen sich sämtliche Glieder der Kette - mit der wenig angenehmen Konsequenz, daß die Fehlerursache i.d.R. nicht bekannt sein wird.[1)]

Um die Bedeutung der Fuzzy-Logic gegenüber der klassischen Logik zu unterstreichen, verweist Goguen auf Paradoxien und auf die Lösung vage formulierter Probleme. Ein Problem ist danach vage formuliert, wenn keine eindeutige Zielfunktion existiert. Als Beispiel nennt Goguen (1968/69, S. 350) den Entwurf eines Computers, in den konfligierende Ziele wie "kostengünstig", "flexibel", "kompatibel", "schnell" u.ä. einfließen. Die Annahme, in einem solchen Fall sei eine exakte Definition von "optimal" nicht möglich, man müsse sich vielmehr mit einer unscharfen Beschreibung begnügen, scheint plausibel. Weniger beeindruckend ist die Annahme, mit deren Hilfe Goguen das Problem dennoch durch ein formales Verfahren einer (unscharfen) Lösung zuführen will: ".. excellence can be measured by a number ... for each criterion ..". Darüber hinaus sind die Kriterien zu gewichten. Ein Vorgehen, das in mehr oder weniger ähnlicher Form in vielen Evaluierungsverfahren Anwendung findet. Es wird also durch die Formalisierung nicht die durch mangelnde Meßbarkeit der zu berücksichtigenden Größen gekennzeichnete Realität abgebildet. Vielmehr wird Meßbarkeit ex ante unterstellt und auf diese Weise eine Zielfunktion konstruiert - die durchaus dazu beitragen mag, die Komplexität des je betrachteten Problems handhabbarer zu machen. Auch der Hinweis auf die Paradoxie vom kleinen Mann (s. S. 66) soll die klassische Logik als unzureichend entlar-

1) hier zeigen sich Parallelen zu wahrscheinlichkeitslogischen Ansätzen. Es bleibt allerdings zu berücksichtigen, daß die Fuzzy-Logic eine größere Vielfalt möglicher Fehlerquellen birgt.

ven. Die Paradoxie ist ja nicht Ausdruck eines logischen Widerspruchs, sondern Folge der unvollständigen bzw. falschen Beschreibung eines Prädikats. Das Argument, daß eine solche Beschreibung in der klassischen Logik, in der Prädikate boolesche Funktionen darstellen, niemals gelingen kann, scheint plausibel: eine eindeutige semantische Grenze zwischen klein und nicht klein gibt es offenbar nicht. Genau diese Plausibilität wendet sich jedoch gegen die Fuzzy-Logic, da diese die Existenz quantifizierbarer Zugehörigkeitsmaße unterstellt - einschließlich der Grenzwerte null und eins.

Gleichwohl die Fuzzy-Logic häufig im Zusammenhang mit ES genannt wird, gibt es bisher keine bekannten Applikationen. Allerdings werden mitunter die in *MYCIN* und *PROSPECTOR* gewählten Ansätze als Implementierung zumindest von Teilen der Fuzzy-Logic genannt[1). Zadeh (1985a, S. 201 f.) sieht in beiden Systemen jedoch nur "probability based methods" am Werk. Ohnehin sind Referenzen an die Fuzzy-Logic mit Vorsicht zu betrachten. So weist Schefe (1980, S. 58 f.) darauf hin, daß in dem Spracherkennungssystem HAM-RPM entgegen der Beschreibung von Wahlster keine unscharfen linguistischen Wahrheitswerte vorliegen, sondern lediglich risikobehaftetes Wissen im Sinne wahrscheinlichkeitslogischer Ansätze. Werkzeuge, die die Implementierung einer nach Maßgabe der Fuzzy-Logic formulierten Wissensbasis unterstützen, sind offensichtlich noch nicht verfügbar.[2)] Für diese Einschätzung spricht zudem der Umstand, daß es ohnehin kein generelles Verfahren zur Ableitung aller Formeln aus einer gegebenen Menge von Fuzzy-Formeln gibt. Dies ist auch kaum zu erwarten, sind doch Vollständigkeit, Konsistenz und Axiomatisierung für Zadeh nur von peripherem Interesse.[3)] Die Implementierung eines ES unter Anwendung der Fuzzy-Logic ist also mit erheb-

1) so in Turner (1984), S. 110 f. und in Schefe (1980), S.45 ff.

2) Zadeh gibt keine entsprechenden Hinweise. Außerdem findet sich in der bereits erwähnten Shell-Übersicht von Harmon/King (1985), S. 128 ff., kein System, das auf der Fuzzy-Logic basiert.

3) vgl. zu dieser Einschätzung Turner (1984), S. 108

lichem Aufwand verbunden. Nicht nur, daß u.U. eine Vielzahl von Erhebungen zur Ermittlung unscharfer Mengen nötig ist - auch die je verwendeten Inferenzverfahren müssen speziell entworfen werden. Darüber hinaus sind diese Verfahren grundsätzlich nicht unabhängig von Veränderungen der Wissensbasis im Zeitverlauf.

Gegenüber der klassischen Logik bietet die Fuzzy-Logic ohne Zweifel eine größere Vielfalt an Darstellungsmöglichkeiten. Ebenso unzweifelhaft ist die Bedeutung näherungsweisen (also nicht eindeutigen) Schließens. Daß sich derartiges Räsonnieren allerdings nicht in der simplifizierenden Form der Fuzzy-Logic vollzieht, ist gewiß. Gerade die Regeln des approximativen Schließens stellen denn auch einen wesentlichen Schwachpunkt dar, weil sie sich - jedenfalls, wenn innerhalb eines Inferenzverfahrens mehrere von ihnen zur Anwendung gelangen - einer Evaluierung entziehen. Dennoch: angesichts der Undurchsichtigkeit mancher Problemlösungsprozesse kann über die Qualitäten der Fuzzy-Logic für die approximative Rekonstruktion vagen Wissens im Vergleich zu traditionellen Formalismen keine allein theoretische Entscheidung gefällt werden. Erst eine größere Zahl von Implementierungen kann dazu brauchbare Indizien liefern.

So wenig angebracht es also scheint, die Fuzzy-Logic als *den* Schlüssel zur Automatisierung "unscharfer Kompetenz" anzusehen, eine Disqualifierung des Ansatzes unter Hinweis auf Schwächen und offene Fragen scheint zum gegenwärtigen Zeitpunkt allzu voreilig. In diesem Sinne auch Goguen (1968/69, S. 337):

"Despite these arguments and promises, one must not expect too much of fuzzy sets and logic."

2. Inferenz - die Verwertung deklarativen Wissens

In deklarativer Form abgelegtes Wissen ist zur Lösung von Problemen allein nicht hinreichend. Vielmehr ist ein Verfahren nötig, das die Antworten auf die jeweils relevanten Fragen in den Formeln der Wissensbasis *sucht* bzw. sie mit Hilfe zulässiger Regeln *konstruiert*. Die formale Verwertung des Wissens - in der ES-Literatur in der Regel als Inferenz bezeichnet - kann in unterschiedlicher Art und mit unterschiedlichen Zielen erfolgen. Die größte Bedeutung kommt dabei Deduktionsverfahren[1)] zu. Sie durchsuchen eine Formelmenge nach bestimmten Aussagen und können dabei neue Formeln mit Hilfe logischer Schlußregeln ableiten. Weniger bedeutend, allerdings umso spektakulärer, sind zwei Formen der Wissensverwertung, die die Rekonstruktion wesentlicher Fähigkeiten der menschlichen Intelligenz versprechen: Verfahren zur Durchführung von Analogieschlüssen und solche, die ein ES lernfähig machen sollen.

Deduktion

Es ist das wesentliche Kennzeichen eines formalen Beweises, daß die zu beweisende Aussage mit Hilfe zulässiger Transformationen aus wahren Aussagen abzuleiten versucht wird. Deduktionsverfahren sind denn auch häufig als Beweisverfahren ausgelegt: eine fragliche Aussage wird bewiesen, indem sie in der verfügbaren Formelmenge gesucht und gefunden bzw. aus ihr abgeleitet wird. Die Ableitungen basieren dabei im wesentlichen auf der Mechanisierung des *Modus ponens* und der *Regel*

1) häufig wird anstelle von Deduktion in diesem Sinne von Inferenz bzw. Inferenzmechanismus gesprochen. Hier wird Inferenz jedoch als Oberbegriff der mechanischen Wissensverwertung verwendet. Eine mit Hilfe von Regeln und anderen Aussagen formulierte Wissensbasis bildet zusammen mit dem zugehörigen Deduktionsverfahren (auch Regelinterpreter genannt) ein sog. *Produktionssystem*.

der universellen Substitution.[1] Mitunter werden die in einem Deduktionsverfahren implementierten Suchstrategien in blinde und heuristische Strategien unterteilt.[2] Diese Unterscheidung wird im folgenden nicht nachvollzogen, da die Effizienz eines Deduktionsverfahrens nicht unabhängig von dem je implementierten deklarativen Wissen betrachtet werden kann. Zwar kann durch die Anpassung des Verfahrens an besondere Kennzeichen der abzubildenden Expertenkompetenz eine Effizienzsteigerung erreicht werden - häufig ist bei existierenden ES auch so verfahren worden -, aber gerade die softwaretechnische Grundidee des ES-Ansatzes legt es nahe, domänenspezifisches Wissen wenn irgend möglich in deklarativer Form explizit zu machen. Solches Wissen über die Verwertung von Wissen wird auch Meta-Wissen genannt (vgl. S. 84 ff.).

Während Deduktion im Sinn der klassischen Logik dadurch gekennzeichnet ist, daß eine aus verfügbaren (also wahren) Formeln abgeleitete Formel auch wahr ist, ist der Wahrheitswert deduzierter Formeln nicht eindeutig festgelegt, wenn eine Wissensbasis vages Wissen enthält. Besonders dann, wenn eine Wissensbasis fallible Annahmen enthält, abgeleitete Formeln sich also als falsch erweisen können, wird dieser Unterschied bisweilen auch terminologisch zum Ausdruck gebracht. So werden Ableitungen, die auf plausiblen, aber eben nicht immer zutreffenden Implikationen beruhen, auch *Abduktion* (Charniak/McDermott 1985, S.453) genannt. In jedem Fall entstehen für Operationen auf vagem Wissen zusätzliche Schwierigkeiten.

---

1) aus $(\forall x)\ P(x)$ folgt $P(a)$. Während der Modus ponens grundsätzlich verfügbar ist, beherrschen Inferenzkomponenten von ES i.d.R. den aus menschlicher Sicht ähnlichen Modus tollens $<((A \rightarrow B) \wedge \bar{B}) \rightarrow \bar{A}>$ nicht. Vgl. dazu Harmon/King (1985), S. 50

2) so in Hayes-Roth u.a. (1983), S. 68

Generelle Strategien

In deklarativer Form abgelegtes Wissen erlaubt die Beantwortung unterschiedlicher Fragen, dementsprechend variieren die Anforderungen an das Deduktionsverfahren. Solche Anforderungen sind:

<1> Beweis oder Widerlegung eines vorgegebenen Satzes (bzw. Hinweis darauf, daß weder das eine noch das andere möglich ist).

<2> Suche nach einer Menge von Sätzen bzw. Objekten, die vorgegebenen Prädikaten genügen. Dabei kann es sich um Sätze handeln, sie zunächst abzuleiten sind (also ein "deduktives Retrieval").

<3> Suche nach einer Menge von Sätzen, aus denen eine Menge vorgegebener Sätze abgeleitet werden kann (z.B. Diagnoseprobleme).

<4> Suche nach einer Folge von Transformationen, die eine gegebene Formelmenge (den Ist-Zustand) in eine vorgegebene Formelmenge (den Zielzustand) überführen. Hier geht es also nicht darum, Auskunft über die Existenz von Sachverhalten zu geben, sondern darum, einen deduktiv konstruierten Lösungsweg vorzuzeichnen. Dabei kann es sein, daß nicht irgendein Lösungsweg gesucht wird, sondern einer, der bestimmten Anforderungen genügt.

Deduktionsverfahren sind also immer Suchverfahren. Zur Beschreibung eines solchen Verfahrens ist festzulegen, *wo* die Suche beginnt, *wie* sie sich entwickelt und *wann* sie abzubrechen ist. In diesem Zusammenhang wird häufig von Kontrollstrategie gesprochen. Die zwei wichtigsten generellen Kontrollstrategien sind Vorwärtsverkettung (*forward chaining*) und Rückwärtsverkettung (*backward chaining*). Beide Strategien können entweder als Tiefen- oder als Breitensuche (*depth first* bzw. *bredth-first*) ausgelegt sein.

Rückwärtsverkettung ist immer dann angeraten, wenn das Ziel der Deduktion, also die abzuleitende Formelmenge, bekannt ist (wie in den Fällen <1>, <2>, <4>). Dieses Ziel wird dem Verfahren vorgegeben, weshalb Rückwärtsverkettung auch als zielgetrieben (*goal driven*) gekennzeichnet wird. Rückwärtsverkettung beginnt am Ziel, d.h. die verfügbaren Formeln werden zunächst solange durchsucht, bis eine Formel gefunden ist, die eine Chance bietet, die Zielformel zu verifizieren. Dabei kann es sich einerseits um die zu beweisende Formel selbst handeln oder aber - für den Beginn der Suche wahrscheinlicher - um eine Regel bzw. Implikation, deren Konklusion die zu beweisende Formel ist. Bei der Tiefensuche wird die Prämisse dieser Regel zum neuen Ziel. Es wird nunmehr eine Regel gesucht, deren Konklusion diesem Ziel entspricht. Das Verfahren setzt sich solange fort, bis die Prämisse einer ausgewählten Regel erfüllt ist oder der Versuch, eine Regel zu finden, deren Konklusion der letzten Prämisse entspricht, scheitert. Im zweiten Fall setzt das Verfahren zurück (*backtracking*) zu der davorliegenden Regel. Von dieser Stelle wird die Suche fortgesetzt, wobei natürlich die Regel, die in eine Sackgasse führte, ausgespart bleibt. Das Verfahren terminiert also im Erfolgsfall oder nachdem die Überprüfung sämtlicher in Frage kommender Regeln keine Bestätigung ergeben hat.

Rückwärtsverkettung in Breitensuche sieht vor, zunächst solange zu suchen, bis <u>alle</u> Regeln gefunden sind, deren Konklusion dem Ziel entspricht. Danach werden, bei der ersten der gefundenen Regeln beginnend, für all diese Regeln wiederum <u>alle</u> zugehörigen Regeln gesucht. Wie auch bei der Tiefensuche terminiert das Verfahren, wenn eine Prämisse bestätigt ist oder nach vollständigem Durchsuchen. Es ist allerdings für beide Verfahren denkbar, daß nach der Verifikation - also dem Finden eines Lösungsweges - weitergesucht wird, um einen nach bestimmten Kriterien bestmöglichen Lösungsweg zu finden <4>.

Vorwärtsverkettung ist immer dann angeraten, wenn ein Ziel nicht spezifiziert werden kann oder die Zahl der denkbaren Lösungen sehr groß ist <3>. Das Verfahren beginnt bei einer wahren Formel der Wissensbasis, die keine Regel ist. Im Fall der Tiefensuche wird dann eine Regel gesucht, deren Prämisse mit der Formel übereinstimmt. Die Konklusion der Regel erweitert also den Bestand der gültigen Formeln der Wissensbasis. Jetzt wird eine Regel gesucht, deren Prämisse gleich dieser neuen Formel ist. Falls keine solche Regel gefunden wird, kann das Verfahren wieder zurücksetzen und weitere Regeln suchen, deren Prämissen der davor generierten Formel entsprechen. Für die Breitensuche gilt, daß zunächst alle gültigen Formeln ermittelt werden. Anschließend werden der Reihe nach für alle dieser Formeln jeweils alle Regeln gesucht, mit deren Prämissen sie übereinstimmen.

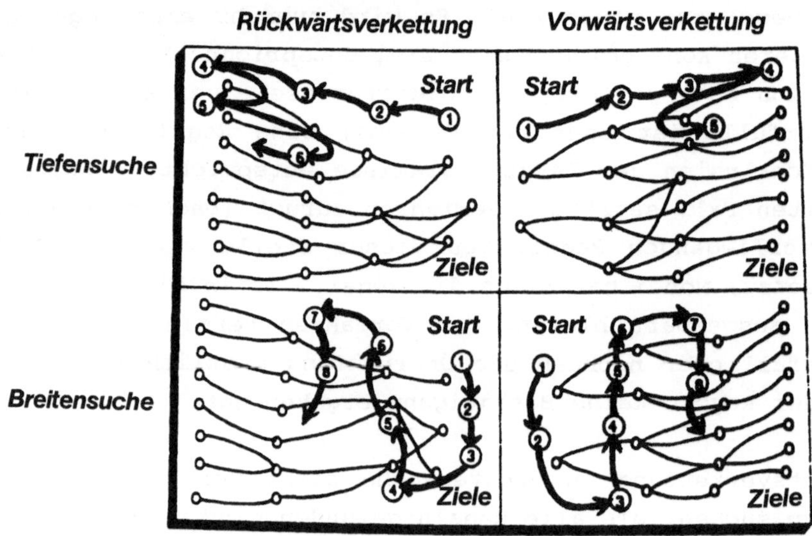

Die Strategien in bildlicher Darstellung. (Nach Harmon/King 1985, S. 57)

Während es bei der Rückwärtsverkettung plausibel ist, die Suche abzubrechen, wenn eine Lösung (nämlich der Beweis einer oder mehrerer fraglicher Aussagen) gefunden wurde, ist die Entscheidung darüber, wann die Vorwärtsverkettung terminieren soll, wesentlich problematischer. Wenn z.B. bei einer Diagnose eine mögliche Ursache ermittelt wurde, kann es ja durchaus sein, daß es noch andere gibt, die zu erfahren von wesentlicher Bedeutung ist.

In beiden Verfahren ist zur Auswahl und Verarbeitung von Regeln zumeist eine Operation nötig, die Substitution oder Instantitiierung[1] genannt wird: die Regeln einer Wissensbasis werden häufig unter Rückgriff auf Variablen formuliert, die durch den Allquantor gebunden sind. Eine solche Regel gilt also für alle Objekte eines bestimmten Wertebereichs. Durch Instantiierung wird die gebundene Variable durch eine Konstante, also ein bestimmtes Objekt, ersetzt. Erst dadurch kann die Regel auf einen konkreten Sachverhalt angewandt werden.

Die Entscheidung zwischen Vorwärts- und Rückwärtsverkettung ist von der je vorliegenden Problematik abhängig. Während in den Fällen <1>, <2> und <4> eine zielgetriebene Strategie vorzuziehen ist, ist in <3> eine solche Strategie gar nicht möglich, weil kein Ziel bekannt ist. In bisherigen ES-Realisationen wird in erster Linie Rückwärtsverkettung eingesetzt (Harmon/King 1985, S. 55). Die Entscheidung für die eine oder andere Strategie ist in vielen Problembereichen allerdings recht schwierig, denn mitunter kann es sinnvoll sein, ein ziel- bzw. hypothesengeleitetes Vorgehen durch ein datengeleitetes zu ergänzen. Ein typisches Beispiel dafür ist die Diagnose: solange keine hinreichende Beschreibung der Symptome vorliegt, werden weitere Symptome festgestellt. Erst auf der Basis einer hinreichenden Zahl von Symptomen können Ziele, d.h. Hypothesen über mögliche Ursachen, aufgestellt werden, um sie anschließend mittels Rückwärtsverkettung weiter zu bestätigen. Es gibt ES und auch ES-Entwicklungsumgebungen, die diesem Umstand Rechnung tragen, indem sie sowohl Vorwärts- als auch Rückwärtsverkettung erlauben.[2]

---

1) in der angelsächsischen Literatur wird in diesem Zusammenhang auch von *unification* gesprochen, wobei die Betonung auf der Angleichung einer Formel, die eine Variable enthält, an eine andere, die stattdessen eine Konstante aufweist, liegt. Die Angleichung wird durch Instantiierung erreicht.

2) vgl. die Übersichten in Harmon/King (1985), S. 128 ff. und S. 172 ff.

Eine generelle, differenzierende Bewertung von Tiefen- und Breitensuche gestaltet sich noch schwieriger. So ist zwar Tiefensuche für die Rückwärtsverkettung offensichtlich plausibler, da sie zielgerichteter ist als Breitensuche. Dennoch ist sie nicht unbedingt effizienter, denn sie kann in zeitraubende Schlußfolgerungsketten führen, die sich zudem als Sackgassen erweisen können. Noch deutlicher kommt dieser Umstand bei der Vorwärtsverkettung zum Ausdruck: da hier häufig nicht allein Verifikation angestrebt ist, sondern mehrere mögliche Begründungen für einen Sachverhalt, ist der mögliche Effizienzvorteil der Tiefensuche dahin, die Laufzeiten beider Verfahren unterscheiden sich dann im Einzelfall kaum noch.

Steigerung der Effizienz von Deduktionsverfahren durch die Implementierung (domänenspezifischer) Heuristiken? - Zur Bedeutung von Meta-Wissen

Sowohl Rückwärts- als auch Vorwärtsverkettung in ihren beiden idealtypischen Ausprägungen sind mechanische Verfahren, die unabhängig von der jeweiligen Problemstellung auf den verfügbaren Regeln und Fakten operieren. Die Implementierung solcher Mechanismen in ein ES ist i.d.R. wenig problematisch, da sie durch verfügbare Entwicklungsumgebungen bereitgestellt werden. Allerdings wird es häufig genug angeraten sein, das Deduktionsverfahren dem gegebenen Problem anzupassen. Dabei ist zunächst wohl weniger an den - für eine Theorie der Intelligenz bedeutsamen - Umstand zu denken, daß auch menschliche Experten nicht für jedes Problem die gleiche Heuristik verwenden[1], als vielmehr daran, daß ein allgemeines Suchverfahren die Antwortzeiten in unzumutbarer Weise belasten kann:

---

1) ein solcher Vergleich wäre nicht zuletzt deshalb problematisch, weil die analytische Trennung in Wissen und Wissensverwertung der Komplexität menschlichen Problemlösens kaum gerecht wird.

mit zunehmender Zahl der in jedem Schritt anwendbaren Regeln steigt die Zahl der möglichen Ableitungen explosionsartig an. Ein Deduktionsverfahren läßt sich analytisch in drei Phasen unterteilen: zunächst ist die Menge der anwendbaren Regeln zu *ermitteln*, danach ist eine Regel *auszuwählen* und *auszuführen*. Die Bemühungen zur Steigerung der Effizienz eines Verfahren konzentrieren sich i.d.R. auf die zweite Phase, die Auswahl. Das Ziel solcher Bemühungen ist es, die Zahl der alternativen Regeln so weit wie möglich zu verringern bzw. eine Anwendungsreihenfolge zu ermitteln (*refinement*). Eine derartige Bewertung von Regeln setzt (möglichst verläßliche) Annahmen über die relative Brauchbarkeit einer Regel in einer Problemlösungssituation voraus. Solche Hypothesen können unabhängig vom je betrachteten Anwendungsfeld sein. Beispiele für solche generellen Auswahltaktiken:

- die Auswahl einer Formel erfolgt nach dem *Alter* der in Frage kommenden Formeln. Die jüngste Formel wird dabei bevorzugt. Die eine solche Auswahl motivierende Hypothese: der durch diese Formel artikulierte Sachverhalt ist für die Kennzeichnung der gegenwärtigen Situation von größerer Bedeutung als ältere Formeln. Ein einigermaßen plausibles Beispiel dafür ist die medizinische Diagnose: die einer Krankheitsgeschichte neu hinzugefügten Symptome sind wohl häufig für die aktuelle Diagnose besonders wichtig. Es ist allerdings evident, daß dieser Zusammenhang nicht zwingend ist. Noch fraglicher wird die Hypothese, wenn sie auf die Auswahl von Regeln angewandt wird. Hier hat die gegenteilige Annahme mindestens die gleiche Plausibilität: gerade die ersten Regeln einer Wissensbasis sind wohl zumeist von zentraler Bedeutung.

- die Auswahl erfolgt nach der *Häufigkeit* der Verwendung der betroffenen Regeln in der Vergangenheit. Je häufiger auf eine Regel zurückgegriffen wurde, so die Annahme, desto bedeutsamer ist sie für die aktuelle Problemlösung. Es ist offenkundig, daß diese Annahme dadurch an Glaubwürdigkeit verliert, daß die Zugriffshäufigkeit in der Vergangenheit ja nicht allein von der Bedeutung der betroffenen Regel abhängt, sondern auch vom jeweils angewandten Suchverfahren. Dabei trägt die skizzierte Auswahltaktik besonders zur Reproduktion "wichtiger" Regeln bei.

- bei Rückwärtsverkettung: es sind die Regeln zu bevorzugen, deren Prämissen am wenigsten komplex sind. Die Komplexität einer Prämisse in diesem Sinne nimmt tendenziell durch konjunktionale Verknüpfungen zu, durch adjunktive ab. Das Motiv für diese Auswahl: die Bestätigung einer Konjunktion ist i.d.R. aufwendiger und unwahrscheinlicher (jedenfalls im informationstechnischen Sinn) als die einer nicht zusammengesetzten Formel oder gar einer Adjunktion. Letztlich soll auf diese Weise der Aufwand einer Deduktion verringert werden. Eine Erfolgsgarantie ist allerdings nicht gegeben, denn die Komplexität einer Betrachtungsebene sagt nichts aus über die darunter liegender Ebenen. So kann eine "einfache" Prämisse zu Regeln führen, deren Prämissen allesamt erheblich komplexer sind, als die Prämissen von Regeln, zu denen eine andere Auswahl auf der vorgelagerten Ebene geführt hätte.

- bei Vorwärtsverkettung: es werden bevorzugt solche Regeln ausgewählt, deren Prämissen im oben genannten Sinn am komplexesten sind. Die Hypothese, auf der eine solche Taktik basiert, wirkt überzeugend: je komplexer, also spezifischer, eine Prämisse, desto feiner bildet sie einen vorliegenden Sachverhalt ab. Es wird damit also eine für diesen Sachverhalt speziellere Regel einer allgemeineren vorgezogen.

Weitere generelle Auswahltaktiken sind denkbar. Dabei wird grundsätzlich unterstellt, daß die einzelnen Probleme sich hinsichtlich der je erfolgversprechenden Regeln nicht unterscheiden, denn die Auswahl erfolgt ja problemunabhängig.[1] Wenn ein Deduktionsverfahren auf vagem Wissen operiert, sind

1) das gilt auch für das letzte Beispiel, denn auch hier wird unterstellt, daß eine möglichst spezifische Prämisse für alle Fälle am erfolgsträchtigsten ist.

Auswahltaktiken besonders wichtig. So scheint es sinnvoll, bei Wissensbasen, die fallible Annahmen enthalten, dann, wenn die Alternative besteht, wahre Formeln vorzuziehen. Falls den Formeln Konfidenzwerte zugeordnet sind, wären in diesem Sinn die Formeln zu bevorzugen, die die höchsten Konfidenzwerte aufweisen. Allerdings garantieren auch solche plausiblen Auswahltaktiken keine Verringerung des Deduktionsaufwands bzw. - mindestens ebenso wichtig - keine Erhöhung der Ergebnisreliabilität: eine Regel mit hohem Konfidenzwert kann einen Weg weisen, der länger ist als andere Wege bzw. zu Aussagen führen, die einen geringeren Konfidenzwert aufweisen als Aussagen, zu denen die Wahl einer weniger verläßlichen Regel führen würde.

Neben generellen Maßnahmen zur Gestaltung der Auswahltaktik sind auch anwendungsspezifische Maßnahmen denkbar. Durch sie werden die zur Disposition stehenden Regeln mit Hilfe domänenspezifischer Merkmale in eine mehr oder weniger differenzierte Rangfolge gebracht. Beispiele:[1)]

- es sind solche Regeln bevorzugt auszuwählen, deren Umsetzung mit den geringsten Kosten verbunden ist (für ein ES zur Konfiguierung von DV-Systemen)
- Regeln, die auf lebensbedrohende Krankheiten hinweisen, sind vor anderen anzuwenden (für ein ES zur medizinischen Diagnose)

Wie auch generelle Auswahltaktiken spiegeln solche anwendungsspezifischen Auswahlregeln Wissen wider. Da dieses Wissen der Steuerung des Deduktionsverfahrens dient, kann es (zunächst) als Wissen über die Verwertung von Wissen, auch *Meta-Wissen* genannt, angesehen werden. Im Lichte der softwaretechnischen Maßstäbe, die dem ES-Ansatz zugrunde liegen, ist es nur konsequent, auch dieses Wissen in einer deklarativen Form abzulegen:[2)] einerseits ist eine größere Transparenz

---

1) in Lenat u.a. (1983) sowie in Davis (1980) findet sich eine Reihe weiterer Beispiele.

2) vgl. beispielhaft zu dieser Forderung Lenat u.a. (1983), S. 220

zu erwarten, andererseits ist deklaratives Wissen i.d.R. wesentlich leichter zu ändern als prozedural formuliertes.

Deduktionsprozesse anleitendes Meta-Wissen wird in der Literatur mitunter als ein wesentlicher Beitrag zur Effizienz eines ES gekennzeichnet. Das legt die Frage nach dem Unterschied zwischen Meta-Wissen und Wissen nahe. Der wesentliche Unterschied ist ein formaler: mit Hilfe von Meta-Regeln werden Aussagen über Regeln gebildet, in "normalen" Regeln Aussagen über Objekte.[1] Dabei kann u.U. das sich in den Meta-Regeln widerspiegelnde Wissen durchaus in den Regeln der Objekt-Ebene selbst abgelegt werden: der Rekurs auf andere Regeln kann ja vermieden werden, wenn sich die durch die Meta-Regeln beschriebene Diskriminierung über Merkmale von Objekten in den Regeln vollzieht. Beispiel:

<1> *WENN* zur Auswahl eines Druckers mehrere Regeln anwendbar sind, *DANN* wähle die Regel, die den kostengünstigsten Drucker empfiehlt.

<2> Wende die vorliegende Regel nur *DANN* an, *WENN* keine andere Regel anwendbar ist, die sich länger in der Wissensbasis befindet.

Auch wenn, wie im ersten Fall, die Einführung von Meta-Regeln durchaus vermeidbar wäre, ist es nach Davis (1980, S. 189) u.U. sinnvoll, mit solchen Regeln zu arbeiten. Als wesentlichen Grund nennt er Flexibilitätsvorteile. Zur Vermeidung von Meta-Regeln müssen die Prämissen der Objekt-Regeln detaillierter formuliert werden, um auf diese Weise die Zahl der in einer Situation anwendbaren Regeln einzuschränken. Damit, so Davis, steigt das Risiko, daß bisherige Regeln vom Hinzufügen neuer Regeln betroffen sind. So müßten zur Vermeidung der Meta-Regel im ersten Beispiel die Prämissen *aller* betroffenen Regeln mit Hilfe des logischen UND um das Prä-

1) in diesem Sinne Davis (1980, S. 181): "We refer to knowledge about a particular task domain as *object-level-knowledge*; information about object-level knowledge is meta-level knowledge."

dikat "ist am kostengünstigsten" erweitert werden. Bei einer Modifikation wären dann wieder alle Regeln zu berücksichtigen. So plausibel die Argumentation von Davis auch ist, der Nachweis eines grundsätzlichen Vorteils von Meta-Regeln gegenüber Objekt-Regeln ist damit kaum erbracht. Denn die sinnvolle Anwendung von Meta-Regeln setzt offensichtlich Unzulänglichkeiten beim Entwurf des Objekt-Wissens voraus: bei einem hinreichend guten Entwurf sind solche aufwendigen Änderungen sicher nicht nötig. Meta-Regeln dienen in diesem Zusammenhang also der nachträglichen Korrektur. Damit ist ihre Anwendung nicht disqualifiziert - Entwurfsfehler werden sich nicht immer vermeiden lassen[1] -, allerdings wesentlich relativiert. Dabei ist nicht zuletzt an den Umstand zu denken, daß durch Meta-Regeln die Transparenz des in den Objekt-Regeln abgelegten Wissens tendenziell verringert wird. Zwar bleibt die Gültigkeit einzelner Regeln unberührt, aber ihre Brauchbarkeit ist nicht mehr allein von der explizit gemachten Prämisse abhängig, sondern auch von einer an anderer Stelle abgelegten Meta-Regel.

Immer dann, wenn, wie im zweiten Fall, Aussagen über Regeln unvermeidlich sind - also bei "echtem" Meta-Wissen -, ist dies ein Ausdruck unzureichenden Wissens über den je vorliegenden Problembereich. Grundsätzlich gilt: wenn der in die Prämissen einer Meta-Regel einfließende Sachverhalt auch in den Prämissen der betroffenen Regeln repräsentiert wäre, wäre die Meta-Regel überflüssig. Aber: der Umstand, daß in einer Situation mehrere Regeln anwendbar sind, bedeutet ja, daß es offensichtlich nicht gelungen ist, alle relevanten kontextuellen Faktoren zu identifizieren, so daß eine eindeutige Auswahl möglich wäre. Die Effizienz eines Deduktionsverfahrens ist also wesentlich vom Informationsgehalt der Objekt-Regeln abhängig, auf dem es operiert: je mehr denkmögliche Fälle durch eine Regel ausgeschlossen werden, desto besser.

---

1) Lenat u.a. (1980, S. 222) sehen darin sogar ein kennzeichnendes Merkmal der Wissensrepräsentation. Erst durch "continued pressure on the experts" lassen sich solche Unzulänglichkeiten nachträglich ausbügeln - unter Verwendung von Meta-Regeln.

Eine Meta-Regel kann bestenfalls eine sinnvolle Reihenfolge für die Anwendung der zur Wahl stehenden Regeln beschreiben (man weiß zwar nicht genau, welche Regel anzuwenden ist, aber kennt wenigstens gute Gründe für die Vorgabe einer Reihenfolge). Die oben beispielhaft angeführten domänenunabhängigen Meta-Regeln sind dagegen eher ein Ausdruck von Hilflosigkeit. Sie erinnern an die Strategien zur Speicherreorganisation[1)], die in Betriebssystemen angewandt werden: eine gewisse Plausibilität ist konstruierbar - allerdings häufig auch für gegenläufige Strategien.

Wie bereits dargestellt, kann es für den Anwendungsbereich eines ES sinnvoll sein, wenn sowohl Rückwärts- als auch Vorwärtsverkettung als generelle Strategien verfügbar sind. Das setzt voraus, daß das System über brauchbares Wissen darüber verfügt, wann die eine und wann die andere Strategie zu wählen ist. Im Hinblick auf die Transparenz und Flexibilität des ES ist es sinnvoll, dieses Wissen deklarativ, in Form von Meta-Regeln, abzulegen (Davis 1980, S. 218). Der Aufwand zur Implementierung von Meta-Wissen ist schwer abzuschätzen. So wird für keine der 16 in Harmon/King (1980) beschriebenen Entwicklungsumgebungen auf die Möglichkeit der Formulierung von Meta-Regeln verwiesen. In PROLOG sind Regeln über Regeln nicht möglich. Wohl verweist Davis (1980, S. 219) darauf, daß zur Verwertung des Meta-Wissens das gleiche Verfahren angewandt werden kann wie in der Objekt-Ebene und spricht deshalb von "economy of machinery", läßt aber die Frage offen, ob die beschriebene Maschine bereits verfügbar ist.[2)] Wie hoch auch immer der Aufwand ist, er lohnt sich nur, wenn er entsprechende Effizienzsteigerungen verspricht. Neben den bereits diskutierten Einschränkungen ist dabei vor allem an den zusätzlichen Zeitaufwand zu denken, der dadurch entsteht, daß im Ableitungsverfahren noch Meta-Regeln zu berücksichtigen

---

1) wie z.B. für die Auslagerung von Seiten bei virtueller Speicherung: *longest resident, least recently used, least frequently used* u.ä.

2) dabei wird die Bewertung natürlich durch das Alter der Veröffentlichung erschwert.

sind. Dabei kann es durchaus zu *Trashing*-Effekten kommen: der zusätzliche Aufwand ist größer als der erzielte Nutzen.[1)]

Verfahren zur Durchführung von Analogieschlüssen

Eine naheliegende und häufig formulierte Kritik an Programmen, die der Reproduktion menschlicher Problemlösungskompetenz dienen sollen, ist der Verweis darauf, daß bei aller Vielfalt, die mit einer deklarativen Darstellung u.U. verbunden ist, sämtliches Wissen des Systems und also auch alle verfügbaren Ableitungsregeln explizit vorgegeben werden müssen. Demgegenüber sind Menschen offenkundig in der Lage, sich neuen Situationen unter Rückgriff auf Erfahrungen anzupassen. Dabei spielt die Fähigkeit, Analogien zu erkennen, eine wesentliche Rolle: sie erlaubt es, bekannte Zusammenhänge auf unbekannte Sachverhalte zu projizieren. Dadurch ergibt sich die Chance, solche Sachverhalte zu verstehen und damit - wesentlich für den hier gewählten Blickwinkel - Fragen, die diese Sachverhalte betreffen, zu beantworten.

Eine formale Rekonstruktion des Analogieschlusses setzt eine exakte Beschreibung wesentlicher Merkmale voraus. In der Logik ist der Analogieschluß eindeutig definiert, seine Handhabung unproblematisch: wenn für die Objekte s_{1i} und s_{2i} zweier Klassen S_1 und S_2 gilt:

<1> für *alle* i: s_{1i} ist q
<2> für *alle* i: s_{2i} ist q
<3> für *alle* i: s_{1i} ist p

kann der Analogieschluß angewandt werden:

1) in diesem Sinne auch der sonst optimistische Davis (1980, S. 217): ".. the overhead of the techniques we have suggested may not be worth the level of performance they might add."

-> für *alle* i: s_{2i} ist p

Von wesentlicher Bedeutung für die Zulässigkeit des Schlusses ist die notwendige Voraussetzung q -> p.[1] Demgegenüber ist es ein konstituierendes Merkmal der Analogiebildung im Kontext menschlichen Problemlösens, daß man gerade um die Wahrheit dieser Implikation nicht weiß: die heuristische Kraft des Analogieschlusses geht einher mit dem Risiko der Fehlbarkeit. Angesichts des Anspruchs der KI-Forschung ist es wenig verwunderlich, daß unter Analogieschluß i.d.R. nicht die Abbildung einer formal-logisch korrekten Ableitungsregel verstanden wird, sondern vielmehr die Rekonstruktion der Analogiebildung als einer (fehlbaren) Strategie menschlichen Problemlösens.[2]

Die Erfassung und formale Beschreibung von Ähnlichkeiten als wesentliches Problem

Die Übertragung eines in einem bestimmten Kontext gültigen Zusammenhangs auf einen anderen Kontext setzt voraus, daß es zwischen beiden Bereichen gewisse Übereinstimmungen gibt: sie müssen irgendwie ähnlich sein. Als mögliche Grundlage für Analogiebildung lassen sich zwei Ähnlichkeitstypen unterscheiden: die *strukturelle* und die *funktionale* Ähnlichkeit. Zwei Systeme weisen eine strukturelle Ähnlichkeit auf, wenn einige (nicht alle) ihrer Elemente gleich sind. Funktionale Ähnlichkeit liegt vor, wenn je zu erfüllende Aufgaben gleiche Merkmale aufweisen. Mit dieser ersten Skizze ist eine Reihe erheblicher Schwierigkeiten für die Automatisierung von Analogieschlüssen aufgezeigt:

- was ist für die Anwendung in einer Wissensbasis unter vergleichbaren Systemen bzw. Situationen zu verstehen?

1) vgl. dazu Lorenz (1980)
2) in diesem Sinne Carbonell (1984, S. 137)): ".. analogy is one of the central inference methods in human cognition as well as a powerful computational mechanism."

- wie können sie ermittelt werden?
- was ist ein Anlaß für den Versuch einer Analogiebildung?
- wie ist ein Test auf Ähnlichkeit durchzuführen?
- welche Zusammenhänge können bei festgestellten Ähnlichkeiten von einem Kontext auf einen anderen übertragen werden?

Das wohl bekannteste Programm zur Durchführung von Analogieschlüssen stammt von Winston (1980). Es wurde u.a. dazu eingesetzt, Analogien zwischen einzelnen Situationen in Shakespearschen Tragödien und zwischen verschiedenen Tragödien zu ermitteln. Um eine Situation als solche in der Wissensbasis zu identifizieren, faßt Winston korrespondierende Objekte und Relationen zu einer Struktur zusammen[1)] - ohne allerdings auf das Problem möglicher Redundanzen einzugehen: eine Formel kann in mehreren Situationen vorkommen. Es ist offenkundig, daß ein Vergleich zweier Situationen letztlich auf einen Vergleich ihrer Teile, also der Objekte und zwischen ihnen formulierten Relationen, hinausläuft. So schlägt Winston denn auch vor, zur Überprüfung der Ähnlichkeit zweier Situationen die sie etablierenden Objekte und Relationen zu vergleichen. Da nicht allen Teilen für einen solchen Vergleich die gleiche Bedeutung zukommt, stellt sich die Frage, wie die jeweils relevanten zu ermitteln sind. Die wichtigsten Relationen sind nach Winston entweder explizit als solche zu kennzeichnen oder implizit vom Verfahren zu erkennen. Bei letzteren sei vor allem an "constraint relations" zu denken - Relationen, die, so Winston lapidar, Ursache-Wirkungszusammenhänge aufzeigen. Plausibler scheint da schon der Vorschlag, ggfs. den Anwender um Rat fragen (Winston 1980, S. 689 f. u. S. 694). Der naheliegende Einwand, daß die Bedeutung der Teile einer Situation wohl kaum von dem gerade durchgeführten Vergleich

1) zur Implementierung wurde die Sprache FRL eingesetzt, die Frames zur Strukturierung bietet. Die von W. zur Illustration verwendeten Beispiele sind allerdings mit Hilfe semantischer Netze dargestellt, ließen sich aber leicht in Formeln der Prädikatenlogik transformieren.

unabhängig ist, wird von Winston nicht berücksichtigt. Eine weitere Frage betrifft die Evaluierung der Einzelvergleiche im Hinblick auf die zu untersuchende Ähnlichkeit der gesamten Situationen. Winstons (1980, S. 694) Antwort: "..simply counting the individual items of evidence is sufficient to handle the particular tasks involved in determining success."

Es ist ein wichtiges Merkmal menschlichen Analogieschließens, daß beim Vergleich zweier Situationen Eigenschaften eine Rolle spielen, die in der Situationsbeschreibung u.U. gar nicht vorhanden sind. Zwei derartige Fälle werden von Winston angesprochen: Spezialisierung und Generalisierung. Beim Vergleich eines Objektes in der aktuellen Problemsituation mit einem Objekt in einer bekannten Situation kann sich ergeben, daß das erste Objekt Element der Klasse ist, die das zweite Objekt repräsentiert - oder umgekehrt. Im ersten Fall wird - logisch unproblematisch - eine auf die Klasse angewandte Relation durch Spezialisierung auch für das Klassenelement als erfüllt angesehen. Im zweiten Fall wird durch Generalisierung eine für ein Klassenelement erfüllte Relation auf die ganze Klasse angewandt - ein logisch unzulässiges Verfahren mit erheblichem Risiko der Fehlbarkeit.[1)]

Carbonell (1984) wählt einen Ansatz, der auf der *Means End Analysis* (vgl. S. 12) beruht, allerdings durchaus auf eine mit Hilfe logischer Formeln aufgebauten Wissensbasis übertragen werden kann. Um für ein gegebenes Problem die bekannte Lösung eines ähnlichen Problems zu finden, schlägt er einen *reminding process* vor. Dazu können folgende Vergleiche durchgeführt werden: (ebenda, S. 142)

- der Ausgangszustand (die zunächst bekannte Beschreibung) des gelösten Problems und der des neuen Problems
- die Zielzustände beider Probleme
- die Randbedingungen, unter denen die Probleme jeweils zu lösen sind

1) zur Problematisierung eines solchen induktiven Vorgehens vgl. S. 107 ff.

Schließlich ist der Anteil der Voraussetzungen für die bekannte Lösung zu ermitteln, die auch für das vorliegende Problem erfüllt sind ("applicability of a candidate solution"). Das Ergebnis eines Zustandsvergleichs drückt sich danach in Differenzen aus, wie sie auch vom GPS zur Problemlösung ermittelt werden. Die Schwächen eines solchen Ansatzes liegen auf der Hand: die Ermittlung der Differenz zweier Symbolfolgen nach Maßgabe der Means-End-Analysis erfolgt rein formal und damit weitgehend unabhängig von den jeweils repräsentierten Sachverhalten.[1] Carbonell (1984, S. 144 ff.) verweist denn auch auf eine "more sophisticated method": die Implementierung einer "*relative-invariance hierarchy*" zwischen den einzelnen Komponenten gespeicherter Problemlösungen. Allerdings: auch wenn die explizite Vorgabe von Unterschiedsmaßen bessere Resultate verspricht als deren Ermittlung, wie z.B. in der Means-End Analysis, so ist einerseits ein größerer Implementierungsaufwand nötig, andererseits ist der Wert einer solchen Vorgabe ohnehin zweifelhaft, da die relative Invarianz zweier Komponenten nicht grundsätzlich unabhängig vom Gegenstand des jeweiligen Vergleichs ist. Für die Durchführung analogen Schließens schlägt er eine Reihe von Operatoren vor. So zum Beispiel:

- *General insertion:* in eine bekannte Sequenz von Transformationen zur Lösung des Vergleichsproblems werden neue Operatoren (z.B. in Form neuer Regeln) eingefügt.

- *General deletion:* einzelne Operatoren werden aus der Sequenz gelöscht.

- *Operator reordering:* die Reihenfolge der Operatoren in einem bekannten Lösungsweg wird geändert.

Carbonell versäumt es allerdings, näher auszuführen, wie die jeweils betroffenen Operatoren (bzw. Regeln) zu identifizieren sind und wann welche der insgesamt zehn vorgeschlagenen

1) vgl. dazu S. 12

Operationen anzuwenden ist. Auch die Beispiele, in denen u.a. die Analogie zwischen einer Flug- und einer Bahnreise betrachtet wird (Carbonell 1984, S. 147 f.), geben darüber keine Auskunft.

Möglichkeiten und Grenzen automatisierten Analogieschließens

Auch wenn, wohl wegen der offensichtlichen Bedeutung der Analogiebildung für menschliches Problemlösen, dieses Phänomen für die KI-Forschung "a hot topic"[1] wurde, ist von erfolgreichen Implementierungen wenig bekannt. Die wenigen Prototypen beschränken sich auf sehr enge Anwendungsbereiche, die nicht ES-typisch sind, da sie hauptsächlich auf eine Rekonstruktion von common sense-reasoning ausgerichtet sind. Neben dem kurz skizzierten Programm von Winston zur Entdeckung von Analogien zwischen Tragödien gibt es ähnliche Systeme, die in Yale von Schank und Mitarbeitern konzipiert wurden. So ist das Programm CYRUS in der Lage, in sozial konstruierten Situationen Aussagen über das vermutliche Verhalten der Akteure zu machen, indem es eine Analogie zu bekanntem Rollenverhalten herstellt.[2] Aber: so beeindruckend die Leistungsfähigkeit solcher Programme auch mitunter erscheint, bei näherer Betrachtung ergeben sich ernste Zweifel daran, ob denn wirklich die Fähigkeit zur Analogiebildung rekonstruiert wurde. Schließlich ist in jedem Fall durch das jeweils implementierte Verfahren definiert, was unter Ähnlichkeit zu verstehen ist. Damit sind die Möglichkeiten der Analogiebildung explizit vorgegeben. Die so entstehenden Schlüsse können wahr oder falsch sein, je nachdem, wie zuverlässig die Definition der Ähnlichkeit über alle möglichen Anwendungen ist. Aber:

1) so Schank (1985), S. 25. Dennoch hält sich die Zahl der Publikationen zu diesem Thema in vergleichsweise engen Grenzen. So gibt es in der Zeitschrift *Artificial Intelligence* bisher nur zwei Beiträge, die explizit dem Analogieschließen gewidmet sind, nämlich Kling (1971) u. Winston (1980).

2) vgl. dazu Schank (1984), S. 156 ff., CYRUS steht für *C*omputerized *Y*ale *R*easoning *S*ystem.

die wesentliche Stärke der (menschlichen) Analogiebildung liegt gerade darin, bekannte Zusammenhänge auf *neue* Probleme zu projezieren, d.h. Konzepte als ähnlich zu betrachten, die man vorher noch nicht verglichen hat. Die dazu nötige Kreativität (Ähnlichkeit wird ja häufig erst konstruiert) und auch die Fähigkeit, die Plausibilität einer Analogie zu bewerten, werden aber nicht rekonstruiert. Es wird einzig bekanntes (mehr oder weniger valides) Wissen abgelegt.[1] Wenn für einzelne Bereiche bekannt ist, welche Teile zweier Systeme gleich sein müssen, um auch andere als gleich annehmen zu dürfen - wenn also eine zuverlässige Theorie der Ähnlichkeit vorliegt -, scheint die Rede von Analogiebildung wenig passend: es handelt sich vielmehr um Wissen über zulässige Formen (begrenzter) Generalisierungen.[2] Nur dann, wenn dieses Wissen spekulativ ist - was zumeist der Fall sein dürfte[3] -, bleibt eine wesentliche Gemeinsamkeit mechanischen und menschlichen Analogieschließens: die Fehlbarkeit. Da Fehlbarkeit dieser Art vom System selbst nicht kontrolliert werden kann (abgesehen von dem Fall, daß ein Widerspruch zu bekanntem Wissen entsteht), wird sich die Implementierung solcher Verfahren in ES i.d.R. verbieten - jedenfalls als Deduktionsverfahren. Dabei ist weniger an u.U. mögliche hanebüchene Ableitungen zu denken - die sind zwar peinlich, werden aber vom Anwender leicht erkannt -, als vielmehr an unzulässige Analogien, die zu Aussagen führen, die nicht offenkundig falsch sind.

Es scheint allerdings verfehlt, der aufgezeigten Grenzen wegen die skizzierten Verfahren zur Analogiebildung grundsätzlich zu disqualifizieren. Zwar scheinen sie als Deduktions-

1) in diesem Sinne Winston (1984, S. 32): "Good Representation supports good performance."

2) eine ähnliche Einschätzung findet sich in Schank (1985), S. 25

3) aus diesem Grund kann Carbonell auch keine umfassende Erläuterung der Funktionsweise des Analogieschließens liefern. Vielmehr lenkt er letztlich durch die Reduktion auf technisch realisierbare Funktionen, so komplex sie auch sein mögen, vom eigentlichen Problem, einer fehlenden Theorie der Analogie ab.

verfahren, die dem Anwender gegenüber verdeckt sind, ungeeignet, aber unter bestimmten Voraussetzungen können sie durchaus einen hilfreichen Beitrag leisten. Wenn sie für aktuelle Problemlösungen eingesetzt werden, sollte der Benutzer bei jeder Anwendung einer Regel, die eine fallible Ähnlichkeitshypothese widerspiegelt, über diese Hypothese in Kenntnis gesetzt werden und die Möglichkeit haben, ihre Anwendung zu verbieten.[1)]

Eine weitere denkbare Nutzung wäre die teilweise Automatisierung von Kreativitätstechniken, wobei allerdings auch hier die Evaluierung dem Menschen zu überlassen wäre. Die *morphologische Methode* ist dabei wohl am einfachsten zu implementieren, wobei allerdings der Vergleich mit der Analogiebildung etwas hinkt: die Elemente, aus denen vorgegebene (technische) Systeme bestehen, werden zu Klassen zusammengefaßt; um mögliche neue Strukturen zu generieren, werden die Elemente der einzelnen Klassen miteinander kombiniert. Das wesentliche heuristische Element der *Synektik* ist die explizite Forderung nach der Konstruktion von (auch scheinbar abwegigen) Analogien. Die Automatisierung der Generierungsphase würde die Vorgabe genereller Konzepte nötig machen, die dann die Grundlage für die Suche nach neuen Lösungen in einer geeigneten Wissensbasis[2)] bilden könnten. Auf diese Weise werden durch die Übertragung von Zusammenhängen auf ähnliche (genauer: durch die Vorgabe von Generalisierungen als solche definierte) Sachverhalte neue Formeln generiert. Vor ihrer Anwendung bzw. Implementierung in die Wissensbasis steht allerdings sinnvollerweise die Überprüfung durch einen Experten. Der Fokus der Betrachtung schwenkt damit vom auto-

---

1) Carbonell (1984, S. 138) fordert allgemeiner eine ".. *reactive environment* that informs the problem solver of success, failure or partial success .."

2) im Aufbau einer geeignete Wissensbasis liegt allerdings die wesentliche Schwäche eines solchen Konzepts: es dürfte kaum lohnend sein, für nur eine Auswertung eine Wissensbasis zu implementieren. Es ist also vor allem an den Rückgriff auf Wissensbasen in irgendwie ähnlichen Domänen zu denken, die zwar hinsichtlich möglicher Analogien nicht so umfassend sind wie eigens dafür entworfene, aber wesentlich kostengünstiger.

nomen Analogieschließen auf die Unterstützung der Wissensmodifikation im Zeitverlauf. Es bleibt die Kritik an dem unglücklich gewählten Begriff *Analogy Reasoning*, der jedoch im (mitunter etwas trüben) Licht der gängigen KI-Terminologie wenig überrascht: Klappern gehört scheinbar zum Handwerk.

Die automatische Pflege der Wissensbasis - Ansätze zum maschinellen Lernen

Die Fähigkeit zu lernen ist Bedingung und Ausdruck des menschlichen Intellekts. Es verwundert deshalb wenig, wenn diejenigen KI-Forscher, denen eine umfassende maschinelle Reproduktion der Intelligenz vorschwebt, die Erforschung des Phänomens Lernen als dringliche Aufgabe ansehen. Exemplarisch dafür Simon (1984, S. 35), für den das erste Ziel bei der Entwicklung lernfähiger Programme das Simulieren und Verstehen menschlichen Lernens ist. Auch diejenigen Forscher, denen es in pragmatischer Absicht vor allem um die Entwicklung leistungsfähigerer Programme geht, betonen die Bedeutung maschineller Lernverfahren. Dabei werden vor allem ökonomische Gründe angeführt: durch selbständig lernende Programme ließe sich der im Zeitverlauf nötige Modifikationsaufwand erheblich reduzieren.[1] Dabei ist allerdings zu berücksichtigen, daß auch die Pragmatiker menschliches Lernen als den Maßstab für die Implementierung formaler Lernverfahren ansehen: schließlich müsse der Mensch die Resultate (maschinellen) Lernens als solche verstehen (Carbonell u.a. 1984, S. 5). Angesichts des breiten Konsenses über das Gewicht des Lernens für die Schaffung intelligenter Programme verwundert es wenig, daß die Untersuchung des menschlichen Lernens (die ja gewiß nicht allein im KI-Bereich, sondern eher in der kognitiven Psychologie angesiedelt ist) und vor allem das Be-

1) Carbonell u.a. (1984 b, S. 4) sehen hier eine "practical necessity". Ähnlich Schank (1983, S. 17), der sich in der skizzierten Dichotomie keinem der beiden Pole allein zuordnen läßt: ".. a computer that doesn't learn really cannot make much of a claim on being intelligent."

mühen um dessen formale Rekonstruktion die Zunft der KI-Forscher zu einer Vielzahl einschlägiger Projekte veranlaßt hat.[1)]

Die Vielfalt und Vieldeutigkeit menschlichen Lernens macht eine Eingrenzung auf solche Funktionen nötig, die sich konkreter auf den Kontext des Programmierens beziehen.[2)] Allgemeine Einigkeit besteht darüber, daß ein Programm durch Lernen seine Performance ausweiten, effizienter gestalten bzw. verbessern soll. Es soll also in die Lage versetzt werden, *mehr* Fragen zu beantworten, die Lösung von Problemen *schneller* als vor dem Lernprozeß zu bewerkstelligen oder aber *verläßlichere* Antworten zu geben.[3)] Schank (1985, S. 18 ff.) liefert mit Hilfe von vier Kriterien ein detaillierteres Anforderungsprofil:

FORM: es muß sichergestellt sein, daß das System das erlernte Wissen in geeigneter Repräsentation in seine Wissensbasis integriert.

CONTEXT: das erlernte Wissen sollte in einen geeigneten Zusammenhang zu bisherigem Wissen gestellt werden.

DEVELOPMENTAL: Lernen soll das System befähigen, mehr Komplexität zu bewältigen. (Diese Forderung entspricht also weitgehend der oben dargestellten)

EVOLUTIONARY: Lernen macht nur Sinn, wenn es Kontinuität aufweist, d.h., wenn erlernte Fähigkeiten angewandt werden und damit auch in neue Lernprozesse einfließen.

---

1) so berichtet Schank (1985, S. 18): "Currently at Yale, nearly every research project is concerned with learning."
2) es ist ohnehin keine Frage, daß gelegentlich verwendete Begriffe wie automatischer Wissenserwerb oder automatische Wissenserweiterung wohl besser geeignet wären, Merkmale von Programmen zu kennzeichnen. Aber auch hier hat die Lust an der Mystifikation eine sachdienlichere Terminologie verhindert.
3) vgl. dazu beispielhaft Fohmann (1985), S. 154 ff.

Die Verlautbarungen der KI-Forscher erwecken nicht selten den Eindruck, Programme, die wie Menschen lernen können, seien bereits verfügbar. So verkündeten Simon/Newell bereits 1958 (S. 8): "It is not my aim to surprise or shock you ... But the simplest way I can summarize the situation is to say that there are now in the world machines that think, that learn, and that create." Ein Mythos, der bis heute eifrig gepflegt wird. Beispielhaft dafür Bonnet (1985, S. 196), der von "programs that can learn" berichtet. Die Frage nach der tatsächlichen Leistungsfähigkeit so attribuierter Maschinen macht die Betrachtung der diskutierten Verfahren nötig. Ein umfassender, den Stand der Dinge widerspiegelnder Überblick findet sich in Carbonell u.a. (1984, S. 8 ff.). Sie unterscheiden die folgenden Lernverfahren:

<1> 'Rote learning' und unmittelbare Implementierung neuen Wissens

<2> Lernen durch Anweisungen

<3> Lernen durch Analogien

<4> Lernen aus Beispielen

<5> Lernen aus Beobachtung und Entdeckung

Es fällt schwer, <1> und <2> als Verfahren automatischen Lernens einzuordnen. So ist rote learning im Kontext deklarativer Wissensrepräsentation nichts anderes als das Abspeichern neuer Formeln, die im Dialog mit dem Anwender oder durch Deduktionen entstanden sind. Das von einem Menschen durchzuführende Implementieren neuen Wissens betrifft die Modifikation der Wissensbasis im Zeitverlauf, weshalb in diesem Zusammenhang auch mitunter von 'learning by being programmed' die Rede ist. Lernen durch Anweisung, auch 'learning by being told' genannt, entspricht <1>, allerdings mit dem Unterschied, daß das neue Wissen dem System nicht in formaler Syntax, sondern (mehr oder weniger) natürlichsprachlich zugeführt wird. Die solchen Verfahren eigentümliche Problematik ist also vor allem im Sprachverstehen zu sehen.

Die Möglichkeiten des Lernens durch Analogiebildung wurden bereits im vorhergehenden Abschnitt skizziert: die durch Analogieschließen abgeleiteten Sätze stellen dann das gelernte Wissen dar, das allerdings sinnvollerweise noch durch den Anwender evaluiert werden sollte. Dabei ist es allerdings zweifelhaft, ob durch die Anwendung dieses Verfahrens wirklich neues Wissen geschaffen wurde: es werden ja lediglich (fallible) Ableitungsregeln angewandt, die explizit vorgegeben sind.[1] Dennoch ist es unzweifelhaft, daß durch die Anwendung solcher Ableitungsregeln brauchbare Sätze entdeckt, d.h. explizit gemacht werden können. Lernen als automatische Modifikation der Wissensbasis, die nicht allein logische Ableitungen aus bestehenden Formeln umfaßt, beschränkt sich auf <4> und <5>. Die Unterscheidung zwischen beiden Verfahren erfolgt dabei nach Art und Verfügbarkeit des jeweils bearbeiteten Inputs. Die Auswertungsstrategien weisen eine wesentliche Gemeinsamkeit auf: in beiden Fällen handelt es sich um induktive Verfahren.

Die zentrale Bedeutung der Induktion

Unabhängig davon, wie menschliches Lernen zustande kommen mag, gilt für Verfahren maschinellen Lernens grundsätzlich, daß sie immer auf explizit gemachtem Wissen operieren. Dabei kann solches Wissen z.B. in der Wissensbasis eines ES abliegen oder im Dialog mit der Systemumwelt eingegeben werden. Wie können mit Hilfe eines formalen Verfahrens auf der Basis gegebener Sätze neue Sätze gebildet werden, ohne daß es sich dabei um logische Ableitungen handelt? Letztlich nur, indem

1) in der Erkenntnistheorie werden Sätze, die durch logische Ableitungen aus bekannten Sätzen entstehen, i.d.R. nicht als neues, zusätzliches Wissen angesehen: sie sind durch tautologische Transformationen entstanden. Es gibt allerdings auch andere Bewertungen. Vgl. dazu Powers (1978)

diese Sätze bzw. die in ihnen beschriebenen Objekte auf Gemeinsamkeiten untersucht werden. Das neue Wissen besteht dann in der Generalisierung solcher Gemeinsamkeiten: wenn alle explizit gemachten Objekte einer Klasse eine bestimmte Eigenschaft aufweisen, wird daraus auf eine Eigenschaft der Klasse geschlossen. Ein Beispiel für eine solche Induktion:

<1> A_1 *hat ein Einkommen von mehr als DM 60.000*

. . . .

A_n *hat ein Einkommen von mehr als DM 60.000*

<2> A_1 *ist verheiratet*

. . .

A_n *ist verheiratet*

. . .

A_m *ist verheiratet*

Daraus kann induktiv geschlossen werden:

für alle X: *WENN* X *hat ein Einkommen von mehr als DM 60.000,*
DANN X *ist verheiratet.*

Besonders informativ - und riskant - ist das so gewonnene Wissen immer dann, wenn nicht wirklich alle Objekte einer Klasse berücksichtigt werden (weil sie nicht alle in der Wissensbasis explizit aufgeführt sind), also keine vollständige Induktion vorliegt: auf diese Weise lassen sich aus der so gewonnen Generalisierung durch Spezialisierung Einzelaussagen ableiten, die vor der Induktion nicht ableitbar waren. Aber auch dann, wenn in der Wissensbasis sämtliche Objekte einer Klasse verzeichnet sind und damit logisch auf eine Eigenschaft der Klasse geschlossen werden kann, also keine neue Erkenntnis produziert wird, kann durch Induktion die Effizienz der Wissensbasis gesteigert werden: durch die Ermittlung genereller Aussagen wird es möglich, die redundanten Einzelaussagen zu entfernen.[1] Darüber hinaus können Regeln, die bestimmte Ableitungen erlauben, durch das Aufdecken neuer

1) zu den Zielen der induktiven Pflege von Wissensbasen vgl. Michalski (1984), S. 84

Zusammenhänge erheblich vereinfacht oder aber überhaupt erst möglich werden. So kann z.B. eine zuverlässige Regel für die Diagnose einer Krankheit vorliegen, die allerdings die Überprüfung einer Vielzahl von Symptomen voraussetzt. Durch Induktion kann u.U. ermittelt werden, daß in allen verzeichneten Fällen zwei Symptome vorlagen, von denen eines bisher gar nicht berücksichtigt wurde: die eine Diagnose ermöglichende Regel kann u.U. deutlich vereinfacht werden. In einem anderen Fall sei in einer Wissensbasis eine Anzahl von Aussagen abgelegt, die einzelne Erscheinungsformen eines bestimmten Sachverhalts kennzeichnen, z.B. das unerklärte Auftreten einer Säuglingserkrankung in einigen Regionen eines Landes. Induktion bietet hier die Chance, Ursachen oder wenigsten auffällige Korrelationen zu entdecken: wenn alle betroffenen Regionen eine bestimmte Kombination (verzeichneter) Merkmale aufweisen, die für die anderen Gebiete nicht zutrifft, können (mit noch zu erörternden Vorbehalten) diese Merkmale als Anlaß für die betrachtete Krankheit angesehen werden. Im ersten Fall wird mitunter von *non-constructive induction*, im zweiten Fall von *constructive induction*[1) gesprochen - eine Unterscheidung, die im wesentlichen die Bedeutung der je erzielten Ergebnisse betrifft: verfahrenstechnisch gibt es keinen gravierenden Unterschied, denn in jedem Fall wird ein Sachverhalt gesucht, der stets gemeinsam mit einem vorgegebenen auftritt. Neben diesem zielgeleiteten Vorgehen ist es auch denkbar, ein induktives Verfahren auf einer Wissensbasis operieren zu lassen, das grundsätzlich nach möglichen Gemeinsamkeiten der beschriebenen Objekte sucht, um so z.B. die Redundanz minimieren zu können.

Induktionsverfahren basieren auf der Anwendung von Generalisierungsregeln. Die wichtigste ist die Ersetzung von Konstanten durch (mit Hilfe des All-Quantors gebundene) Variablen,

---

1) z.B. in Dietterich/Michalski (1981), S. 264 f.. Terminologisch weniger treffend, allerdings in gleicher Absicht, unterscheidet Michalski (1984, S. 86) *concept learning from examples* und *concept learning from observation*, "..concerned with establishing new concepts or theories characterizing given facts."

also der Schluß von Einzelfällen auf die Eigenschaft einer Klasse. Eine weitere Generalisierungsregel, in der sich das Bemühen ausdrückt, gemeinsame Eigenschaften möglichst vieler Objekte zu finden, besteht darin, einen oder mehrere Terme einer Konjunktion zu eliminieren: aus X *ist Angestellter UND* X *ist verheiratet* wird X *ist Angestellter.*[1)]

Die Anwendung solcher Regeln erfordert einen Plan, der beschreibt, welche Aussagen in welcher Reihenfolge mit welchem Ziel zu verarbeiten sind. Neben problemspezifischen Implementierungen gibt es dazu zwei allgemeine Strategien: *bottom-up* (auch data-driven genannt) und *top-down* (model-driven). Beim Bottom-up-Ansatz wird eine Menge zu untersuchender Sätze vorgegeben. Über diese Sätze werden, in einer beliebigen Reihenfolge, paarweise Generalisierungen gebildet: zunächst wird - falls möglich - eine Generalisierung für die beiden ersten Sätze formuliert, anschließend bildet diese Generalisierung zusammen mit dem dritten Satz das Paar für die weitere Suche. Der Top-down-Ansatz sieht die Vorgabe einer sehr allgemeinen, d.h. wenige denkbare Fälle ausschließenden, Generalisierung vor (z.B. in Form einer Regel, deren Prämisse aus mehreren adjunktiv verknüpften Aussagen besteht). Ziel des Verfahrens ist es, diese Generalisierung für eine Menge von Sätzen informativer zu gestalten: die Beschreibung des je betrachteten Zusammenhangs soll sich auf die notwendigen Eigenschaften beschränken.[2)]

Eine Schwierigkeit mechanisch durchgeführter Induktion ist darin zu sehen, daß für eine gegebene Menge von Sätzen mehrere, u.U.unendlich viele, Generalisierungen existieren können. Es ist evident, daß der Informationsgehalt möglicher Generalisierungen unterschiedlich ist. Um die Menge der zu suchenden Generalisierungen einzuschränken, sind dem Verfahren entsprechende (komparative) Bewertungsmaßstäbe vorzugeben.

---

1) weitere Generalisierungsregeln finden sich in Dietterich/ Michalski (1984), S. 261 ff.
2) zur softwaretechnischen Bewertung beider Strategien vgl. Dietterich/Michalski (1984), S. 290

Ein formaler Maßstab drückt sich in der Suche nach einer minimal diskriminierenden Beschreibung aus: diejenige Generalisierung wird favorisiert, die eine gegebene Klasse von Objekten mit der kleinsten Zahl von Prädikaten kennzeichnet, d.h. eindeutig von Objekten aus anderen Klassen zu unterscheiden gestattet (vgl. Michalski 1984, S. 92). Da in einem konkreten Anwendungsbereich eine auf diese Weise formal ausgezeichnete Generalisierung nicht unbedingt die interessanteste sein muß, kann es sinnvoll sein, dem Verfahren Wissen darüber bereitzustellen, welche Eigenschaften einer Generalisierung besonders wichtig sind, bzw. welche sie uninteressant werden lassen. So kann explizit vorgegeben werden, welche in einer Menge von Sätzen beschriebenen Eigenschaften für die Induktion von besonderer Bedeutung sind, welche vernachlässigt werden können.[1)]

Besonders eindrucksvolle Resultate induktiver Verfahren liefern Programme, die Aufgaben lösen, die häufig dem Test der (menschlichen) Intelligenz dienen. Beispiel: es wird eine begrenzte Zahl von Strukturen vorgegeben, die jeweils aus einzelnen Elementen zusammengesetzt sind. Gesucht sind Konstruktionsregeln, die alle betrachteten Strukturen "erklären".[2)] Ähnliche Anwendungen dienen der Ermittlung solcher Regeln für die Entwicklung vorgegebener Zahlenreihen. Dabei besteht die Eingabe z.B. aus einer Menge geordneter Zahlenpaare, gesucht werden Regeln, die für alle Paare die Transformation der einen in die andere Zahl beschreiben. Die induktive Auswertung von Schach-Endspielen lieferte als Gemeinsamkeit einer nennenswerten Zahl von Sieg-Strategien Regeln, die bis dahin in keinem Lehrbuch verzeichnet waren (Michalski/Negri 1977). Eine der wenigen bekannten Anwendungen in ES operiert auf einer Wissensbasis, die der Diagnose von Sojabohnen-Krankheiten dient. Eingabedaten sind dabei Beispiele von Symptomkonstellationen für eine bestimmte Krankheit. Ziel des Induk-

---

1) Michalski (1984, S. 96) spricht in diesem Zusammenhang von 'background knowledge'.
2) ein anschauliches Beispiel findet sich in Michie/Johnston (1985), S. 128 f.

tionsverfahrens ist die Ermittlung möglichst einfacher Diagnoseregeln (Michalski/Chilausky 1980). In *Meta-DENDRAL* (Buchanan/Feigenbaum 1978) ist ein Induktionsverfahren implementiert, daß in ähnlicher Weise nach Regeln für die Auswertung massenspektrografischer Daten sucht. Solche Anwendungen in Bereichen naturwissenschaftlicher Forschung spiegeln eine in der KI-Literatur oft vorgetragene Hypothese wider. Danach ist Induktion eine wesentliche Methode zur Entwicklung wissenschaftlicher Theorien. Diese Annahme war ja auch das Motiv für jene Untersuchungen Feigenbaums, die schließlich zur Implementierung von DENDRAL führten (vgl. S. 22).

Anwendungsvoraussetzungen und Grenzen

Nach Winston (1982, S. 333) ist der Schluß vom Besonderen auf das Allgemeine für den Aufbau und die Pflege von Wissensbasen ein nahezu unverzichtbares Verfahren. Dazu führt er eine Reihe von Gründen an. So biete Induktion die Chance, in Bereichen, für die keine oder nur wenige regelhafte Zusammenhänge bekannt sind, Regeln bzw. Theorien zu finden, also Erkenntnisfortschritt zu automatisieren. Daneben - und dies ist wohl, auch wenn weniger eindrucksvoll, das gewichtigste Argument - verspreche Induktion eine erhebliche Produktivitätssteigerung beim Entwurf von Wissensbasen: eine zeitaufwendige und teure Befragung von Experten könne zum Teil ersetzt werden durch die Vorgabe beispielhafter Lösungen (also von Präzedenzfällen), die dann mechanisch auf u.U. enthaltene Regelmäßigkeiten untersucht würden. Darüber hinaus könne mit induktiv gewonnenen Regeln auch eine Kontrolle von mitunter unzuverlässigen Experten realisiert werden.

Es fällt schwer, einer derartig euphorischen Einschätzung zu folgen. Der Grund dafür ist die logische Unzulässigkeit bzw. - damit zusammenhängend - die erkenntnistheoretische Problematik der Induktion: abgesehen von der vollständigen Induktion, die auf der Grundlage von Einzelaussagen über alle Objekte einer Klasse den (korrekten) Schluß auf u.U. vorhandene Isomorphien erlaubt, kann die Wahrheit induktiv gewonnener Aussagen nicht garantiert werden. Gerade an diesem Punkt setzt ja Poppers - auf Hume zurückgehende - Kritik am logischen Positivismus an: gehaltvolle Sätze können danach in den Realwissenschaften nicht verifiziert werden. Daß es sich dabei nicht allein um ein philosophisches Problem handelt, ist offenkundig: durch Induktion können hanebüchene Sätze produziert werden, deren anschließende Anwendung (nur so macht Lernen Sinn) in einem ES zu unsinnigen Ergebnissen führt. Schließlich wird vom u.U. zufälligen gemeinsamen Auftreten zweier Sachverhalte auf Ursache-Wirkungs-Zusammenhänge geschlossen. Beispiel: die in einer Wissensbasis abliegenden Aussagen weisen sämtlichen Kunden in einem bestimmten Postleitzahlbereich eine hohe Bonität zu. Durch Induktion könnten diese Einzelaussagen zu einer Regel verdichtet werden: *WENN* ein Kunde im Postleitzahlbereich 5 ansässig ist, *DANN* hat er eine hohe Bonität. Die Übernahme dieser Regel bringt zunächst Effizienvorteile, da sich die Überprüfung der Bonität für die betroffenen Kunden nunmehr besonders einfach gestaltet. Sobald aber neue Kunden aufgenommen werden oder sich einzelne Daten bei bisherigen Kunden ändern, verkehren sich die anfänglichen Vorteile ins Gegenteil. In einem mechanischen Induktionsverfahren ist eben kein Sensor für die Plausibilität vermeintlicher Ursache-Wirkungs-Zusammenhänge enthalten, ihm fehlt gleichsam ein theoretischer Bezugsrahmen zur Bewertung induzierter Hypothesen.

Ein naheliegender Ansatz zur Vermeidung unsinniger Induktionen ist die Bereitstellung eines solchen Bezugsrahmens in Form von Hintergrund- bzw. Meta-Wissen. Auf diese Weise kann wohl verhindert werden, daß unbrauchbare Zusammenhänge konstruiert werden, von denen bekannt ist, daß sie sich zufällig ergeben können. Aber: der Sinn der Induktion liegt ja vor allem darin, bisher nicht bekannte Regelmäßigkeiten aufzudecken. Um alle denkbaren Generalisierungen bewerten zu können, müßten sie aber vorher bekannt sein. Eine automatische

Evaluierung ist mit hinreichender Sicherheit kaum möglich.[1)] Es ist also nicht eben ein Zeichen wissenschaftlicher Redlichkeit, Induktion als automatisches Lernen zu bezeichnen, denn am Ende eines Lernprozesses steht ja neues brauchbares Wissen. Wie auch in anderen Fällen spiegelt hier die Terminologie einen nicht vorhandenen Theoriestatus wider und trägt damit zur unangebrachten Mystifizierung von Computer-Fähigkeiten bei. Angesichts der bescheidenen Resultate ist es schon verwunderlich, welch ambitioniertes Forschungsziel Winston (1975 a, S. 160) verkündet: "There will be no contentment with machines that only do as well as humans." Die Lektüre der einschlägigen Quellen zeigt allerdings deutlich, daß die Lust am Programmieren das Bemühen um die theoretische Reflexion des Phänomens Lernen häufig dominiert.[2)]

So wichtig es ist, die Grenzen induktiven Schließens aufzuzeigen, so wenig reichen diese hin, die Anwendung der Induktion grundsätzlich abzulehnen. Induktive Verfahren können durchaus bisher unbekannte Regelmäßigkeiten aufdecken und - wohl bedeutender - dazu beitragen, Redundanzen in bestehenden Wissensbasen zu beseitigen oder komplexe Regeln durch einfachere zu ersetzen. Allerdings ist es unverzichtbar, daß induktive Schlüsse von einem sachkundigen Menschen evaluiert werden. Anders als Deduktion ist Induktion also kein Verfahren, mit dessen Hilfe Fragen auf der Grundlage des in einer Wissensbasis je verfügbaren Wissens sicher beantwortet werden können. Vielmehr handelt es sich um ein Werkzeug zur Pflege einer Wissensbasis. Es liegt auf der Hand, daß der Nutzen eines solchen Werkzeugs von der Struktur der Wissensbasis abhängt: je mehr singuläre Aussagen, deren Zusammenhang nicht

---

1) in diesem Sinne Polya (1954): "A person has a background, a machine has not; indeed, you can build a machine to draw demonstrative conclusions for you, but I think you can never build a machine that will draw plausible inferences." (zit. nach Michalski (1984), S. 88)

2) so betont Winston (1982, S. 323), daß Erfolg in der KI-Forschung vor allem durch die Performance eines Programms definiert sei. Eine Konsequenz solcher vor allem auf eindrucksvolle Implementierungen abzielenden Bemühungen ist darin zu sehen, daß es keine einheitliche Terminologie gibt. Vgl. dazu Dietterich/Michalski (1981), S. 291

sorgfältig untersucht wurde, vorliegen, desto größer ist die Chance, durch Induktion Regelmäßigkeiten zu entdecken bzw. Redundanzen zu vermeiden.

4. Die Benutzerschnittstelle: kommunikative Aspekte von Beratungskompetenz

ES sollen Probleme lösen bzw. Fragen beantworten, die Anwender an sie herantragen. Wie bei vielen anderen Software-Arten ist also auch hier eine Schnittstelle nötig, die den Dialog mit dem Benutzer ermöglicht. Eine Besonderheit von ES ist darin zu sehen, daß sie die Beratungskompetenz von Experten reproduzieren sollen. Eine solche Kompetenz beinhaltet allerdings nach allgemeinem Dafürhalten auch eine kommunikative Fähigkeit, die erheblich über das hinausgeht, was konventionelle Benutzerschnittstellen zu bieten haben. So ist es einerseits nötig, zu verstehen, was ein Ratsuchender wissen möchte, andererseits sollte ihm der Rat in verständlicher Form mitgeteilt werden. Darüber hinaus darf von einem Ratgeber erwartet werden, daß er eine Empfehlung ggfs. verständlich begründen kann. Angesichts des Ziels, mit Hilfe von ES die Kompetenz von Experten möglichst umfassend zu rekonstruieren, verwundert es wenig, daß der Realisierung einer entsprechend leistungsstarken Benutzerschnittstelle gemeinhin eine hohe Bedeutung beigemessen wird. Der in diesem Zusammenhang häufig geäußerte Wunsch nach einem natürlichsprachlichen Dialog spiegelt zudem ein für die KI-Forschung nahezu konstituierendes Ziel wider: Intelligenz ist ohne sprachliche Kompetenz kaum denkbar; die umfassende maschinelle Nachbildung von Intelligenz setzt also die Mechanisierung dieser Kompetenz voraus.

Die Vision vom natürlichsprachlichen Dialog

Die Benutzerschnittstellen der heutigen ES entsprechen i.d.R. dem Stand der Dinge in der Software-Ergonomie. Sie sind gekennzeichnet durch die Darstellung sämtlicher Informationen im Grafik-Modus. Auf diese Weise ist es möglich, verschiedene Schriftarten und -größen darzustellen und Grafiken zur Visualisierung zu verwenden. Zu derartigen Oberflächen gehört zumeist die Fenstertechnik, so daß der Dialog in Form von Popup- und Pull-down-Menüs realisiert ist. Neben der Menüauswahl kann außerdem u.U. wahlweise mit einer Kommandosprache gearbeitet werden.[1] Darüber hinaus werden Mischformen verwendet, die sich dem Anwender als Formulare präsentieren, in deren Felder er entweder eine von mehrern visualisierten Alternativen auswählen kann oder aber eine nicht formatierte Eingabe vornehmen kann (Frohlich u.a. 1985). Die in der Literatur formulierten Ansprüche gehen allerdings häufig erheblich über den gegenwärtigen Stand der Dinge hinaus: ein natürlichsprachlicher Dialog ist das Ziel.[2] Die gängige Begründung für eine derartige Forderung scheint plausibel: der Anwender soll von der Notwendigkeit entlastet werden, die Details eines formalen Dialogverfahrens zu lernen. Statt dessen soll er seine Fragen an das ES so formulieren können als handele es sich um einen menschlichen Ratgeber. Eine Einschränkung wird dabei allerdings i.d.R. gemacht: Ein- und Ausgabe sollen nicht unbedingt akustisch erfolgen, sondern konventionell über Tastatur und Bildschirm. Die Diskrepanz zwischen Wunsch und Wirklichkeit legt die Frage nach den zur Zeit absehbaren Möglichkeiten eines natürlichsprachlichen Dialogs mit dem Rechner nahe. Die Probleme des Sprachverstehens sind aus den

---

1) beispielhaft dafür ist die Benutzerschnittstelle, die durch das ES-Shell *BABYLON* von der GMD bereitgestellt wird. Vgl. dazu die Abbildungen in Klar/Wittur (1985)

2) so sehen Hayes-Roth u.a. (1983, S. 17) in ihrem Modell eines idealen ES eine Schnittstelle vor, die mittels eines "Language Processors" zu realisieren sei. Mitunter werden auch die Grenzen zwischen Wunsch und Wirklichkeit verwischt: "Sie (ES, U.F.) führen mit dem Anwender einen Dialog in natürlicher, i.d.R. geschriebener Sprache ...", Rauh (1985), S. 249

frühen (gescheiterten) KI-Projekten zur Übersetzung von Texten bestens bekannt. So stellt sich vor allem die Frage nach der Auflösung von Mehrdeutigkeiten sprachlicher Konstrukte.[1)] Darüber hinaus ist die Schwierigkeit zu berücksichtigen, die Bedeutung einzelner Begriffe unter Rückgriff auf andere Begriffe hinreichend exakt zu erfassen: der durch Sprache vermittelte Sinn entsteht eben häufig genug nicht durch Definitionen, sondern durch Wahrnehmung und Erleben begleitender sozialer Interaktion.

Zur Differenzierung der angesprochenen Schwierigkeiten unterscheidet Schank (1985, S. 56 ff.) drei Ebenen des Verstehens:

Making Sense: damit ist die Fähigkeit gemeint, einem natürlichsprachlichen Text eine sinnentsprechende formale Darstellung zuzuordnen. Beispiel: die Interpretation natürlichsprachlicher Kommandos, die Transformation natürlichsprachlicher Sätze in eine prädikatenlogische Form.

Cognitive Understanding: hier geht es darum, die zwischen den einzelnen Sprachbestandteilen eines Textes bestehenden Zusammenhänge zu erkennen, sowie seine Bedeutung in einen umfassenden Kontext einzuordnen. Dazu ist Wissen nötig, das in dem Text jeweils nicht explizit gemacht ist. Beispiel: einem Programm wird mitgeteilt, daß nach Maßgabe eines Gerichtsbeschlusses sämtliche Kernkraftwerke eines Landes kurzfristig stillzulegen sind. Es folgert daraus z.B. den Kursverfall der Aktien eines Unternehmens, das mit dem Bau von Kernkraftwerken befaßt ist.

---

1) dabei sind homonyme Begriffe dann weniger problematisch, wenn sie etymologisch unabhängig voneinander sind, z.B. (Blumen-) Strauß und (Vogel) Strauß. Schwieriger gestaltet sich die Auflösung von Mehrdeutigkeiten bei solchen Äquivokationen, die mit etymologischen Verwandtschaften einhergehen, z.B. Fassung (einer Glühbirne), Fassung (eines Textes), Fassung (eines Menschen). Zur systematischen Darstellung der Erscheinungsformen begrifflicher Ambiguität vgl. Patzig (1981, S. 28 ff.), aus dem auch die Beispiele entnommen sind.

Complete Empathy: Verstehen dieser Art impliziert die Fähigkeit, den sprachlich jeweils vermittelten Sinn durch Nachempfinden erfassen zu können. Dazu ist es offenkundig nötig, die dargestellten Gefühle, Einstellungen usw. in gleicher oder wenigstens ähnlicher Weise selbst erlebt bzw. empfunden zu haben, um so die in der sprachlichen Darstellung nicht enthaltenen Sinnbestandteile zu erfassen. Beispiel: das Verstehen eines Mitarbeiters, der seinen Ärger über einen Vorgesetzten artikuliert.

Während "vollkommene Empathie" gleichsam ex definitione von einer Maschine nicht erreicht werden kann, gibt sich Schank für die beiden darunter liegenden Ebenen optimistischer: "Machines *can* however be made to understand such stories at the levels of MAKING SENSE and of COGNITIVE UNDERSTANDING."[1]) Diese Einschätzung ist einerseits beeindruckend, denn zumindest 'kognitives Vestehen' wäre für viele Anwendungen hinreichend und scheint doch schwierig genug: so sind auch hier mehrdeutige Konstrukte zu verarbeiten. Führt man sich andererseits die Funktionsweise derartiger Systeme vor Augen, ist das vermeintliche Wunder von der sprachverstehenden Maschine rasch entmythologisiert. So wird die Funktion des 'making sense' letztlich durch Scanner und Parser realisiert, wie sie auch in Compilern Anwendung finden: der eingegebene Text wird in begriffskonstituierende Zeichenketten zerlegt, die zusammen eine vom Parser zu untersuchende syntaktische Struktur bilden. Eine auf diese Weise erfolgreich analysierte Struktur wird dann in eine entsprechende formale Darstellung, z.B. in prädikatenlogische Aussagen, transformiert. Um zusätzlich 'cognitive understanding' zu realisieren, ist das in den so gewonnenen formalen Aussagen implizit enthaltene Wissen durch ein Inferenzverfahren unter Rückgriff auf die den jeweiligen Kontext bildenden Aussagen (das "Hintergrundwissen") abzuleiten. Auch wenn durch den Vergleich mit den Funktionselementen eines Compilers die Komplexität bereits imple-

---

1) Schank (1984), S. 57. Auch eine fühlende Maschine mag er nicht völlig ausschließen: "COMPLETE EMPATHY, however, may be beyond our capabilities."

mentierter sprachverarbeitender Systeme nicht verharmlost werden soll - es handelt sich im Gegenteil i.d.R. um sehr aufwendige Entwürfe[1)] - scheint ein solcher Vergleich doch geeignet, die Grenzen der Verarbeitung natürlicher Sprache aufzuzeigen: nur solche Sätze können "verstanden" werden, deren Syntax sich mit den dem System bekannten syntaktischen Regeln entschlüsseln läßt und deren Bestandteile *eindeutig* einer formalen Repräsentation zugeordnet werden können, die jeweils in einem Entscheidungsfeld die gleiche Funktion erfüllt.

Aber selbst wenn man die Betrachtung auf solche natürlichsprachlichen Wendungen beschränkt, deren Semantik durch die Berücksichtigung von Kontextbeschreibungen eindeutig wird, ist damit noch keine brauchbare Basis für ein Programm geschaffen, das die Fähigkeiten zum Dialog auf der Ebene des 'cognitive understanding' über die gesamte Breite einer natürlichen Sprache reproduzieren könnte: zu komplex wären die dazu nötigen Beschreibungen (so wäre das gesamte Alltagswissen zu berücksichtigen), als daß der Aufwand zur Implementierung zu rechtfertigen wäre. Darüber hinaus ist zu berücksichtigen, daß heute verfügbare und auch absehbare Rechnergeschwindigkeiten nicht ausreichen, den zeitlichen Anforderungen, die mit einem solchen Dialog verbunden wären, gerecht zu werden.[2)] Neben technischen und ökonomischen Restriktionen gibt es andere Probleme, die Grenzen maschinellen Sprachverstehens markieren: Sobald zur sinnerfassenden Berücksichtigung des Kontextes Wahrnehmungen nötig sind, für die das System keine Sensoren hat, muß es scheitern. Darüber hinaus dürfte es häufig gar nicht möglich sein, die Auswirkungen einzelner Kontextausprägungen auf den Sinn einer Mitteilung zu beschreiben - z.B. die irgendwie verständliche, aber eben nicht exakt beschreibbare, Bedeutung einer Stimmungslage für die Intention. Dem kann zwar entgegengehalten werden, daß in

---

1) so berichten Stefik u.a. (1983, S. 122), daß das Programm *HARPY* (1000 Wort-Grammatik) auf einem mittleren Rechner eine Kompilier-Zeit von 13 Stunden benötigt.

2) in diesem Sinne auch der grundsätzlich durchaus nicht pessimistische Schank (1985), S. 153

diesem Fall eben 'complete empathy' nötig wäre, aber: dadurch, daß für einzelne Kommunikationsanlässe im voraus die Verwendung solcher Sprachelemente nicht ausgeschlossen werden kann (allenfalls um den Preis, die eigentlich intendierte Natürlichkeit aufzugeben), wird dadurch die Robustheit eines sprachverstehenden Systems erheblich eingeschränkt.

Angesichts der dargestellten Schwierigkeiten verwundert es wenig, daß sich bisherige Systeme zur Verarbeitung natürlicher Sprache auf einen semantisch eingegrenzten Dialog in sehr engen Anwendungsbereichen beschränken. So konstatiert Winograd (1984, S. 96), einer der führenden KI-Forscher im Bereich der Sprachverarbeitung:

"Es gibt keine Software, welche Bedeutungen eines wesentlichen Ausschnitts des Englischen oder einer anderen natürlichen Sprache verarbeiten könnte. Jedes der existierenden Systeme arbeitet auf der Basis eines vereinfachten Sprach- und Bedeutungssystems ..."

Eine Einschätzung, an der sich bis heute nichts geändert hat. Es bleibt die Frage, ob nicht, der intendierten Verbesserung der Benutzerfreundlichkeit wegen, wenigsten für ES, die sich auf einen semantisch nicht allzu reichhaltigen Realitätsausschnitt beziehen, eine entsprechende natürlichsprachliche Schnittstelle anzustreben sei. Sieht man einmal von dem dazu nötigen zusätzlichen Implementierungs- und Hardwareaufwand ab, bleibt ein Umstand zu berücksichtigen, der die legitimierende Wirkung des Hinweises auf erhöhte Benutzerfreundlichkeit ins Gegenteil verkehrt: die Fähigkeit solcher Schnittstellen, natürliche Sprache zu verstehen, ist immer beschränkt. Um einen funktionierenden Dialog zu realisieren, müßte der Anwender die Wahl seiner Worte dieser Fähigkeit anpassen. Dazu wäre ein Verständnis der Funktionsweise des Programms nötig, dessen Erwerb einen erheblich höheren Aufwand nötig machte, als das Erlernen einer formalen Dialogsprache. Ohnehin soll der Anwender ja gerade von solchem Anpassungsaufwand verschont werden. Wenn sich aber ein unbedarfter Anwender ohne Berücksichtigung der tatsächlichen Fähigkeiten des Programms einer Eingabe mittels natürlicher

Sprache bedient, entsteht letztlich eine subtile, weil nicht durchschaute, Abhängigkeit vom System: der Anwender weiß im voraus nicht, ob das Programm eine Eingabe versteht oder nicht, und er weiß vor allem nicht, warum dies so ist.[1] Dabei ist der Fall, daß das System seine Inkompetenz erkennt, noch eher harmlos: der Anwender kann informiert werden und einen weiteren Versuch wagen. Problematischer wird es, wenn das Programm falsch versteht, ohne daß der unkundige Anwender davon Kenntnis nimmt. Dazu Winograd (in Bobrow; Hayes 1985, S. 380):

"I recognized the depth of the difficulties in getting a machine to understand language in any but a superficial and misleading way, and am convinced that people will be much better served by machines that do well-defined and understandable things than those that appear to be like persons until something goes wrong (which won't take long), at which point there is only confusion."

Zusammenfassend kann festgestellt werden, daß Benuterschnittstellen, die einen natürlichsprachlichen Dialog mit einer für eine kommerzielle Anwendung hinreichenden Robustheit erlauben, heute nicht verfügbar sind. Darüber hinaus scheint es gerade aus Gründen der Benutzerfreundlichkeit nicht eben angeraten, für die langfristige Planung des ES-Einsatzes eine natürlichsprachliche Schnittstelle vorzusehen.[2]

Im Unterschied zum Sprachverstehen ist die Ausgabe von Sätzen in natürlichsprachlicher Form wenig problematisch: sie können unter Rückgriff auf grammatikalische Regeln der jeweiligen Referenzsprache generiert werden. Sehr viel schwieriger gestaltet sich das Bemühen, den Inhalt eines ausgegebenen Textes dem Wissen des Benutzers anzupassen. Dazu muß das Programm über ein Modell des Benutzers verfügen, das für jede denkbare Ausgabe möglichst zutreffende Aussagen darüber gestattet, ob ein Objekt oder eine Relation als bekannt voraus-

1) Shneiderman (1980) sieht hier - auf der Grundlage empirischer Untersuchungen - eine Quelle der Angst und Entfremdung.

2) in diesem Sinne auch Schefe (1983, S. 421), der Entwurf und Einsatz sprachverstehender Systeme auf die "akademische Spielwiese" verbannen will.

gesetzt werden kann. Der Versuch, das Wissen eines Benutzers durch sein Dialogverhalten im Zeitverlauf zu rekonstruieren, scheint wenig erfolgversprechend: einerseits spricht gerade die Vielfalt der Antwortmöglichkeiten, die ein ES bietet, dagegen, andererseits sind die notwendigen Annahmen über die Lernfähigkeit des Anwenders zwangsläufig allzu unsicher. Dennoch scheint die Differenzierung nach (wenigen) idealtypischen Anwendern ein sinnvoller Schritt in die Richtung komfortablerer Dialogverfahren. Wobei die Wahl eines Idealtyps allerdings dem Anwender selbst überlassen bleiben sollte - mit der Möglichkeit, ggfs. die Ebene zu wechseln.

Erklären und (nicht) Verstehen: zur maschinellen Begründung von Lösungsvorschlägen

Es besteht ein allgemeiner Konsens darüber, daß eine Erklärungskomponente ein unerläßlicher Bestandteil eines ES ist. Sie soll es erlauben, dem Anwender auf Wunsch ("*Warum ist das wichtig?*") Anfragen des Systems zu erläutern und vorgeschlagene Ergebnisse zu begründen ("*Wie kommt diese Antwort zustande?*"). Der Anwender soll auf diese Weise davor bewahrt werden, den verdeckten Schlußfolgerungen eines unverstandenen Systems hilflos ausgeliefert zu sein. Ohnehin ist die Fähigkeit, ggfs. einen vorgeschlagenen Lösungsweg zu erklären, ein wesentlicher Bestandteil der Beratungskompetenz eines Experten. Doch es ist nicht allein die Benutzerfreundlichkeit intendierende Forderung nach Transparenz, die die Implementierung einer Erklärungskomponente nahelegt. Gerade in Bereichen vagen Wissens, in denen Deduktionen auf falliblen Hypothesen bzw. risikobehafteten Aussagen beruhen, ist es zur Evaluierung einer Systemempfehlung nahezu unerläßlich, daß die Aussagen, auf denen ein Lösungsvorschlag basiert, und ihre Verknüpfungen explizit gemacht werden.

Die Begründung bzw. Erklärung eines Lösungsvorschlags erfordert die Rekonstruktion seines Zustandekommens. Deren Realisation scheint wenig problematisch: die einzelnen Schritte einer Ableitung werden aufgezeichnet. Auf Wunsch wird dem Anwender dieses Protokoll (Trace) gezeigt. Das auf Seite 119 dargestellte Beispiel macht zunächst zweierlei deutlich: die formale (in diesem Fall prädikatenlogische) Darstellung der in die Ableitung eingehenden Aussagen ist für einen damit wenig vertrauten Anwender kaum verständlich. Darüber hinaus wird die Aufzeichnung von Fehlschlägen häufig nicht zur Erklärung, sondern eher zur Verwirrung beitragen - vor allem dann, wenn die Zahl solcher Fehlversuche groß ist. Beiden Schwierigkeiten kann durch entsprechende Maßnahmen entgegengewirkt werden. So können die jeweils verwendeten Formeln verständlicher notiert werden, indem ihre Struktur an die natürliche Sprache angepaßt wird. Schließlich müssen auch nicht alle Versuche, eine Aussage zu verifizieren, ausgegeben werden. Es reicht der Hinweis auf das Ergebnis: die Aussage trifft zu oder nicht. Bei umfangreichen Ableitungen, für die alternierend mehrere Lösungswege überprüft wurden, können zudem alle Aussagensequenzen, die in Sackgassen endeten, aus dem Protokoll entfernt werden. Dabei ist allerdings zu berücksichtigen, daß der Hinweis auf solche Sackgassen u.U. sehr informativ sein kann. Dem kann Rechnung getragen werden, indem dem Anwender die Entscheidung darüber überlassen wird, wie umfangreich das Protokoll sein soll.

Anfrage: *'Zabel' wird befoerdert.*

involvierte Regeln in PROLOG-Notation (';' = ODER/',' = UND):

```
X wird_befoerdert   :-  X gehoert zu Abt_1

X wird_befoerdert   :-  (X treibt_sport; X macht_ueberstunden),
                         X ist_nett_zu_einem_chef,
                         X ist_korrekt_gekleidet,
                         not(X ist_vorlaut).

X ist_chef_von Y :- X ist_chef_von Z , Z ist_chef_von Y.

X ist_nett_zu_einem_chef :- X gibt_immer_recht Y ,
                            Y ist_chef_von X.
```

Trace:

```
    (19) CALL wird_befoerdert Zabel
    (20) CALL Zabel gehoert_zu Abt_1
    (20) REDO Zabel gehoert_zu Abt_1
    (20) REDO Zabel gehoert_zu Abt_1
    (20) REDO Zabel gehoert_zu Abt_1
    (20) REDO Zabel gehoert_zu Abt_1
    (20) REDO Zabel gehoert_zu Abt_1
    (20) FAIL Zabel gehoert_zu Abt_1
    (19) REDO wird_befoerdert Zabel
    (20) CALL treibt_sport Zabel ; macht_ueberstunden Zabel
    (21) CALL treibt_sport Zabel
    (21) REDO treibt_sport Zabel
    (21) REDO treibt_sport Zabel
    (21) REDO treibt_sport Zabel
    (21) EXIT treibt_sport Zabel
    (22) CALL ist_nett_zu_einem_chef Zabel
    (23) CALL Zabel gibt_immer_recht L177
    (23) REDO Zabel gibt_immer_recht L177
    (23) REDO Zabel gibt_immer_recht L177
    (23) REDO Zabel gibt_immer_recht L177
    (23) EXIT Zabel gibt_immer_recht Ratzke
    (24) CALL Ratzke ist_chef_von Zabel
    (24) EXIT Ratzke ist_chef_von Zabel
    (22) EXIT ist_nett_zu_einem_chef Zabel
    (26) CALL ist_korrekt_gekleidet Zabel
    (26) REDO ist_korrekt_gekleidet Zabel
    (26) REDO ist_korrekt_gekleidet Zabel
    (26) REDO ist_korrekt_gekleidet Zabel
    (26) EXIT ist_korrekt_gekleidet Zabel
    (27) CALL not ist_vorlaut Zabel
    (27) REDO not ist_vorlaut Zabel
    (27) EXIT not ist_vorlaut Zabel
    (19) EXIT wird_befoerdert Zabel
yes
```

von einem PROLOG-System erzeugtes Protokoll einer Ableitung

Zabel wird_befoerdert, **weil**

- *Zabel treibt_sport* **und** *(vorgegeben)*
- *Zabel ist_nett_zu_einem_chef* **und** *(abgeleitet)*
- *Zabel ist_korrekt_gekleidet* **und** *(vorgegeben)*
- *Zabel nicht ist_vorlaut.* *(vorgegeben)*

Aufbereitetes Protokoll: die Aussagen sind verständlicher formuliert. Der gescheiterte Versuch, den ersten Term der die Prämisse bildenden Adjunktion zu verifizieren, wird nicht erwähnt. Für die als abgeleitet gekennzeichneten Aussagen kann zudem eine weitere Begründung verlangt werden.

Auch wenn ein solches aufbereitetes Protokoll wesentlich übersichtlicher wirkt als ein vollständiger Trace, bleibt ein Problem bestehen: die einzelnen Schritte eines Inferenzprozesses sind häufig mit menschlichen Problemlösungsverfahren kaum vergleichbar[1] - auch wenn die Ergebnisse identisch sein mögen. Ein Protokoll bietet also grundsätzlich keine Gewähr für eine befriedigende Erklärung, die es dem Anwender ermögliche, einen Lösungsvorschlag zu verstehen, d.h. sein Zustandekommen nachzuvollziehen. Die in der Literatur zu findenden Anforderungsprofile für Erklärungskomponenten gehen denn auch über eine (einfache) Protokollierung hinaus:

> "Yet simply tracing the expert rules invoked during a problem-solving session is the least satisfactory type of explanation a system can generate." (Brachman u.a. 1983, S. 42 f.)

Das Ziel der Bemühungen richtet sich deshalb darauf, der Erklärungskomponente Wissen darüber bereitzustellen, wie ein Trace für den Anwender aufbereitet werden kann, um möglichst informativ zu sein. Dabei ist weniger an eine einfache Verdichtung des Protokolls, wie sie im Beispiel skizziert ist, gedacht. Vielmehr soll das gewünschte Wissen eine Anpassung an menschliche Problemlösung ermöglichen. Eine solche Forde-

1) dazu Stefik u.a.(1983, S. 66): "Human problem-solvers can often solve problems using much more direct methods. The reason is that the knowledge about problem-solving is much more encompassing than the knowledge about the application of inference rules."

rung scheint im Hinblick auf eine höhere Benutzerfreundlichkeit sehr sinnvoll. Doch der Schein trügt: der Umstand, daß formal (re-)konstruierte Lösungswege keine Abbildung kognitiver Prozesse darstellen, sondern allenfalls einen funktional vergleichbaren Ersatz, ist ja gerade darauf zurückzuführen, daß Entstehen und Entwicklung dieser Prozesse nicht hinreichend bekannt sind. Woher also soll das Wissen zur Aufbereitung der Protokolle kommen? Wäre es verfügbar, würde man es sinnvollerweise gleich in die Wissensbasis aufnehmen, so daß eine entsprechende Aufbereitung von Inferenzprotokollen überflüssig wäre. Ähnliches gilt für die Forderung, eine Erklärungskomponente solle wie auch ein menschlicher Berater die Kompetenz des jeweiligen Anwenders berücksichtigen, um einerseits überflüssige, andererseits unverständliche Erklärungen zu vermeiden. Dazu wären letztlich brauchbare kognitive Modelle der Anwender nötig, die darüber hinaus im Zeitverlauf gemäß einer implementierten Lernhypothese zu modifizieren wären.

Angesichts solcher Schwierigkeiten überrascht es nicht, daß die Erklärungskomponenten bisheriger ES-Implementierungen letztlich nur ein Protokoll der jeweils durchgeführten Inferenz bereitstellen.[1] Dabei wird allerdings mitunter großer Aufwand betrieben, um eine Transformation in eine möglichst natürlichsprachliche Darstellung zu realisieren.[2] Die Möglichkeit, Programmabläufe protokollieren zu lassen, ist nicht erst durch das ES-Konzept eingeführt worden. Sie wird in der Software-Entwicklung seit jeher genutzt - vor allem zur Fehlersuche. Während allerdings bei konventioneller Software, das soll heißen: prozedural formulierten Programmen, die Nutzung eines Ablauf-Protokolls den Entwicklern vorbehalten ist, kann das Protokoll einer ES-Anfrage durchaus auch für den An-

---

1) beispielhaft dafür die Darstellung der Erklärungskomponente von TWAICE in Mescheder (1985, S. 69 f.) Wobei allerdings durch den Hinweis darauf, auf ein Benutzermodell verzichten zu können, da ein Trace eine hinreichende Erklärungsgrundlage sei, eine Not zur Tugend gemacht wird.
2) vgl. dazu die Beispiele zur Funktionsweise von TEIRESIAS in Davis/Lenat (1982), S. 259 ff.

wender aufschlußreich sein. Der Grund dafür ist in der unterschiedlichen Repräsentationsform zu sehen. Der Interpreter-Trace[1]) einer höheren (prozeduralen) Programmiersprache liefert eben nur eine Sequenz von Anweisungen bzw. Prozedur- und Funktionsaufrufen. Demgegenüber liefert die Aufzeichnung angewandter Regeln und sonstiger Aussagen dem mit dem Entwurf von Algorithmen nicht vertrauten Anwender ein sehr viel besseres Bild der jeweils berücksichtigten Zusammenhänge - jedenfalls unter der Voraussetzung, daß die deklarative Wissensrepräsentation für das vorliegende Problem geeigneter erscheint.

1) es macht wenig Sinn, einen Maschinensprache-Trace als Vergleich heranzuziehen, da die Maschinensprache eine andere Darstellungsebene betrifft - die ja für ES auch vorhanden ist.

5. Die Erfassung und Formalisierung des Expertenwissens - zur zentralen Bedeutung des Knowledge Engineering

Die das ES-Konzept konstituierenden Formalismen zur Wissensrepräsentation sowie die Verfahren zur Wissensverwertung vermitteln zwar eine Vorstellung davon, wie Wissen über reale Sachverhalte in ein ES übernommen werden kann, eine hinreichende Grundlage für die konkrete Entwicklung eines Systems bieten sie allerdings kaum. Dabei ist es offenkundig und in der Literatur unumstritten, daß gerade die Erhebung von Expertenwissen in einem bestimmten Bereich sowie dessen systematische und zielgerechte Formalisierung das wesentliche Problem für das Gelingen eines ES-Entwurfs darstellen.[1] Da sich - jedenfalls nach allgemeinem Dafürhalten - dieser Aufgabenkomplex erheblich von den Anforderungen unterscheidet, denen sich Systemanalytiker und Software-Engineers gegenübersehen, und wohl auch wegen des für die KI-Forschung und -Anwendung typischen Drangs nach neuen Etiketten, wurde für die Entwicklung von ES ein neues Berufsbild skizziert: das des Knowledge Engineers.

Als wichtiger Bezugsrahmen für die Strukturierung komplexer ES-Entwicklungsprojekte gelten - ähnlich wie in der konventionellen Software-Entwicklung - Phasenkonzepte. Die in der Literatur präsentierten Konzepte stimmen nicht immer überein. Die Unterschiede beziehen sich allerdings hauptsächlich auf den Detaillierungsgrad und die Benennung der Phasen. Das im folgenden dargestellte Phasenkonzept aus Buchanan u.a. (1983, S. 140 ff.) hat deshalb durchaus repräsentativen Charakter:[2]

1. *Identifikationsphase*: Die Probleme, die das System lösen soll, sind zu definieren. Der oder die betroffenen Experten müssen identifiziert werden. Die für die Projektabwicklung

1) "The problem of knowledge acquisition is the critical bottleneck problem in Artificial Intelligence." Feigenbaum (1984), S. 39
2) Andere Konzepte finden sich z.B. in Hart (1986), S. 36, Harmon/King (1985), S. 197 oder Noelke (1985), S. 112 ff.

benötigten Resourcen sollten möglichst exakt geschätzt werden. Darüber hinaus schlagen Buchanan u.a. eine die Problemdefinition ergänzende Zieldefinition vor. Dabei ist einerseits an Performance-Anforderungen wie Qualität von Lösungsvorschlägen, Rechenzeit und Robustheit, andererseits - nicht unabhängig vom ersten - an ökonomische Kriterien zu denken.

2. *Konzeptualisierungsphase*: In dieser, wohl bedeutendsten, Phase hat der Knowledge Engineer die Aufgabe, das verfügbare Wissen zu ordnen, d.h. wesentliche Konzepte zu erkennen und entdeckte Relationen explizit zu machen.

3. *Formalisierungphase*: Das im konzeptionellen Entwurf beschriebene Wissen ist auf eine geeignete formale Darstellung abzubilden. Dazu ist u.a. zu prüfen, ob einzelne Wissensbestandteile mit Risiko behaftet sind, ob für bestimmte Sachverhalte Ausnahmen existieren oder welche Änderungen im Zeitverlauf zu erwarten sind. Für den Entwurf der formalen Repräsentation sind darüber hinaus die an das System gestellten Performance-Anforderungen sowie die je verfügbaren Werkzeuge (Programmiersprachen, Entwicklungsshells) zu berücksichtigen.

3. *Implementierungsphase*: In dieser Phase ist das in formaler Darstellung vorliegende Wissen in die Notation zu transformieren, die das gewählte Implementierungswerkzeug vorsieht. Die Kontrollstrategien für die Durchführung von Inferenzen müssen festgelegt werden. Damit steht beim Abschluß der Phase ein erster Prototyp bereit.

4. *Testphase*: Im Probebetrieb mit dem Prototyp ist die Performance des Systems zu untersuchen. Im Vordergrund steht dabei die Fehlersuche. Daneben ist zu überprüfen, ob das System alle relevanten Probleme lösen kann und ob die Lösungen konsistent sind. Außerdem ist zu klären, ob die Antwortzeiten zufriedenstellend sind. Schließlich ist zu untersuchen, ob die Benutzerschnittstelle den Anforderungen der Anwender genügt.

5. Revision des Prototypen: Die in der Testphase festgestellten Mängel sind zu beseitigen. Falls es Zielkonflikte gibt, müssen Kompromisse erarbeitet werden. Das Zeitverhalten des Systems ist ggfs. durch ein entsprechendes Tuning zu verbessern. Schließlich kann die Wissensbasis auf formale Konsistenz und Redundanz untersucht werden - wenn möglich unterstützt durch ein entsprechendes Werkzeug.

Ein solches Phasenkonzept ist, wie grundsätzlich in der Software-Entwicklung, nicht als Sequenz zu interpretieren. Vielmehr wird häufig auch von einer Phase zu einer davorliegenden zurückgeschritten. Solche zyklischen Rückkopplungen sind für das Knowledge Engineering von besonderer Bedeutung. Anders als bei der Entwicklung konventioneller Software sind hier die Zusammenhänge zumeist komplexer. Vor allem aber werden sie dem Knowledge Engineer i.d.R. in einer elaborierten Fachsprache vorgetragen, so daß im Anfangsstadium mit Mißverständnissen bzw. Fehlinterpretationen zu rechnen ist. Die frühe Erstellung eines Prototyps ist dabei besonders hilfreich und - anders als bei prozeduraler Programmierung - leicht zu realisieren: die Flexibilität einer deklarativen Repräsentation erlaubt nicht nur den schnellen Bau eines lauffähigen Prototyps, sondern vereinfacht auch dessen anschließende Verfeinerung erheblich.

Im folgenden wird untersucht, wie sich das professionelle Rüstzeug des Knowledge Engineers in der Literatur präsentiert. Dazu werden die wesentlichen Anforderungen an das Knowledge Engineering betrachtet: die Erhebung bzw. Akquisition des Expertenwissens sowie dessen zielgerechte Strukturisierung und Formalisierung. Dabei handelt es sich, ähnlich wie bei dem dargestellten Phasenkonzept, nur um eine analytisch motivierte Differenzierung: tatsächlich sind Wissensakquisition und Wissensaufbereitung interdependente Teile eines Prozesses. Im Anschluß daran ist zu prüfen, wie in der Literatur die Grenzen des ES-Ansatzes gezogen werden: welche Voraussetzungen muß Expertenkompetenz erfüllen, damit eine Automatisierung möglich ist?

Die Akquisition des Expertenwissens

Die zentrale Annahme, die dem ES-Ansatz im allgemeinen, dem Knowledge Engineering im besonderen zugrunde liegt, lautet: das Wissen, das die Kompetenz eines Experten konstituiert, kann explizit gemacht und formalisiert werden. Die Quelle dieses Wissens ist neben Fachliteratur, Handbüchern und sonstigen Aufzeichnungen vor allem der jeweilige Experte selbst. Dabei ist man sich allerdings im klaren darüber, daß solches Wissen nicht einfach zu erheben ist: Menschen wenden Wissen an, ohne sich dessen bewußt zu sein. Der Knowledge Engineer soll dazu beitragen, diese verborgene Kompetenz aufzudecken. Bemerkenswert, wenn auch wenig überraschend, ist der technische Touch des in diesem Zusammenhang verwendeten Vokabulars. So ist von "extraction of knowledge" und "compiled knowledge" die Rede.[1] Dennoch wird immer wieder betont, daß das Knowledge Engineering eben nicht allein einen formal-technischen Aufgabenbereich umfaßt. Dabei wird vor allem auf die soziale bzw. kommunikative Dimension der Wissenserhebung hingewiesen. Diese umfassende Betrachtung entspricht dem vom KI-Mythos genährten Selbstverständnis des ES-Ansatzes: er soll eben mehr sein als nur ein softwaretechnisches Konzept.[2] Damit ist die Frage nach dem professionellen Rüstzeug des Knowledge Engineers für die Wissenakquisition aufgeworfen. Der Umfang, den die Darstellungen der "Wissensextraktion" in der Literatur einnehmen, steht in umgekehrtem Verhältnis zu der ihr zugesprochenen Bedeutung. Im wesentlichen werden auch in dedizierten Beiträgen zum Knowledge Engineering Formalismen zur Wissensrepräsentation behandelt. Detaillierte Bezugsrahmen und Methoden, die ein systematisches Vorgehen ermöglichten, sucht man vergeblich. Der wesentliche Grund dafür sind theoretische Defizite: es ist eben kein einheitliches Verfahren bekannt, das es gestattete, das irgendwie abgegrenzte Wissen

---

1) Feigenbaum (1984), S. 48, Harmon/King (1985), S. 32. Die Berufsbezeichnung selbst ist dafür ein weiteres Indiz.

2) mitunter ist sogar von einem Forschungsansatz die Rede, der dazu beitragen soll, bisher nicht erkundete Gebiete einer wissenschaftlichen Beschreibung zugänglich zu machen. Vgl. dazu Raulefs (1982), S. 65 f.

eines Menschen durch Befragung explizit zu machen.[1] So spiegelt sich der professionelle Standard des Knowledge Engineering - jedenfalls, sofern es die Wissenserhebung betrifft - im wesentlichen in den Erfahrungen wider, die in bisherigen Projekten gemacht wurden.[2] Dazu gehört einerseits der Verweis auf mehr oder weniger überraschende Schwierigkeiten im Umgang mit Experten, andererseits werden Prinzipien angeboten, die die Arbeit des Knowledge Engineers anleiten sollen. Als wesentliche Schwierigkeiten werden neben mitunter mangelnder Kooperationsbereitschaft[3] der Experten vor allem Verständnisschwierigkeiten genannt, "weil einerseits der Knowledge Engineer ein Laie auf dem Gebiet der ausgewählten Domäne des Experten und andererseits der Experte ein Laie auf dem Gebiet der Expertensysteme ist." (Noelke 1985, S. 111) Um dennoch eine vollständige und korrekte Erfassung des je relevanten Problemlösungswissens zu ermöglichen, wird die besondere Bedeutung der Auseinandersetzung mit dem Experten betont: in einem interaktiven Lernprozess soll sich der Wissensingenieur soweit in die Expertendomäne einarbeiten, daß er den Fachmann verstehen kann; der wiederum soll lernen, die spezifischen Anforderungen formaler Wissensrepräsentation nachvollziehen zu können. Es ist evident, daß es sich dabei nur um eine Annäherung handeln kann. Dennoch macht sie im gesamten Entwicklungsprozeß den wesentlichen Teil aus. Hier liegt tendenziell, neben vielen Gemeinsamkeiten, ein Unterschied zum konventionellen Software-Engineering - mit der Einschränkung, daß die Bedeutung der Erhebungsphase mit dem betrachteten Problem variiert: auch bei konventionellen Ansätzen kann die Erhebung den weitaus größten Aufwand eines Projekts darstellen. Als Destillat dieser Überlegungen werden

---

1) "... there is no formal metric for the appropriateness of a representation scheme." Barr/Feigenbaum (1981), S. 148

2) dabei ist allerdings einschränkend anzumerken, daß die Literatur hier wohl keinen vollständigen Überblick bietet. Es läßt sich vermuten, daß gerade die besonders hilfreichen Erfahrungen zunächst nur für interne Handbücher aufbereitet werden.

3) als Grund dafür wird vor allem die äußerst knappe Zeit der Experten angeführt, aber auch Angst davor, durch die Preisgabe von Wissen Macht einzubüßen.

schlagwortartige Verfahrensregeln präsentiert, die im wesentlichen die Funktion haben, den Knowledge Engineer vor allzu leichtsinnigen Fehlern bei der Wissenserhebung zu bewahren. Beispiele dafür:[1)]

- *"Schaffe eine freundliche Gesprächsatmosphäre."*

- *"Höre dem Experten zu."*

- *"Versuche die Erklärungen des Experten zu einer präzisen Aussage zusammenzufassen ..."*

- *"Don't be your own expert!"*

- *"Don't believe everything experts say!"*

- *"Unterscheide zwischen allgemeinen und speziellen Informationen des Experten."*

- *"Do not impose alien tools."*

- *"Listen to the way the expert uses knowledge."*

- *"Zwinge den Experten nicht zu einer Antwort, wenn er seiner Sache nicht ganz sicher ist, aber vermerke Dir diese noch offenen Stellen."*

- *"Wenn mehrere Experten zu Rate gezogen werden, vermittle zwischen ihnen."*

Als wesentliche Heuristik zur Identifikation von domänenspezifischem Wissen gilt die prototypische Lösung von Problemen. Dabei werden - eine Reminiszenz an die Arbeiten von Newell und Simon - "thinking aloud"-Protokolle angefertigt: der Ex-

1) umfassende Listen solcher Regeln findet sich in Hart (1986), S. 49 ff., Noelke (1985), S. 121 f., Waterman (1986), S. 154 ff.. Wie unbekümmert dabei auch renommierte Fachvertreter zu Werke gehen, dokumentieren Feigenbaum/ McCorduck (1984 S. 101 f.), in deren Liste "heuristischer Prinzipien, die für den Wissensingenieur Gültigkeit haben" folgende Regel verzeichnet ist: "Falls keines der Mittel funktioniert, die du normalerweise verwendest, finde ein neues."

perte soll sich bemühen, jeden einzelnen Schritt seines Gedankengangs explizit zu machen. Von zentraler Bedeutung ist schließlich das Gebot, sich fortwährend um die Rückkopplung durch den Experten zu bemühen, sinnvollerweise unterstützt durch frühe Prototypen. Dieses Gebot gilt zwar grundsätzlich für die Software-Entwicklung, bei dem Entwurf von ES kommt ihm allerdings besonderes Gewicht zu, weil die Evaluierung ohne Hilfe des Experten hier kaum denkbar ist.

Die kaum vorhandene theoretische Reflexion und der spärliche Methodenfundus des Knowledge Engineering zur Wissenserhebung machen deutlich, daß - entgegen dem aus den Anfangszeiten der KI-Forschung tradierten Anspruch - der ES-Ansatz kein eigenständiges Forschungskonzept zur Untersuchung realer Problembereiche bietet. Im Gegenteil entsteht der Verdacht, daß das methodische und konzeptionelle Gerüst der je betroffenen Fachwissenschaften kaum reflektiert wird. So wird in keiner der genannten Quellen ein Rekurs auf Erhebungstechniken der kognitiven Psychologie durchgeführt, was umso verwunderlicher ist, als dort eine Reihe dedizierter Methoden zur Identifikation individueller Problemlösungsdispositionen diskutiert wird.[1] Das Knowledge Engineering ist denn auch mehr Kunst als (angewandte) Wissenschaft.[2] Auch wenn diese Feststellung für die Frage nach den Grenzen des ES-Ansatzes von erheblicher Bedeutung ist, so ist sie doch kein hinreichender Grund, die Möglichkeit, Wissen zu erheben und für den ES-Einsatz aufzubereiten, grundsätzlich in Frage zu stellen. Denn auch wenn das konventionelle Software-Engineering ausgereifter ist und über differenziertere Methoden verfügt, eine Theorie der Programmierung, die eine exakte Anleitung des

1) lediglich Hart (1986, S. 69) erwähnt "questioning techniques known from psychology", ohne allerdings näher auf diese Techniken einzugehen. Zur Darstellung von "knowledge eliciting procedures" in der kognitiven Psychologie vgl. Pitz u.a. (1980) und Goodman (1973).

2) "The knowledge engineer practices the art of bringing the principles and tools of AI research to bear on difficult application problems requiring experts' knowledge for their solutions." Feigenbaum (1977), S.1014

Entwurfs ermöglichte, ist auch dort nicht vorhanden[1]) - dennoch kann die Bedeutung dieser Kunst für die effiziente Konstruktion von Automaten nicht geleugnet werden.

Der konzeptuelle Entwurf einer Wissensbasis: Ziele und Probleme

Der Knowledge Engineer muß das vom Experten vermittelte und aus sonstigen Quellen bereitgestellte Wissen auf ein - möglichst adäquates - formales Modell abbilden. Die Darstellung eines solchen Modells ist dabei vor allem an den realen Zusammenhängen orientiert, weniger an den Anforderungen der Maschine, auf der die Implementierung letztlich zu realisieren ist. Man spricht deshalb, wie auch beim Entwurf von Datenbanksystemen, von einem konzeptuellen Modell. Es ist evident, daß der je gewählte Repräsentationsformalismus das Vorgehen bei der Wissenserhebung wesentlich prägt - wie auch bei der Entwicklung konventioneller Programme Fragen an die zukünftigen Anwender von den in der jeweiligen Programmiersprache verfügbaren Datenstrukturen und prozeduralen Elementen geleitet sind. Andererseits ist die Wahl des zur Repräsentation verwendeten Formalismus nicht unabhängig von der Art des Wissens: wenn vages Wissen zu berücksichtigen ist, wird diese Wahl u.U. anders ausfallen als bei deterministischen Zusammenhängen. Die folgenden Ausführungen beschränken sich auf eine propositionale Repräsentation, wobei der Prädikatenlogik erster Stufe besondere Bedeutung zukommt. Die Gründe dafür wurden bereits bei der Betrachtung formaler Systeme zur Wissensrepräsentation genannt: eine propositionale Darstellung weist wesentliche Gemeinsamkeiten mit anderen Formalismen zur Repräsentation deklarativen Wissens auf,

1) vgl. dazu die Beiträge in Molzberger/Zemanek (1985).

eine Transformation ist ohne Informationsverlust[1] in beide Richtungen möglich.

Strukturierungskonzepte

Ein propositional notiertes konzeptuelles Modell des Wissens eines Experten besteht aus Aussagen über den Problembereich. Aussagen beschreiben Sachverhalte und bestehen (in der Prädikatenlogik) aus n Objekten, die durch n-stellige Relationen (Prädikate) miteinander verknüpft sind.[2] Objekte dienen der Abbildung realer Gegenstände bzw. Personen, gedanklicher Konstrukte (z.B. "Motivation") oder von Handlungskomplexen (z.B. "Bonitätsanalyse"). Gleichwohl die Bezeichnung von Objekten sinnvollerweise mnemotechnisch erfolgen sollte, ergibt sich ihre Bedeutung erst durch die Prädikate, die ihnen zugeordnet sind: die Semantik eines formalen Systems wird einzig realisiert durch die Zuordnung von Wahrheitswerten zu den elementaren, den nicht ableitbaren Sätzen. Prädikate beschreiben Eigenschaften der Objekte. Ein wesentliches Ziel des konzeptuellen Entwurfs ist die Vermeidung von Redundanz mit Hilfe einer geeigneten Strukturierung. Dazu dienen die Konzepte *Aggregation* und *Spezialisierung*. Mehrere Objekte können durch Aggregation zu einer Klasse zusammengefaßt werden, wenn sie eine Menge gemeinsamer Eigenschaften, also Prädikate, aufweisen. Durch eine Schnittmenge der Merkmale verschiedener Klassen lassen sich Oberklassen, also Klassen von Klassen bilden. Dieser Vorgang wird mitunter Generalisierung genannt. Darüber

1) dabei ist allerdings zu berücksichtigen, daß es für jede Repräsentationsform unterschiedlich mächtige Formalismen gibt. Zudem ist einschränkend darauf zu verweisen, daß die Bewertung von Anschaulichkeit bzw. Transparenz einer Darstellungsform von den Präferenzen der Entwickler (und auch der Experten) abhängt. Vgl. zur emotionalen Dimension der Diskussion um den "besten" Formalismus Israel/Brachman (1985), S. 125 ff.

2) der kleinste zulässige Wert für n ist 0. In diesem Fall liegt nur eine Aussage der Aussagenlogik vor.

hinaus wird Aggregation teilweise in einem eingeschränkteren Sinn verwendet, nämlich als die Zusammenfassung mehrerer Eigenschaften (Komponenten) zu einem Konzept oder, genauer, zu einer Relation, der ein Name zugeordnet wird. Aggregation in diesem Sinne ist vergleichbar mit der Bildung von Datensätzen. Als weitere Möglichkeit, Objekte zu Klassen zusammenzufassen, wird die Klassifizierung genannt.[1] Dabei wird eine Klasse durch *Aufzählung* einzelner Exemplare gebildet. Eine solche Unterscheidung zwischen Aggregation und Klassifizierung mag für den Entwurf hilfreich sein, formal ist sie überflüssig: auch Klassifizierung bedeutet Klassenbildung durch die Schnittmenge gemeinsamer Eigenschaften - nur daß es sich hier nur um eine solche Eigenschaft handelt, nämlich die durch ein entsprechendes Prädikat explizit gemachte Klassenzugehörigkeit.[2] Wenn n Objekte zu einer Klasse zusammengefaßt werden sollen, ist zur Redundanzvermeidung die spezifischste Verallgemeinerung zu suchen: <u>alle</u> gemeinsamen Merkmale der Objekte sind in die Klasse zu übernehmen. Es ist offenkundig, daß das wesentliche Problem in diesem Zusammenhang darin besteht, reale Objekte, die durch solche Isomorphien gekennzeichnet sind, zu ermitteln. Die spezifischste Verallgemeinerung ist dann leicht durch ein formales Verfahren zu realisieren. Die Bildung von Klassen erlaubt es, Aussagen über Elemente der Klasse durch Spezialisierung aus Aussagen über die Klasse abzuleiten. Man spricht in diesem Zusammenhang auch von Vererbung: die Merkmale der Klasse werden an ihre Elemente vererbt.

---

1) vgl. zur dieser Terminologie Borgida u.a. (1985), S. 90
2) anders formuliert: Aggregation wird durch Implikationen bzw. Regeln realisiert, deren Prämissen und Konklusionen (gebundene) Variablen enthalten (Klassenzugehörigkeit impliziert bestimmte Eigenschaften), Klassifizierung durch unbedingte Aussagen, die aber durchaus auch als Grenzfälle von Implikationen angesehen werden können (sie gelten eben unter beliebigen Voraussetzungen)

Redundanz, Effizienz und die Bedeutung von Isomorphien

Ein Problem bei der Klassenbildung entsteht durch das Auftreten von Ausnahmen. So ist es einerseits sinnvoll und entspricht zudem fachsprachlicher Taxonomie, auch solche Objekte einem Oberbegriff zuzuordnen, die nicht alle die Klasse konstituierenden Merkmale aufweisen, denn sonst müßten auch die übrigen, aus der Klassenzugehörigkeit korrekt deduzierbaren Eigenschaften explizit zugeordnet werden - Redundanz wäre die Folge. Andererseits müssen die Ausnahmen irgendwie als solche gekennzeichnet werden, da sonst auch fälschlicherweise auf nicht zutreffende Merkmale geschlossen würde. Es ist evident, daß dadurch sowohl der Repräsentationsformalismus als auch die Gestaltung der zugehörigen Inferenzverfahren aufwendiger werden, da die Möglichkeit von Ausnahmen revidierbare Hypothesen impliziert und deshalb ein nicht monotones formales System erforderlich macht. Eine Klasse, die Ausnahmen enthält, also nicht unbedingt alle Merkmale an ihre Elemente vererbt, wird, im Unterschied zu "echten" Klassen, prototypische Klasse genannt.[1)]

Das Bemühen um Redundanzminimierung kann darüber hinaus zu weiteren Problemen führen, die in ähnlicher Form auch beim Entwurf konventioneller Software auftreten. So kann mitunter die Verringerung der Redundanz eine Verringerung der (Laufzeit-) Effizienz zur Folge haben. Der Grund liegt auf der Hand: es kann sehr viel aufwendiger sein, Klassenzugehörigkeit zu überprüfen, als eine bestimmte, durch eine Formel in der Wissensbasis explizit gemachte Eigenschaft eines Objektes zu verifizieren. Redundanzminimierung ist allerdings das vorrangige Ziel, denn nur so kann eine kombinatorische Explosion von Aussagen über einzelne Objekte vermieden werden. Ohnehin ist die Möglichkeit, Aussagen nicht explizit ablegen zu müssen, ein wesentliches Merkmal des Wissensbank-Konzepts. Nur dann, wenn sich beim Test des Systems für einzelne Anforderungen ein nicht zumutbares Zeitverhalten ergibt, kann ein

---

1) Borgida u.a. (1985, S. 92) sprechen in diesem Zusammenhang von "default inheritance" und "strict inheritance".

entsprechendes Tuning auch die Einführung redundanten Wissens beinhalten. Gleiche Aussagen über möglichst viele Objekte, also die Etablierung mächtiger Klassen, setzen entsprechende Isomorphien in der je relevanten Abstraktion des untersuchten Realitätsausschnitts voraus. Die Suche nach Isomorphien ist auch ein wesentliches Kennzeichen des Entwurfs konventioneller Programme: die Verwendung von Variablen (die ja mit Klassen vergleichbar sind) ist i.d.R. einer redundante Anweisungen implizierenden Fallunterscheidung vorzuziehen. Allerdings gilt auch hier, daß Fallunterscheidungen u.U. eine bessere Performance erlauben.

Eine weitere Schwierigkeit, die mit dem Bemühen um möglichst redundanzfreie Klassenbildung einhergehen kann, betrifft die Pflege des Systems im Zeitverlauf. Wenn es sich herausstellt, daß die für eine Klasse gemachten Aussagen nur unter bestimmten Einschränkungen gelten, ist die Menge der Eigenschaften, die diese Klasse konstituieren, u.U. zu erweitern. Auf diese Weise können einzelne Objekte aus der Klasse herausfallen und nach wie vor zutreffende Aussagen über diese Objekte können nicht mehr abgeleitet werden. Eine gewiß nicht triviale und vor allem durchaus fehlerträchtige Anpassung ist die notwendige Konsequenz.[1)]

Das wesentliche Ziel für den Entwurf einer Wissensbasis besteht darin, in umfassender Weise das zur Beantwortung von Fragen in der untersuchten Domäne nötige Wissen bereitzustelle. Die das Wissen darstellenden Propositionen sollten für den relevanten Anwendungskontext möglichst informativ sein. Die Suche nach Isomorphien möglichst hoher Stufe ist ein Ausdruck dieses Bemühens. Grundsätzlich gilt: je mehr denkmögliche Fälle durch einen Satz ausgeschlossen werden, desto informativer ist er. Für die Evaluierung einer Formel in

---

1) ähnliche Schwierigkeiten treten bei der Modifikation von Prozeduren auf. Wenn das verfügbare Variablenkonzept nicht mehr hinreicht, alle in der Vergangenheit gemeinsam behandelten Fälle abzudecken, müssen Fallunterscheidungen eingeführt werden, die u.U. erhebliche strukturelle Änderungen nötig machen.

einer Wissensbasis ist dieser Zusammenhang allein allerdings nicht hinreichend, denn dazu ist auch ihre Bedeutung für die Anwendung zu berücksichtigen. Die Ziele des Knowledge Engineering sind also durchaus vergleichbar mit dem Bemühen empirischer Wissenschaften, Theorien über Realitätsausschnitte zu konstruieren. Die Qualitätsstandards sind dabei ebenfalls ähnlich. Auch wenn in der Literatur immer wieder betont wird, die deklarative Wissensrepräsentation erlaube auch die Formalisierung vagen Wissens, ist eine informative und zudem hochgradig bestätigte Aussage einer wenig informativen und unsicheren Aussage allemal vorzuziehen. Im übrigen werden auch in den Wissenschaften häufig genug Aussagengebilde als Theorien angeboten, die nicht eben durch einen hohen Informationsgehalt glänzen. Es bleibt als wesentlicher Unterschied die pragmatische Orientierung des Knowledge Engineering: eine Wissensbasis muß eine hinreichende Grundlage für das Funktionieren eines ES bieten. Dabei ist allerdings zu berücksichtigen, daß auch ein schlechtes Modell (böse Zungen könnten behaupten: gerade ein solches) eine sehr gefällige Automatisierung erlaubt.

Generelle Entwurfsmethoden

Es ist ein wesentliches Kennzeichen professioneller Software-Entwicklung, daß die Programmspezifikation systematisch erfolgt. Bei dichotomischer Betrachtung lassen sich idealtypisch der Top-Down- und der Bottom-Up-Ansatz unterscheiden. Für den Entwurf prozedural formulierter Programme wird in der Literatur im allgemeinen der Top-Down-Ansatz, man spricht auch von schrittweiser Verfeinerung, favorisiert: das gesamte Programm wird zunächst unter Rückgriff auf Prozeduren formuliert, die selbst erst später geschrieben werden.

In Anlehnung an den Top-Down-Ansatz schlagen Borgida u.a. (1984, S. 93 ff.) eine Methode für den Entwurf von Wissensbasen vor, die sie "Taxonomic Specification" nennen. Dazu sind zunächst generelle Konzepte zu identifizieren, also Aussagen über möglichst umfangreiche Klassen. Im weiteren Verlauf des Entwurfs werden die so gebildeten Klassen durch Hinzufügen weiterer Eigenschaften in Unterklassen unterteilt. Dieser Prozeß der schrittweisen Spezifikation führt zu immer spezielleren Aussagen. Beispiel: Zunächst werden Aussagen gesammelt, die für alle Versicherten gelten, dann werden Spezifikationen nach Einkommen, Geschlecht, Alter usw. vorgenommen. Schrittweise taxonomische Spezifikation scheint ebenso sinnvoll wie schrittweise Verfeinerung in der konventionellen Software-Entwicklung. Darüber hinaus bietet sie gegenüber prozeduralen Ansätzen den erheblichen Vorteil, daß auch eine Wissensbasis, die nur allgemeine Konzepte enhält, sich also noch in einer frühen Entwicklungsphase befindet, als Prototyp fungieren kann und den an der Entwicklung Beteiligten so einen wichtigen Feedback vermitteln kann - eine Sequenz von Prozedurnamen hingegen konstituiert noch kein lauffähiges Programm.

Das wesentliche Problem der schrittweisen Spezifikation ist darin zu sehen, daß gerade zu Beginn der Wissenserhebung auch die Experten Schwierigkeiten haben dürften, generelle Aussagen über ihr Fachgebiet zu formulieren. Darüber hinaus impliziert die Verfügbarkeit genereller Aussagen nicht eine adäquate Strukturierung (Klassenbildung) im Sinne der jeweiligen Anwendung. So macht es für die Performance eines Programms einen Unterschied, ob im Beispiel die Versicherten zunächst nach Geschlecht in Klassen unterteilt werden und anschließend nach Einkommen oder umgekehrt.[1] Es erscheint also realistischer, von einem zyklischen Prozeß auszugehen, innerhalb dessen möglichst generelle Aussagen gesammelt und geordnet, generelle Konzepte u.U. erst später entdeckt werden. Die Überprüfung eines so erzeugten Prototyps führt dann ggfs. dazu, daß neue Konzepte gebildet und alte verworfen werden. Ähnliches ist aus der Entwicklung konventioneller Software

1) dieses Problem entspricht dem bereits angesprochenen Zusammenhang zwischen Redundanz und Effizienz.

bekannt, wobei die Häufigkeit des zyklischen Zurückschreitens tendenziell mit der Komplexität und Neuartigkeit der Problemstellung steigt. Durch die genannten Einschränkungen ist der Top-Down-Ansatz für den Entwurf von Wissensbasen also keinesfalls diskreditiert. Denn auch wenn er sich nur in den seltensten Fällen konsequent wird durchhalten lassen, stellt er eine brauchbare Orientierung dar, die zudem durch die Möglichkeit des *Rapid Prototyping* (vgl. S. 220 f.) besonderes Gewicht erhält. Zwar bildet auch eine Menge spezieller Aussagen eine funktionsfähige Wissensbasis, von einem Prototyp des geplanten Systems kann dabei allerdings kaum die Rede sein. Zudem ist die Evaluierung spezieller Aussagen eher unproblematisch, liefert damit also kaum Impulse für den weiteren Entwurf.

Anything goes: der Glaube an die Kompetenz des Knowledge Engineers und die Hoffnung auf den Erfolg der Introspektion

Die Erfassung des professionellen Rüstzeugs des Knowledge Engineering ist kaum hinreichend, die Automatisierungspotentiale des ES-Ansatzes abzustecken. Die seltenen Abgrenzungen in der Literatur sind wenig gehaltvoll. Typisch dafür ist die gängige Feststellung, daß die abzubildenden Domänen nicht zu komplex, aber auch nicht zu simpel strukturiert sein sollten. Mit der Wahl einer Domäne geht die Identifikation eines oder mehrerer zugehöriger Experten einher. Welche Voraussetzungen ein Zeitgenosse erfüllen muß, um als Experte zu gelten, wird dabei i.d.R. unter Verweis auf den gängigen Bedeutungsgehalt des Wortes geklärt: "an individual who is widely recognized as being able to solve a particular type of problem that most other people cannot solve nearly as efficiently or effectively."[1] Merkmale, die Expertenkompetenz aufweisen muß, um einer hinreichend exakten Formalisierung zugänglich zu sein, werden also nicht genannt. Ohnehin wird durch den gängigen Verweis darauf, daß auch vages Wissen repräsentiert werden kann, der Eindruck erweckt, nahezu jede Form (intellektueller) Kompetenz reproduzieren zu können.

Die zentrale Annahme des ES-Ansatzes abstrahiert denn auch von der Art der Anwendung: Experten (gleich welcher Art) verfügen (ex definitione) über das Wissen zur Problemlösung in ihrem Fachbereich <u>und</u> dieses Wissen läßt sich beschreiben.[2] Die gewiß nicht neue positivistische Vorstellung, Kompetenz sei exakt beschreibbar, wird allerdings durch den Hinweis darauf eingeschränkt, daß häufig genug auch hochqualifizierte Experten nicht in der Lage sind, die Zusammenhänge, die ihren Entscheidungen zugrundeliegen, explizit zu machen.[3] Ein Umstand, der den KI-Forschern allerdings keinen Anlaß gibt, die Flinte ins Korn zu werfen. Dafür werden im wesentlichen zwei Gründe angeführt. Danach kann einerseits der Experte selbst wesentlich dazu beitragen, die verdeckten Strukturen seiner Kompetenz sichtbar zu machen. Dazu soll er sich in introspektiver Absicht bemühen, die intuitiven Elemente seiner Entscheidungen rational zu rekonstruieren.[4] Daneben ist es vor allem die Kompetenz des Knowledge Engineers, auf der die

---

1) Harmon/King (1985), S. 31. Wie leicht die Konzentration auf eine bestimmte Technik zu einer Scheuklappenperspektive führen kann, macht Savory (1984, S. 23) mit Nachdruck deutlich. Die Frage nach den wesentlichen Eigenschaften menschlicher Experten beantwortet er ebenso schlicht wie bizarr: "Somebody is considered an expert if he has a large domain in the form of facts and rules ..." , anders formuliert: wenn er sich wie ein ES verhält!

2) "This knowledge can be extracted by a careful, painstaking analysis by a second party ...", Feigenbaum (1984), S. 48

3) Waterman (1986, S. 154) glaubt gar, erkannt zu haben, daß diese Fähigkeit mit der Zunahme der fachlichen Qualifikation tendenziell abnimmt.

4) "Here the individual, through introspection, attempts to identify the basis for his or her own knowledge and skill .." Waterman (1986), S. 157. In ähnlicher Weise erhofft sich Lenat (1982, S. 194 f.) Zugang zu den "informal judgemental rules".

Hoffnungen der Fachvertreter ruhen. Er soll einerseits den Experten durch geschickte Fragen dazu anregen, erfolgreich in sich zu gehen, andererseits soll der Knowledge Engineer selbst bisher unbekannte Zusammenhänge und Invarianzen entdecken. Die gegenwärtig noch unbedeutende Zahl erfolgreicher ES sowie die mitunter erheblichen Schwierigkeiten bei neuen Entwicklungen werden denn auch nicht zuletzt auf personelle Probleme des Knowledge Engineering zurückgeführt: danach gibt es viel zu wenige qualifizierte Wissensingenieure, die zudem - plausibler Hinweis auf die Jungfräulichkeit des Berufsstandes - ihre Kompetenz durch zukünftige Projekte noch weiterentwickeln können.[1)]

Das Wehklagen um die gegenwärtigen Schwierigkeiten des Knowledge Engineering geht einher mit der Prophezeiung einer fortschreitenden Professionalisierung[2)] , die über kurz oder lang gegenwärtige Problemen bei der Formalisierung von Wissen zu lösen verspricht. Angesichts der skizzierten Aufgaben eines Knowledge Engineers verwundert es wenig, daß die die berufliche Qualifikation absteckenden Anforderungsprofile entsprechend anspruchsvoll ausfallen. So erinnern einschlägige Kataloge ein wenig an die Rede von der eierlegenden Wollmilchsau: der Knowledge Engineer soll fast alles möglichst gut können.[3)]

---

1) so in Feigenbaum (1984), S. 51 f., Waterman (1986), S. 179 f., ähnlich Horn (1985, S. 64), der den "Mangel an gutausgebildeten Knowledge Engineers" beklagt und ihn für die Schwierigkeiten beim Aufbau neuer ES verantwortlich macht.

2) vgl. Feigenbaum (1984), S. 48 ff., Retti (1984, S. 94) sieht den Knowledge Engineer als "Spezialist der Zukunft". Eine detaillierte, gleichwohl kaum pessimistischere Betrachtung der Entwicklung des Knowledge Engineering findet sich in Harmon/King (1985), S. 211 ff.

3) so soll er u.a. über eine hohe kommunikative Kompetenz verfügen, taktvoll und diplomatisch sein, einfühlsam und geduldig; er soll logisch denken können, Programmierkenntnisse aufweisen, hartnäckig sein - und intelligent. Vgl. dazu Hart (1986), S. 40 ff. u. Feigenbaum/McCorduck (1984), S. 102 f.

Die Schwierigkeiten, die die formale Beschreibung von Expertenwissen mit sich bringt, werden also in zweifacher Weise auf grundsätzlich lösbare - so jedenfalls wird es suggeriert - psychologische Probleme reduziert: so muß einerseits der Experte die Barrieren, die einer erfolgreichen Introspektion im Wege stehen, überwinden, andererseits muß der Knowledge Engineer hinreichende kognitive und interaktive Fähigkeiten aufweisen.[1] Angesichts des langanhaltenden und bisher erfolglosen Bemühens der wissenschaftlichen Forschung in bestimmten Bereichen (vor allem in sozial geprägten) erscheint eine solche Sicht ein wenig befremdlich.[2] Unabhängig davon aber ist der allein von Optimismus getragene Verweis auf die Leistungsfähigkeit zukünftiger Wissensingenieure wenig funkional, denn er bietet keine brauchbaren Anhaltspunkte, die Automatisierungspotentiale des ES-Ansatzes realistisch abzuschätzen. Zudem läßt er sich empfindlich durch den Hinweis darauf erschüttern, daß für das Knowledge Engineering selbst eine formale Beschreibung der entsprechenden Kompetenz bisher nicht im Ansatz gelungen ist und wohl auch für die Zukunft nicht erwartet wird.

So wichtig die dargestellte Kritik für eine Relativierung der häufig allzu euphorisch vorgetragenen Beurteilung zukünftiger Einsatzmöglichkeiten von ES erscheint, so unangebracht wäre es, den Grundideen des Knowledge Engineering deshalb jegliche Plausibilität abzusprechen. Die Hypothese, daß intuitiv verfügbare Kompetenz rational rekonstruierbar sei, wird sich gewiß in Einzelfällen empirisch bestätigen lassen. Es bleibt jedoch festzuhalten, daß in der einschlägigen Literatur das Bemühen um die Abgrenzung solcher Fälle von anderen, die eine

1) Roesner (1985, S. 43) artikuliert diesen Zusammenhang in leicht bizzarer Form: "... die Möglichkeit zu konkreter Intelligenz wird von vornherein auf die des Knowledge Engineers beschränkt sein."

2) mitunter klingt dieser hoffnungsvolle Glaube an den Erfolg des Knowledge Engineering-Ansatzes auch schlicht anmaßend. So ist die Verheißung neuer Theorien durch das Knowledge Engineering für Feigenbaum (1984, S. 49 f.) eine ausgemachte Sache.

rationale Rekonstruktion nach dem heutigen Stand der Kunst nicht zulassen, kaum zu erkennen ist.[1)]

---

1) als Motiv dafür läßt sich denken, daß die prestige- und budgetschädigenden Wirkungen von Eingrenzungen des Anwendungsbereichs vermieden werden sollen. Daneben, und das ist m.E. wesentlich, dominiert die bereits angesprochene pragmatische Orientierung der Fachvertreter, ihre Lust am Programmieren, das Bemühen um theoretische Reflexion. Bezeichnend dafür die Aufforderung, die Hart (1986, S. 153) am Schluß ihrer Ausführungen über Methoden und Techniken des Knowledge Engineering formuliert: "Try it anyway ..."

IV. Der Einsatz von Expertensystemen zur Automatisierung von Managementfunktionen

Die Darstellung des ES-Ansatzes macht deutlich, daß die Forschung sich vor allem auf die Entwicklung und prototypische Anwendung von Formalismen konzentriert. Auch wenn diese Formalismen (nicht-monotone Logik, Fuzzy-Logic) mit dem Anspruch eingeführt werden, Aspekte menschlichen Problemlösungsverhaltens nachzubilden, bleibt offen, in welchem Umfang eine Formalisierung von Wissen machbar ist. Stattdessen wird häufig genug durch wenig konkrete, aber durchaus beeindruckende Beurteilungen der Mythos vom künstlichen Experten gepflegt. Dabei spielt der Hinweis auf Formalismen zur Repräsentation vagen Wissens eine zentrale Rolle. So hält Raulefs ES "für das einzige Werkzeug zur Beherrschung diffuser Gebiete".[1)] In Fortsetzung alter Untugenden werden Wunsch und Wirklichkeit mitunter nicht getrennt: "Expert systems emulate human experts' problem solving activity." (Takashima 1985, S. 31) Den langjährigen euphorischen Ankündigungen ist bis heute jedoch keine nennenswerte Zahl am Markt verfügbarer ES gefolgt.[2)] Bei den Anwendern scheint sich denn auch eine gewisse Ernüchterung[3)] einzustellen, die sich bisweilen in ebenso trotziger wie unkritischer Ablehnung artikuliert.[4)]

Die offensichtlichen Unterschiede zwischen technischen Systemen und solchen mit einer sozialen Dimension - also z.B. Unternehmungen - legen den Verdacht nahe, daß Kompetenz, die auch Wissen um sozial geprägte Zusammenhänge und eine nicht vollständig durchschaubare, also äußerst komplexe Umwelt, beinhaltet, durch ES nicht reproduziert werden kann. Ein Verdacht, der dadurch zusätzlich genährt wird, daß bisher für

1) Raulefs (1982), S. 94. Dabei ist zu berücksichtigen, daß Raulefs kaum eine naive Sicht der Möglichkeiten von ES unterstellt werden kann.
2) ähnliches gilt für spezielle Eigenentwicklungen. Vgl. dazu die Ergebnisse der Erhebung in Canis/Frech (1987).
3) vgl. dazu beispielhaft Struß (1986)
4) eine solche Dequalifizierung des ES-Ansatzes, die ohne weitere Differenzierungen gewiß unangebracht ist, äußert sich z.B. in Einschätzungen wie "Das geht in COBOL auch."

solche Anwendungen keine kommerziell eingesetzten ES bekannt sind. In diesem Sinne argwöhnt Brödner (1984, S. 103), daß der Glaube an die Formalisierbarkeit solcher Kompetenz, die sich nicht allein auf den sachgerechten Umgang mit Maschinen bezieht, wohl auf einem verkürzten, nämlich mechanistischen Menschenbild beruht.[1] In einer der wenigen betriebswirtschaftlichen Untersuchungen zeigen Mertens/Allgeyer (1985) unter Hinweis auf den funktionalen Aufbau von ES anhand von Beispielen mögliche Einsatzfelder auf. Sie systematisieren dabei nach betrieblichen Funktionsbereichen und sehen für den Verwaltungsbereich u.a. die Möglichkeit, ES in der Projektplanung, der Marketing-Logistik und im Cash-Management einzusetzen (S. 705 f.). Allerdings wird auch hier die Frage nach den Grenzen der Automatisierungsmöglichkeiten durch ES nicht thematisiert.

Diese Frage ist wesentlicher Gegenstand der folgenden Betrachtung. Dazu ist zunächst mit Nachdruck darauf hinzuweisen, daß ES die Grenzen der Formalisierbarkeit und damit der Automatisierbarkeit grundsätzlich *nicht* verschieben. Schließlich überschreiten sie nicht den Funktionsumfang einer Turing-Maschine. Unabhängig davon, in welcher Form Wissen an der Entwicklungsoberfläche eines Systems repräsentiert wird, operiert der Prozessor immer auf einer Folge maschinensprachlicher Anweisungen: jedes ES, gleich in welcher KI-Sprache entwickelt, könnte also grundsätzlich auch in mancher konventioneller Sprache[2] und in jedem Fall in Assembler programmiert sein. Die Frage nach den grundsätzlichen Grenzen des ES-Ansatzes würde also der Frage nach den Grenzen der Formalisierbarkeit entsprechen. Daß hier dennoch die Automatisierungspotentiale von ES im Mittelpunkt der Betrachtung stehen, hat im wesentlichen zwei Gründe. So ist der Anspruch des

1) für ihn ein Zeichen dafür, "daß schon viele Wissenschaftler ... bei dem untauglichen Versuch, ihre natürliche Dummheit mittels künstlicher Intelligenz zu überwinden, buchstäblich den Verstand verloren haben."
2) wobei sich vor allem solche Sprachen anbieten, die über Möglichkeiten der dynamischen Speicherverwaltung und zur Rekursion verfügen, z.B. Pascal.

ES-Ansatzes besonders hoch und legt deshalb die Frage nach seinen Grenzen nahe. Darüber hinaus bietet der klare funktionale Aufbau von ES einen brauchbaren Bezugsrahmen zur Untersuchung der Anforderungen, die Wissen bzw. Kompetenz erfüllen muß, um einer Formalisierung zugänglich zu sein. Dabei kann es nicht darum gehen, die letzten Grenzen dieses Ansatzes aufzuzeigen, denn damit würden Fragen mit ontologischem Gehalt - wie etwa die nach den Grenzen der Introspektion - thematisiert, die zur Zeit nicht entscheidbar sind (vgl. S. 17). Vielmehr sollen auf der Grundlage der dargestellten Formalismen einerseits und gewisser Annahmen über erfolgreiche Problembearbeitung im Verwaltungsbereich andererseits Merkmale von Kompetenz aufgezeigt werden, die eine hinreichend exakte Wissensrepräsentation unwahrscheinlich erscheinen lassen. Schließlich gibt es einen weiteren Grund, der es lohnend erscheinen läßt, den Fokus auf ES zu richten, obwohl durch den ES-Ansatz die Grenzen der Automatisierbarkeit gewiß nicht neu gezogen werden: wenn dieser Ansatz im Unterschied zu bisherigen Automatisierungskonzepten neue Perspektiven und neue Werkzeuge bietet, kann er durchaus dazu beitragen, diesen Grenzen näher zu kommen.

1. Expertensysteme im Vergleich mit dedizierten Automatisierungskonzepten für den Managementbereich - nur ein neues Etikett?

Das Bemühen von EDV-Anbietern, aber auch einschlägiger Wissenschaftler, vor allem aus dem Bereich Management Science, neue Automatisierungspotentiale im Büro- und Verwaltungsbereich zu entdecken, hat zahlreiche Konzepte zur Unterstützung und Automatisierung von Managementfunktionen gezeitigt.[1] Die unterschiedlichen, zum Teil in Programmpaketen implementierten Ansätze unterscheiden sich dabei häufig im wesentlichen durch mehr oder weniger klangvolle Namen.

Zwei Konzepte haben in der Literatur eine herausragende Bedeutung erlangt:

- Management Information Systems (*MIS*)
- Decision Support Systems (*DSS*)

Sie sollen im folgenden kurz betrachtet werden, mit dem Ziel, eine relativierende Beurteilung von ES zu ermöglichen. Der Vergleich zielt vor allem darauf ab, zu klären, ob der ES-Ansatz eine eigenständige Perspektive begründet und ob er einen brauchbareren Bezugsrahmen für die Beurteilung von Automatisierungsanforderungen liefert als die beiden älteren Ansätze.

Management Information Systems

Die zentrale Bedeutung von Informationen für die Erfüllung von Management-Funktionen ist evident. Die wissenschaftliche Untersuchung betriebswirtschaftlicher Aufgabengebiete war denn auch von Anbeginn an deutlich darauf ausgerichtet, die für Entscheidungen wichtigen realen Größen abzubilden. Die

1) ein Beispiel aus jüngster Vergangenheit ist ENTERPRISE-WIDE INFORMATION MANAGEMENT, das von IBM lanciert wird. Vgl. Parker/Benson (1985)

Aufbereitung der Daten sowie die Organisation des Informationssystems dienen dabei dem Anliegen, dem jeweiligen Informationsbedarf konkreter Entscheidungen gerecht zu werden und einen möglichst effizienten Zugriff zu gewährleisten.

Von herausragender Bedeutung war und ist in diesem Zusammenhang das betriebliche Rechnungswesen. Ein wesentliches Kennzeichen des Rechnungswesens ist darin zu sehen, daß es die Abbildung realer Größen auf ein Gefüge numerischer Daten häufig nahezu eindeutig beschreibt und daß es darüber hinaus genaue Aussagen über diejenigen Prozeduren enthält, die der Aktualisierung des Informationssystems dienen. So war es naheliegend, daß die ersten kommerziellen EDV-Anwendungen in den fünfziger Jahren Teile des Rechnungswesens abbildeten.

Unter dem Eindruck dieser ersten - aus heutiger Sicht sehr bescheidenen - Anwendungen und der Aufbruchstimmung, die bei vielen Wissenschaftlern mit der Verfügbarkeit von Digitalrechnern entstand, wurden sehr bald Modelle für umfassende Informationssysteme entwickelt. Dabei beschränkte man sich nicht auf die relativ unproblematische Abbildung des klassischen Rechnungswesens, sondern integrierte auch formale Entscheidungsmodelle, die vom Management Science bzw. Operations Research in großer Zahl zur Verfügung gestellt wurden. Die Bezeichnung MIS wurde kreiert. Es folgten euphorische Publikationen, die die Möglichkeit von MIS, die Management-Funktionen in großem Umfang automatisieren, realistisch erscheinen ließen. Zudem wurden in den sechziger Jahren die ersten Software-Systeme unter dem Etikett MIS vermarktet.

Bei der praktischen Einführung der Systeme gab es jedoch erhebliche Schwierigkeiten. Die betroffenen Manager nutzten die angebotenen Anwendungen kaum. Ein Grund ist sicherlich in der damals zur Verfügung stehenden Technik zu sehen. Da Programme fast ausschließlich im Stapelbetrieb verarbeitet wurden, konnte ein Anwender i.d.R. nicht selbst über ein Terminal auf Informationen aus dem MIS zugreifen, sondern mußte dazu Fachpersonal bemühen, was mitunter erhebliche zeitliche Verzögerungen mit sich brachte. Wesentlich wichtiger, weil dem MIS-

Konzept inhärent, war jedoch der Umstand, daß die implementierten Entscheidungsmodelle nicht akzeptiert wurden. Das lag einerseits an der mangelnden Bereitschaft der Manager, gewohntes Entscheidungsverhalten aufzugeben, andererseits daran, daß die von den Systementwicklern vorgesehenen Entscheidungsmodelle unbrauchbar waren. So setzen viele formale Entscheidungsmodelle einen Bestand an Daten voraus, der praktisch nicht realisiert werden kann. Andere Modelle reduzieren die Komplexität des realen Entscheidungskontextes so stark, daß die aus ihnen resultierenden Empfehlungen gegen wichtige Randbedingungen verstoßen und damit nicht umzusetzen sind.[1)]

Das praktische Scheitern des MIS-Konzeptes wurde von kritischen Einwänden in der Literatur begleitet.[2)] Die sozialwissenschaftliche Kritik richtete sich vor allem dagegen, daß im MIS-Konzept die Bedeutung sozialer Größen für die Implementierung zu wenig reflektiert wurde. So betonen Mason/ Mitroff (1973, S. 475) den grundlegenden Einfluß des jeweiligen organisatorischen Kontextes sowie der psychologischen Eigenschaften des Entscheidenden für die Gestaltung des Entscheidungsprozesses. Sie fordern deshalb, den Idealtyp des rationalen Entscheiders durch realistischere Annahmen zu ersetzen. In ähnlicher Weise fordert Argyris (1971, S. 277) von den MIS-Designern, die Software an die Anwender anzupassen und nicht länger von Idealtypen auszugehen. Das zentrale Problem in der Systementwicklung sieht er darin, daß Manager und Systementwickler je unterschiedlichen Kulturen angehören. Er schlägt deshalb eine organisatorische Schnittstelle zwischen beiden Gruppen durch speziell ausgebildete Stäbe vor.

Die Kritik führte zu einer stärkeren Hinwendung zu sozialwissenschaftlichen Fragestellungen sowie zu einer Revision

---

1) dazu Bretzke (1980, S. 35): "Entscheidungsmodelle können nicht als *Rekonstruktionen* unabhängig vorgegebener Strukturkomplexe gedacht werden, sie sind vielmehr als *Konstruktionen* zu denken, mit denen einem Problem regelmäßig eine Eigenschaft hinzugefügt wird, die ihm ursprünglich nicht zukam: Entscheidbarkeit."
2) so in Ackoff (1967). Besonders harsch die Kritik bei Dearden (1972).

des mit MIS verknüpften Anspruchs. Nicht mehr ein umfassendes automatisches Informationssystem war erklärtes Ziel, sondern ein integriertes System, das sowohl aus Informationstechnologie als auch aus Menschen bestehen sollte.[1] Das MIS-Konzept präsentiert sich nunmehr betont interdisziplinär, die publizierten Erkenntnisse kommen jedoch kaum über einen wenig fruchtbaren Eklektizismus hinaus. So nennt Davis (1973, S. 8 u. 139 ff.) als wesentliche Quellen des MIS-Konzeptes neben der Informatik das Rechnungswesen, Management Science bzw. Operations Research sowie formale und verhaltenswissenschaftliche Entscheidungstheorien. Auffallend ist dabei, daß eine unkritische Adaption der Beiträge aus diesen Bereichen überwiegt.

Von einer eigenständigen Software-Konzeption kann nicht die Rede sein. Vielmehr wird einerseits auf bekannte Operations Research Algorithmen[2] zurückgegriffen, andererseits werden bekannte und wenig komplexe Formen der Dateiorganisation und der Datenmodellierung rezipiert (Davis 1973, S. 292 ff., Murdick 1986, S. 565 ff.). So lassen sich denn auch keine herausragenden Merkmale der skizzierten Software ausmachen. Ähnliches gilt für die ohnehin nur oberflächlich skizzierten Entwicklungswerkzeuge. So führt Davis (1973, S. 423 f.) COBOL-Programmgeneratoren und Entscheidungstabellenanalysatoren an. Auch Murdick (1986, S. 432 ff.) beschränkt sich auf eine Replik konventioneller Techniken des Software Engineering.

Angesichts dieses wenig eigenständigen Profils macht eine Einordnung des MIS-Konzeptes Mühe.[3] Ein Forschungsprogramm kann man nicht erkennen. Die allzu blauäugige Vorstellung von der sozialen Welt ist durch die verhaltenswissenschaftliche

1) "The idea of a computer-based information/decision system does not mean complete automation. ... some tasks are best performed by man, while others are best done by machine." Davis (1973), S.5
2) so z.B. aus den Bereichen lineare und dynamische Programmierung, Spieltheorie, Warteschlangentheorie, Simulation.
3) Dearden (1972, S.90) sieht gar ein "... mish-mash of fuzzy thinking and incomprehensible jargon."

Kritik und das praktische Scheitern der ersten MIS zurechtgerückt worden, ohne allerdings wesentliche konstruktive Vorschläge gezeitigt zu haben. Der Konsens über die Notwendigkeit, realistischere Menschenbilder in die Entscheidungsmodelle einfließen zu lassen, konstituiert allein noch keine Alternative. Denn wie sollen individuelle menschliche Dispositionen wie Risikovermeidung oder Anspruchsanpassung oder Konstrukte wie "satisfactory solution" auf ein formales System abgebildet werden?[1] Abgesehen davon scheint eine solche unbedingte Anspruchskorrektur eine allzu überstürzte Reaktion auf (durchaus berechtigte) Kritik: so sehr man nämlich den Anspruch des Operations Research, Entscheidungen zu *optimieren*, angesichts der Komplexität realer Verhältnisse als unbrauchbar kritisieren kann, so wenig sinnvoll ist es dann, wenn eine Optimierung mit Hilfe formaler Verfahren möglich und praktikabel ist, darauf zu verzichten.

Decision Support Systems

Es war wohl die mitunter an Diskreditierung grenzende Kritik am MIS-Konzept, die Anfang der siebziger Jahre einigen nordamerikanischen Wissenschaftlern aus dem Bereich Administrative bzw. Management Science Anlaß gab, einen gewandelten Ansatz für den Einsatz von Informationstechnologie im Management auch durch ein neues Etikett zu dokumentieren: Decision Support Systems.

Das Entstehen des DSS-Konzeptes aus der Misere des MIS-Konzeptes wird z.B. von Keen/Morton (1978, S. 1 f.) dadurch verdeutlicht, daß sie DSS nicht zuletzt beschreiben, indem sie Unterschiede zu MIS aufzeigen. Danach ist das wesentliche mit dem Einsatz von MIS verbundene Anliegen, die Effizienz von

---

1) so fordert Davis (1973, S.149), das deskriptive Menschenbild der behavioral theory sowie die damit zusammenhängende Theorie der kollektiven Entscheidungsbildung beim Design von Entscheidungsmodellen zu berücksichtigen.

Entscheidungen zu verbessern. Wobei sie unter Effizienz bzw. efficiency wohl vor allem die Kosten des Entscheidungsprozesses verstehen. Außerdem seien MIS ausschließlich für die Durchführung wohlstrukturierter Aufgaben gedacht. Demgegenüber seien DSS für Bereiche vorgesehen, die für die Abbildung auf eine Maschine *hinreichend* strukturiert sind. DSS sollen vor allem die Effektivität (hier denken Keen/Morton wohl an Qualität) von Management-Entscheidungen verbessern. Neben dieser Zielsetzung nimmt sich der Automatisierungsanspruch, den sie mit DSS verbinden, recht bescheiden aus.[1)] Die Zielgruppe, also das Management, soll wohl nicht durch allzu gewagte Verheißungen umfassender Automatisierung verschreckt werden. Attraktiveres wird ihr in Aussicht gestellt: "... a *supportive tool*, under *their own control*, which does not attempt to automate the decision process, predefine objectives, or impose solutions." (Keen/Morton 1978, S. 2) Darüber hinaus ist es ein Anliegen des DSS-Ansatzes, ein realistischeres Menschen- bzw. Managerbild zur Grundlage der Betrachtung zu machen und organisatorische Zusammenhänge zu berücksichtigen. Danach bringen Manager ebenso ihre komplexe Persönlichkeit in den Entscheidungsprozess ein wie sie dem jeweiligen organisatorischen Kontext Rechnung tragen.

Mit diesen grundsätzlichen Überlegungen ging eine bedeutende technische Innovation einher: die Einführung des Time-Sharing erlaubte dem einzelnen Anwender den Dialog mit dem DSS. Dabei beeinflußte die Annahme, Entscheider seien durch je unterschiedliche "cognitive stiles" (Keen/Morton 1978, S. 73 ff.) gekennzeichnet, wesentlich die Anforderung an die Gestaltung von DSS. So sind nach Sprague/Carlson (1982) die *representa-*

---

1) eine andere Abgrenzung von MIS findet sich bei Huber (1984, S. 249). Danach sind MIS Systeme, die nur Informationen aus einer Datenbank auf Anfrage zur Verfügung stellen, während DSS Prozeduren und Kalküle (Decision Aids) zur Unterstützung von Entscheidungen beinhalten. Eine solche Differenzierung kann allerdings kaum überzeugen, denn die Konzeption von MIS zielte eben nicht nur auf die Bereitstellung von (explizit gespeicherten) Daten, sondern auch und gerade auf die Implementierung einer Modellbibliothek.

tions, womit die Benutzeroberfläche einschließlich der Aufbereitung der Daten und der Gestaltung ihrer Ausgabe gemeint ist, dem jeweiligen Problem und dem kognitiven Stil des betroffenen Entscheiders anzupassen. Ebenfalls dem Anwendungskomfort dient der Wunsch nach *memory aids*: der Dialog soll nicht die Kenntnis einer Fülle von Kommandos und Variablennamen implizieren. Er soll vielmehr durch möglichst informative Kommentare so unterstützt werden, daß der Anwender sich in erster Linie auf Entscheidungsinhalte konzentrieren kann. Darüber hinaus fordern sie für die *operations*, also die implementierten Prozeduren, Flexibilität. Der Benutzer selbst soll in der Lage sein, die für bestimmte Entscheidungskontexte benötigten Prozeduren seinen Wünschen anzupassen. Als viertes Gütekriterium für DSS nennen Sprague/Carlson die Verfügbarkeit von *control mechanisms*. Das System soll in den für den Anwender bedeutenden Teilen transparent sein und ihm zusammen mit einer umfassenden und komfortablen Benutzerschnittstelle eine weitgehende Kontrolle ermöglichen. Es bleibt zu erwähnen, daß die Berücksichtigung kognitiver Stile eher Forderung denn Kennzeichen realisierter DSS geblieben ist. Für Huber (1983, S. 576) ist sie darüber hinaus grundsätzlich sinnlos ("misallocation of resources"), weil er keine Chancen für eine hinreichend funktionale Formalisierung kognitiver Stile sieht.

Die Forderung nach möglichst flexibler Software und einer anwenderfreundlichen Benutzeroberfläche ist gewiß nicht zuerst von den Vertretern des DSS-Ansatzes erhoben worden. Eine gewisse Eigenständigkeit kann allerdings im Bemühen gesehen werden, einen sozialwissenschaftlich-psychologischen Bezugsrahmen für die Begründung dieser Forderung zu schaffen. Darüber hinaus führt das Menschen- und Organisationsbild des DSS-Konzeptes zu einer ansatzweise originellen Implementierungsphilosphie: die Einführung und Gestaltung von DSS als evolutionärer Prozeß.[1] Während der Ablauf konventioneller Systementwicklung eine Trennung zwischen der Softwareer-

1) vgl. dazu Keen/Morton (1978), S.167 ff. und Dehio/Kieser (1983).

stellung und der anschließenden Einführung vorsieht, was sich vor allem in Phasenkonzepten deutlich widerspiegelt, sind nach den Vorstellungen der DSS-Verfechter Software-Erstellung und Einführung sich gegenseitig beeinflussende Teile eines einheitlichen Prozesses. Dazu gehört einerseits - und dies entspricht den gängigen Forderungen des Software-Engineering - eine umfassende Beteiligung der späteren Anwender beim ersten Entwurf des DSS. Andererseits soll der Anwender nach der Bereitstellung eines ersten Prototypen die Möglichkeit haben, Prozeduren zu modifizieren, hinzuzufügen und die Benutzerschnittstelle zu gestalten. Dieser Prozeß der Anpassung ist *permanent*. Durch den Umgang mit DSS soll der Anwender nach und nach neue Automatisierungsmöglichkeiten erkennen und so von Zeit zu Zeit seine Anforderungen an die Software revidieren. Daneben mag der Manager Entscheidungskriterien im Zeitverlauf neu gewichten, was nicht zuletzt durch die Annahme einer dynamischen Umwelt nahegelegt wird (Keen/Morton 1978, S. 184 f.). Dabei wird für die Anpassung des Systems an sich wandelnde Anforderungen - anders als in vielen KI- bzw. ES-Publikationen - nicht die Vision einer lernenden Maschine bemüht. Vielmehr werden *lernende* Anwender unterstellt, denen die Möglichkeit gegeben werden sollte, von Zeit zu Zeit ihr DSS zu aktualisieren. Dies kann durch das Konsultieren von Software-Entwicklern geschehen oder, im günstigeren Fall, durch den Anwender selbst. Sprague/Carlson (1982) nennen in diesem Zusammenhang DSS-Generatoren, die dem Software-Entwickler, aber auch dem Anwender als mächtige Werkzeuge zur Verfügung stehen sollen. Neben konventionellen Programmgeneratoren und Modulbibliotheken denken sie dabei auch an die Verwendung nicht-prozeduraler Sprachen wie PROLOG. Nicht nur bei den Werkzeugen, sondern auch bei der Software selbst gibt es Berührungspunkte mit ES. So ist nach Keen/Morton (1978,

S. 41) das Parade-ES *MYCIN* "especially relevant to decision support." Im übrigen wird, wie auch beim MIS-Konzept, ein betont eklektizistischer Ansatz gewählt.[1)]

Gleichwohl das DSS-Konzept mit dem expliziten Anspruch antritt, das MIS-Konzept zu überwinden, fällt eine eindeutige Unterscheidung schwer. Denn auch die MIS-Verfechter haben ihre frühen Ansichten revidiert, sowohl was ihr Menschenbild als auch was ihren Anspruch an die Leistungsfähigkeit eines MIS betrifft (s.o.). Als wesentliches charakteristisches Merkmal des DSS-Ansatzes bleibt eine differenzierte Implementierungsphilosophie[2)], die in allen Phasen der Systementwicklung eine Beteiligung der betroffenen Anwender vorsieht.

Resumee

Der ursprüngliche Anspruch des MIS-Ansatzes weist gegenüber dem DSS- und vor allem gegenüber dem ES-Ansatz eine wesentliche Besonderheit auf: der Maßstab für die zu implementierenden Entscheidungsmodelle war nicht tatsächliches Verhalten der Anwender, sondern das Rationalitätskonzept der formalen Entscheidungstheorie. Zwar wurde der szientistische Glaube an die Möglichkeit optimaler Problemlösungen auch in äußerst komplexen Bereichen als wenig angebracht entlarvt, dennoch ist im MIS- und auch im DSS-Ansatz ein Rest an präskriptiver

1) so nennen Keen/Morton (1978, S.35 ff.) als Grundlagendisziplinen: Computer Science mit dem explizit genannten Forschungsbereich AI sowie Information Economics, Management Science und Behavioral Science.
2) Keen/Morton (1978, S.1) sprechen von einem "... point of view on the role of the computer in the management decision making process."

Absicht erhalten geblieben.[1] Symptomatisch für diese Einstellung King/Cleland (1975, S. 292 f.), die zwar normative Modelle, die auf "the best of the knowledge and theory of management science" basieren, für leistungsfähiger halten, aber wegen zu erwartender Implementierungsprobleme ein "Consensus Modell" empfehlen, in das auch die Formalisierung faktischer Problemlösungsmuster einfließt. Der Grund dafür liegt auf der Hand: beide Ansätze entstammen der anwendungsorientierten Disziplin Management Science, so daß der Entwurf eines entsprechenden Systems auch immer durch den von den beteiligten Wissenschaftlern geprägten theoretischen Bezugsrahmen geleitet ist. Ein Vergleich zwischen MIS und DSS leidet dabei grundsätzlich daran, daß beide Begriffe nicht zuletzt auch geprägt sind durch Software-Anbieter, die die Bezeichnung ihrer Programme wohl weniger im Bemühen um eine differenzierte Terminologie treffen als vielmehr im Hinblick auf erfolgversprechende Vermarktung. Im Unterschied dazu geht der aus der KI-Forschung hervorgegangene ES-Ansatz von der überragenden Kompetenz der Experten (gleich in welchem Bereich) aus und beschränkt sich darauf, diese möglichst exakt abzubilden.

Sowohl im DSS- als auch im revidierten MIS-Ansatz spielen die Probleme der organisatorischen Implementierung eine zentrale Rolle. Dabei dominiert eine ganzheitliche Betrachtung: nicht nur die Software ist an die Anwenderbedürfnisse anzupassen, auch die Anwender müssen lernen, das System zu nutzen, um es so mitgestalten zu können. Diese Konzentration auf die Überwindung von Akzeptanzproblemen drückt sich nicht zuletzt in der Adaption sozialwissenschaftlicher Konzepte wie der Orga-

---

1) was sich z.B. in dem von Keen/Morton vertretenen Anspruch artikuliert, mit DSS die Qualität von Entscheidungen zu verbessern (s.o.). Ähnlich Murdock (1986, S. 381 ff.), für den zwar neben normativen auch deskriptive Modelle denkbar sind, der dabei aber die Frage der Abbildung ausklammert. Huber (1984, S. 257) stellte in einer Erhebung fest, daß der Entwurf der tatsächlich implementierten DSS vor allem am Modell des rationalen Entscheiders orientiert ist.

nisationsentwicklung[1] aus. Insgesamt kann hinsichtlich der je vertretenen Implementierungsphilosophie kein wesentlicher Unterschied zwischen MIS und DSS ausgemacht werden, da sich die Vertreter des MIS-Ansatzes inzwischen im Sinne der verhaltenswissenschaftlichen Kritik geläutert geben. Auch der grundsätzliche Automatisierungsanspruch läßt signifikante Unterschiede nicht erkennen: beide Konzepte sehen vor, die Durchführung von Managementaufgaben möglichst umfassend zu *unterstützen*, nicht, sie zu automatisieren. Dabei handelt es sich allerdings um eine recht vage Anspruchsrevision gegenüber frühen MIS-Vorstellungen, denn eine eindeutige Grenzziehung zwischen Entscheidungsunterstützung und -automatisierung (wenigsten von Teilfunktionen) dürfte Schwierigkeiten bereiten. Beide Ansätze bieten keine eigenständigen Software-Konzeptionen, sondern beschränken sich auf die Rezeption bekannter Konzepte, so auch des ES-Konzepts.

Hier liegt der wichtigste Unterschied zum ES-Ansatz. Während die mit MIS und DSS verbundenen Vorstellungen vor allem Automatisierungs- bzw. Implementierungsphilosophien (für betriebswirtschaftliche Anwendungen) widerspiegeln, bieten ES einen klaren softwaretechnischen Aufbau und damit einen Bezugsrahmen, der es sehr viel besser gestattet, einen Zusammenhang zwischen Realität und formaler Abbildung herzustellen. Außerdem bleibt auch im ES-Ansatz die Implementierung nicht unberücksichtigt. Dabei wird der Fokus allerdings weniger auf Akzeptanz als vielmehr auf das unerläßliche Mitwirken von Experten bei der Systementwicklung gerichtet. Die sich in den Grundsätzen des Knowledge Engineering artikulierenden Implementierungsrichtlinien zielen denn auch vor allem darauf ab, bei der Expertenbefragung möglichst authentische Auskünfte zu erhalten. Es ist allerdings evident, daß solche aus den Anforderungen der Software-Entwicklung abgeleiteten Bemühungen letztlich auch zur Akzeptanz der Systeme beitragen. Auch

---

1) so z.B. in Desanctis/Courtney (1983, S. 732), die folgendes Implementierungsziel formulieren: "In short, it is not enough that the technology be friendly to the user. The user must be friendly to the system and the system implementers."

wenn die Betrachtung der organisatorischen Implementierung im ES-Ansatz gegenüber MIS und DSS bisher kaum eine Rolle spielt, so steht mit der speziellen Architektur von ES doch ein technisches Instrument zur Verfügung, das die von Rückkopplungsschleifen geprägte schrittweise Einführung besonders wirksam unterstützt: die funktionale Trennung von deklarativ formulierter Wissensbasis und (jedenfalls idealtypisch) davon unabhängiger Inferenzkomponente erlaubt eine schnelle Erstellung erster Prototypen (Rapid Prototyping) sowie deren (im Vergleich zu konventionellen Programmen) komfortable Änderung (vgl. S. 33 f.).

Auch wenn der elaborierte softwaretechnische Aufbau von ES einen deutlichen qualitativen Unterschied zu den Bemühungen im MIS- bzw. DSS-Bereich markiert - sieht man davon ab, daß das ES-Konzept bereits für MIS und DSS okkupiert wurde -, eine völlig originelle Software-Konzeption bzw. Automatisierungsperspektive bieten ES nicht. So gibt es einerseits historische Vorläufer, deren bekanntester Vertreter der GPS ist, mit ähnlichem Aufbau,[1] andererseits gibt es auffällige Parallelen zu neueren Entwicklungen in der Theorie der Datenbanksysteme. Der wesentliche Unterschied zu früheren Systemen mit ähnlicher Architektur ist vor allem darin zu sehen, daß der Entwicklungsaufwand erheblich gesunken ist. So stehen für die softwaretechnische Implementierung von ES mittlerweile deklarativ orientierte Sprachen wie PROLOG und vor allem dedizierte Entwicklungsumgebungen, ES-Shells, zur Verfügung. Daneben ist eine Revision des allzu anmaßenden Anspruchs, den z.B. Newell und Simon mit dem GPS verbanden, zu verzeichnen. Allerdings wirft der Mythos der KI seinen Schatten auch auf ES: auch wenn nicht mehr die menschliche Intelligenz in ihrer Gesamtheit rekonstruiert werden soll, so doch immerhin hochqualifizierte Kompetenz in Teilbereichen. Im Anspruch, artifizielle Experten zu konstruieren läßt sich ein grundsätzlicher Unterschied zur Datenbank-Forschung ausmachen.

1) letztlich zeichnet schon die Beschreibung der Turing-Maschine eine solche Perspektive vor, wenngleich auf abstrakter Ebene.

Sieht man von diesem Anspruch ab - es wird ja noch zu erörtern sein, ob er nicht allzu gewagt ist - ergeben sich allerdings erhebliche Übereinstimmungen. So zielen auch Datenmodelle darauf ab, einzelne Aspekte von Realitätsausschnitten möglichst isomorph abzubilden. Die dazu verwendeten formalen Strukturen, z.B. Relationen, sind durchaus mit den Propositionen einer ES-Wissensbasis vergleichbar. Ein Unterschied zwischen Wissensbasen und traditionellen Datenbanken verliert dabei mehr und mehr an Bedeutung: während in Datenbanken ursprünglich keine Variablen abgelegt werden konnten, also auch keine Ableitungen möglich waren, werden in den letzten Jahren Datenbanken diskutiert (Li 1984, Linnemann 1985), die die Speicherung von Variablen und damit von Regeln erlauben. Der Retrievalmechanismus solcher Systeme kann Anfragen mit Hilfe logischer Ableitungen beantworten. Letztlich ist die Implementierung von Deduktionsverfahren in Datenbanken nur das Resultat des konsequenten Bemühens um Redundanzminimierung: wenn es möglich ist, Aussagen über eine Klasse von Objekten zu erfassen, ist es nicht mehr nötig, diese Aussage explizit für jedes Element abzulegen. Angesichts dieser inhaltlichen Parallelen verwundert es wenig, daß zwischen dem ES-Ansatz und dem Datenbank-Ansatz eine gewisse Konvergenz zu verzeichnen ist. So erörtern in zwei neueren Sammelbänden (Brodie u.a. 1985, Brodie/Mylopoulos 1986) Forscher, die sich jeweils einem der beiden Ansätzen mehr oder weniger eng verbunden fühlen, gleiche Themen. Die Unterschiede werden dabei hauptsächlich auf die je vorherrschenden Perspektiven reduziert.

2. Anforderungen an die formale Rekonstruktion von (Management-) Kompetenz

Die Frage danach, welche Voraussetzung menschliche Problemlösungskompetenz aufweisen muß, um einer Automatisierung mit Hilfe einer Turing-Maschine zugänglich zu sein, wurde bereits vor der Verfügbarkeit der ersten Computer untersucht. Eine Antwort, die bis heute kennzeichnend für die Position der Informatik ist, versuchten Church und Turing mit einer später nach ihnen benannten These zu geben:

> "Mit einer Turing-Maschine kann jeder Prozeß automatisiert werden, der *umstandslos* als effektives Verfahren beschreibbar ist." (Weizenbaum 1978, S. 94)

Effektiv ist ein Verfahren dann, wenn es für einen gegebenen Problemzustand immer zur gleichen Lösung führt - jeweils in einer endlichen Zeit.[1] Es ist kaum möglich, diese These zu widerlegen. Der sich in diesem Umstand artikulierende tautologische Gehalt wird nicht zuletzt in der gängigen Vorstellung von einem effizienten Verfahren und einer Turing-Maschine deutlich: beide Begriffe werden weitgehend synomym verwandt. Selbst wenn man aber den Tautologievorwurf mit dem Hinweis darauf zurücknimmt, daß die These nicht beweisbar ist, auch falsch sein könnte (was allerdings wegen des wenig griffigen Adverbs "umstandslos" schwerfällt), bleibt der Informationsgehalt der These äußerst bescheiden. Das wesentliche Problem nämlich bleibt offen: welche Prozesse sind als effektive Verfahren beschreibbar?

Auch bewiesene Grenzen formaler Systeme, wie sie sich im Gödelschen Unvollständigkeitssatz oder in der Unlösbarkeit des Halteproblems artikulieren, bringen uns nicht weiter: es geht hier um die Abbildbarkeit professionellen Wissens im Verwaltungsbereich. Die Überwindung solcher grundlegenden Grenzen von Formalismen ist für dieses Wissen sicher nicht

1) vgl. dazu Hofstadter (1985), S. 598. H. stellt außerdem noch eine Reihe unterschiedlicher Interpretationen der These von Church und Turing dar.

kennzeichnend. Eine andere grundlegende Eigenart formaler Systeme ist allerdings von wesentlicher Bedeutung: die Semantik von Begriffen ist allein *extensional*, das heißt mit Hilfe einer endlichen Zahl wahrer Formeln, beschreibbar.

Bisweilen wird bei der Frage nach den Grenzen von ES auf die (angebliche) Bedeutung der Hardware-Entwicklung hingewiesen. So kündigt für Feldman (in Bobrow/Hayes 1985, S. 386) die zu erwartende Verfügbarkeit von Rechnern mit paralleler Architektur ein erfolgversprechendes Forschungsparadigma an, um "fundamental questions of intelligence" zu untersuchen. Das allenfalls bei oberflächlicher Betrachtung plausible Argument, die offensichtliche Komplexität realer Zusammenhänge ließe sich mit hinreichend leistungsstarken Rechnern in den Griff bekommen, geht an dem eigentlichen Problem, der Abbildung, vorbei und suggeriert stattdessen, formale Beschreibung sei lediglich eine Fleißaufgabe. Auch wenn nicht geleugnet werden kann, daß Rechnerleistung für die Performance und damit für die kommerzielle Verwertbarkeit mancher Programme von konstituierender Bedeutung ist, so ist diese Größe jedoch erst dann zu beachten, wenn die entsprechenden Programme bereits entworfen sind.[1)]

Wenn im folgenden der Fokus der Betrachtung auf den Büro- und Verwaltungsbereich gerichtet wird, so heißt das nicht, daß hier die Chancen einer umfassenden formalen Rekonstruktion dieses Bereichs untersucht werden sollen. Da die hier gewählte Perspektive durch den ES-Ansatz vorgezeichnet ist, geht es vielmehr um die Frage der Abbildbarkeit der Kompetenz von Experten in dieser Domäne. Die Vielfalt der Aufgaben im Büro- und Verwaltungsbereich eröffnet zusammen mit der Vagheit des Begriffs Experte ein breites Spektrum[2)] von Rollenträgern, deren Kompetenz vor dem Hintergrund der Wissensrekonstruktion näher betrachtet werden könnte: Marketing-Fachleute, Organi-

---

1) diese Einschätzung herrscht auch bei den KI-Forschern vor. Vgl. dazu die Umfrage in Bobrow/Hayes (1985), S. 400 ff.

2) ein Versuch zur Typologisierung findet sich in Szypersky u.a. (1981, S. 15), die vier Aufgabentypen und fünf Tätigkeitsmerkmale unterscheiden.

satoren, DV-Spezialisten, Juristen und viele mehr. Da der Schwerpunkt der hier zu untersuchenden Fragestellung auf der Automatisierbarkeit dispositiver Tätigkeiten liegt, soll ein anderer Akzent (es geht dabei nicht um einen Generalisierungsanspruch) gesetzt werden. Dazu wird die Rolle des Managers in den Mittelpunkt der Betrachtung gerückt. Es liegt auf der Hand, daß damit keine nennenswerte Einengung des Untersuchungsgegenstands erreicht ist: zu umfangreich, zu inhomogen, kurz: zu komplex, präsentiert sich die Bandbreite möglicher Anforderungen an Manager. Die Auswahl geeigneter Mitarbeiter gehört ebenso dazu wie die Festlegung von Budgets, die Erarbeitung von Richtlinien für die Preispolitik, die Beurteilung der Bonität eines Kunden oder der Zuverlässigkeit eines Lieferanten, die Reorganisation von Handlungskomplexen im Unternehmen und natürlich viele andere Dinge mehr. Daneben ist es häufig wichtig, daß Manager erfolgreich verhandeln können, Mitarbeiter motivierend loben oder auch ermahnen, die Konsensfähigkeit unter den Mitarbeitern ebenso wie produktive Konflikte fördern können usw. Angesichts der Vielfalt der Probleme, denen sich Manager gegenübersehen, ist eine Einengung unserer Perspektive unumgänglich.

Die (erfolgreiche) Anpassung an Kontingenz als notwendiges Merkmal von Management-Kompetenz

Der Anspruch, das Wissen eines Experten formal zu rekonstruieren, legt es - zusammen mit dem Optimismus, den die ES-Zunft ausstrahlt - nahe, die von Simon (1960) gestellte Frage "The corporation: will it be managed by machines?" vor dem Hintergrund einer, wenn nicht neuen, so doch weiterentwickelten Softwaretechnologie noch einmal zu untersuchen. Die umfassende maschinelle Substitution eines Managers müßte dann auch kommunikative bzw. soziale Kompetenzen beinhalten, die der zweifelsohne bedeutsamen Interaktionsfunktion der Führung ihre Qualität verleihen. Ein solch hoher Anspruch kann den

ES-Forschern allerdings nicht unterstellt werden, auch wenn - wie bereits erwähnt - keine nennenswerten Anstrengungen erkennbar sind, die eigenen Ambitionen deutlich einzugrenzen. Aber grundsätzlich geht es eben, anders als z.B. bei Simon, nicht um eine formale Abbildung der Intelligenz in ihrer Gesamtheit und letztlich um eine maschinelle Substitution des gesamten Menschen, sondern um die Erfassung solchen Wissens, dessen Anwendung zur Lösung von Problemen hinreichend ist, das also letzlich implizit schon die Lösung beinhaltet. Ein weiteres Indiz für die Konzentration auf eher kognitiv geprägte Kompetenzen (so problematisch eine solche Kennzeichnung ist) ergibt sich aus dem Umstand, daß die Rekonstruktion von Interaktionen mit politischen Absichten in der ES-Literatur nicht thematisiert wird und darüber hinaus eine für solche Zwecke hinreichend leistungsstarke natürlichsprachliche Schnittstelle nicht in Sicht ist.

Wir grenzen damit nicht nur Prozesse kollektiven Problemlösens aus, sondern auch individuell durchgeführte Problemadaptionen, die erst über Interaktionen wirksam werden können. Das entspricht einer Differenzierung von Manager-Handlungen, die Pfeffer (1981, S. 8) vorschlägt. Danach gibt es einerseits Handlungen, die *substantielle* Ergebnisse zeitigen. Solche Ergebnisse, wie Gehaltsstrukturen, Budgetierungen, die Festlegung von Weisungsbefugnissen u.ä. sind, wenn nicht meßbar, so doch relativ gut beschreibbar. Andererseits führen Manager *symbolische* Handlungen aus, die auf die Beeinflussung (sozial-) psychologischer Konstrukte wie Motivation, Werte, Arbeitsklima usw. abzielen. Es ist allerdings zu berücksichtigen, daß die skizzierte Differenzierung wohl allein analytisch, eben aus dem Blickwinkel der hier untersuchten Frage, zu rechtfertigen ist. Das heißt: Auch wenn wir uns auf die Betrachtung derjenigen Probleme konzentrieren, deren Lösung aus substantiellen Ergebnissen besteht, können wir die Ebene des symbolischen Handelns nicht ex definitione ausschließen. Vielmehr wird zu berücksichtigen sein, ob es nicht mitunter eine funktionale Verflechtung beider Ebenen gibt, deren Berücksichtigung für den Erfolg substantiellen Handelns von wesentlicher Bedeutung ist.[1)]

Es soll hier keine kasuistische Untersuchung einzelner Anwendungsmöglichkeiten durchgeführt werden, weil dadurch allgemeine Grenzen der Automatisierbarkeit wohl kaum sichtbar gemacht werden können. Darüber hinaus interessiert uns nicht jedwede Kompetenz, die die Erarbeitung substantieller Problemlösungen gestattet. Solche Verfahren, die schon heute mit Hilfe konventioneller Software mechanisiert werden, sind für unser Anliegen ohne Belang. Damit stellt sich die Frage nach einem Ingredienz von Management-Kompetenz (und zwar zunächst in dem eingegrenzten Bereich der substantiellen Handlungen), das einerseits notwendig ist - also nicht unberücksichtigt bleiben kann - und dessen Formalisierung andererseits erhebliche Schwierigkeiten erwarten läßt. Ein solches gemeinsames, wenn auch abstraktes, Merkmal von Verwaltungskompetenz ist die Fähigkeit, in einem (scheinbar oder tatsächlich) *kontingenten* Realitätsausschnitt zielgerichtet handeln zu können. Der "traditionsreiche Terminus Kontingenz" (Luhmann 1984, S. 47) bezeichnet Sachverhalte, die nicht notwendig, aber auch nicht ausgeschlossen, die also möglich sind. Kontingenz markiert damit einen Unterschied zu (bekannter) Invarianz, ist aber nicht mit Beliebigkeit gleichzusetzen. In dem Gegenstandsbereich, auf den sich die Kompetenz von Managern im weitesten Sinn bezieht, der Unternehmung und ihrer Umwelt,

---

1) eine weitere Differenzierung (allerdings nicht Management-dediziert) findet sich in Habermas (1984), S. 274 ff.. Danach werden u.a. instrumentelle und soziale Handlungen unterschieden. Während sich instrumentelles Handeln "auf empirische Verallgemeinerungen" stützt, ist soziales Handeln mit der Aufgabe verbunden, "einen Kontext ... (nach Maßgabe von Konventionen, U.F.) zu regulieren." Hier zeigt sich der Unterschied zu Pfeffers Vorschlag: derartiges Regulieren, z.B. in Form von Organisieren, gehört für Pfeffer ja gerade zum Bereich des substantiellen Handelns. Darüber hinaus ist die von Habermas in einer Untersuchung von Handlungstypen gewählte Differenzierung für unsere Perspektive wenig sinnvoll. Denn Habermas dient der Prüfstein unserer Analyse als ex-ante-Unterscheidungskriterium: "Das in Regeln instrumentellen Handelns ausgedrückte Wissen kann in expliziter Form als Technologie ausgedrückt werden."

ist Kontingenz - unabhängig von ihrer Wahrnehmung - offensichtlich allgegenwärtig, der (erfolgreiche) Umgang mit ihr notwendig.[1] Es geht hier allerdings nicht darum, zu untersuchen, wie äußerst komplexe Systeme formal repräsentiert werden 'können. Vielmehr ist der Fokus auf Menschen gerichtet, die in solchen Systemen in qualifizierter Weise zielgerichtet und legitim handeln müssen, die also unter Selektionszwang stehen. Auch wenn sich der Einwand aufdrängt, durch die Konzentration auf Kontingenzbewältigung würde die Latte von Beginn an zu hoch gelegt - berechtigt ist er nicht. So wird von den Vertretern des ES-Ansatzes immer wieder betont, daß ES mit Hilfe der Abbildung vagen Wissens auch in nicht-deterministischen Problemfeldern eingesetzt werden können. Darüber hinaus ist die Brücke zu formalen Systemen zunächst schnell konstruiert. Schließlich ist Kontingenz ein Terminus der formalen Logik, der eine Modalität der Modallogik bezeichnet. Die Übernahme dieses Begriffes in die Sozialwissenschaften ging nicht mit einer grundlegenden Bedeutungsverschiebung[2] einher. Im Kontext der vorliegenden Untersuchung ist bemerkenswert, daß Luhmann (1984, S. 152) Kontingenz u.a. in Anlehnung an den Logiker Rescher (1968) beschreibt und dabei von "möglichen Welten" spricht - ein Konstrukt, das ja auch zur Legitimation wahrscheinlichkeitslogischer Ansätze Verwendung findet (vgl. S. 58).

Nun ist der Versuch, die Kompetenz von Managern rational zu rekonstruieren, gewiß nicht neu. Vielmehr ist er wesentliches Kennzeichen der empirischen Entscheidungstheorie, von Führungstheorien oder auch der Organisationstheorie im allgemei-

1) in diesem Sinne sehen Berger/Offe (1981, S. 42 f.) die wesentliche Funktion der Verwaltungsangestellten darin, die Organisation vor "Risiken, Störungen, Unregelmäßigkeiten, Unsicherheiten, Unwägbarkeiten der natürlichen, technischen und gesellschaftlichen Umwelt" zu schützen.

2) das gilt auch für die Organisationtheorie. Hier wird Kontingenz vor allem im Sinne von *Bedingtheit* verwendet. Dabei ist es allerdings ein nahezu konstituierendes Kennzeichen, daß das Geflecht zwischen einer Organisationsform und den sie bedingenden Faktoren nicht vollständig aufgelöst werden kann: es ist eben kontingent im oben beschriebenen Sinn.

nen - um nur einige Theoriebereiche zu nennen. Die mannigfaltigen Bemühungen haben allerdings bisher keine nennenswerte Früchte getragen, jedenfalls nicht, wenn man unter Theorien informative Aussagen über Invarianzen versteht, die falsifizierbar sind - eine Sicht, die durch die auf technologische Verwertbarkeit abzielende Untersuchung von Automatisierungsmöglichkeiten nahegelegt wird. Damit stellt sich die Frage, ob durch die Feststellung des genannten Theoriedefizits unsere Untersuchung nicht von vornherein müßig ist. Nicht unbedingt. Denn so anmaßend und naiv die von manchem KI-Forscher in unreflektiertem Positivismus geäußerte Prognose ist, das systematische Bemühen um eine formale Konzeptualisierung der Realität werde mächtige Theorien zeitigen[1], so voreilig wäre es, aus dem Scheitern theoretischer Bemühungen das zwangsläufige Scheitern einer Wissens*technologie* abzuleiten. Schließlich ist der Anspruch des Knowledge Engineering bescheidener - und allein an diesem Anspruch wollen wir die Realisationschancen messen. So ist ein zentrales Problem sozialwissenschaftlicher Forschung für die Konstruktion eines ES nicht denknotwendig: das Aufdecken von interpersonellen Invarianzen. Vielmehr geht es allein um die Frage nach der Möglichkeit der formalen Rekonstrukion der Handlungsrationalität *eines* Experten. Es liegt zwar auf der Hand, daß dabei interpersonelle Invarianzen nicht unbedeutend sind: sie sind wesentliche Voraussetzung für kostengünstige Softwareimplementierung. Sie sind allerdings nicht notwendig. Es ist jedoch zu berücksichtigen, daß der Hinweis auf fehlende Theorien auch gegen die hier vorgetragene Intention gewendet werden kann: wie kann die Suche nach Grenzen der formalen Rekonstruktion - und das heißt ja: nach möglichst invarianten Grenzen - Erfolge zeitigen, wenn doch gerade die Existenz von Invarianzen geleugnet wird. Dazu ist zweierlei anzumerken. Erstens: Es war nicht von jedweden Invarianzen die Rede, sondern nur von solchen, die durch exakte und falsifizierbare Beschreibung gekennzeichnet sind. Damit ist nicht ausgeschlossen, daß es Merkmale gibt, die ein hohes Maß an Invari-

1) so etwa Feigenbaum (1984), S. 49 f.

anz vermuten lassen, aber gerade dadurch gekennzeichnet sind, daß sie eine exakte Beschreibung eben nicht zulassen. Zweitens: Der Einwand mahnt zur Vorsicht vor allzu leichtfertigen Generalisierungen und macht deutlich, daß für unsere Ergebnisse - wie immer sie ausfallen werden - eine sorgfältige Evaluierung im Einzelfall angeraten ist. Das mit der formalen Rekonstruktion verbundene Ziel ist vordergründig - für den Prozeß der Wissenserhebung - authenthische Erfassung und damit isomorphe Abbildung. Tatsächlich allerdings ist der Prüfstein der Anwendungsbereich, in dem sich ein ES bewähren muß. Es wird also vor allem zu analysieren sein, in welchem Maße ES die Chance eines *funktional äquivalenten Ersatzes* von Expertenkompetenz bieten.

Es gibt eine Reihe genereller Voraussetzungen für ökonomisch sinnvolle Automatisierung, die auch für den ES-Ansatz verbindlich ist. So müssen die je betrachteten Verfahren und Strukturen in einer formalen Weise beschreibbar sein. Diese notwendige Voraussetzung steht hier im Vordergrund. Darüber hinaus müssen sie im Zeitverlauf stabil sein, damit die formale Abbildung nicht schon nach kurzer Zeit unbrauchbar wird. Schließlich - diese Forderung hängt durchaus mit der letzten zusammen - sollte der Automatisierungsaufwand durch den zu erwartenden Nutzen kompensiert werden. Diese kurze Replik macht die besondere Problematik der vorliegenden Untersuchung deutlich, stellt sie geradezu in Frage: die beiden zuerst genannten Voraussetzungen bilden einen mehr oder weniger krassen Gegensatz zu Kontingenz.[1)] Demgegenüber ist allerdings

---

1) in diesem Sinne - allerdings mit anderer Intention - auch Bretzke (1978, S. 141): "Dieser Grundgedanke der Kontingenz ... stellt jedoch die Möglichkeit allgemeiner Aussagen und damit letztlich die Möglichkeit einer wissenschaftlichen Entscheidungstheorie grundsätzlich in Frage."

ein solcher Gegensatz zu Wissen, das Kontingenzbewältigung ermöglicht, nicht denknotwendig.[1)]

Das Anliegen, den sachkundigen Umgang mit der Realität möglichst exakt und detailliert zu beschreiben, anstatt Theorien über die Realität anzustreben, ist für den Bereich der Betriebswirtschaftslehre nicht neu. Es entspricht vielmehr der von Schmalenbach vorgeschlagenen Zielsetzung betriebswirtschaftlicher Untersuchungen.[2)] Schmalenbach liefert allerdings - mit seiner legendären Forderung nach einem "Gefühl für Unwirtschaftlichkeit" - auch gleich einen Hinweis auf vermutliche Grenzen formaler Rekonstruktion von Management-Kompetenz.

Es kann nicht Anspruch dieser Arbeit sein, die für menschliche Daseinsgestaltung so wesentliche Fähigkeit der Kontingenzbewältigung umfassend zu untersuchen. Ebensowenig kann es gelingen, innerhalb der vielfältigen Möglichkeiten der Anpassung an Kontingenz eine exakte Grenze der formalen Abbildbarkeit zu ziehen. Ein solcher Anspruch wäre anmaßend und letztlich selbstwidersprüchlich, da seine erfolgreiche Umsetzung konsequenterweise die Überwindung von Kontingenz voraussetzte. Stattdessen geht es hier lediglich darum, in einem - wenn auch nicht eben eng - abgegrenzten Wirklichkeitsausschnitt einige (möglichst generelle) Merkmale der notwendigen Fähigkeit, Kontingenz zu handhaben, aufzuzeigen, um sie im Licht der dargestellten Formalismen zur Repräsentation von Wissen auf Automatisierbarkeit zu untersuchen. Die häufig verwendeten Phasenmodelle des Problemlösens[3)] erscheinen für unser Anliegen nicht hinreichend. Der Grund dafür ist in der

---

1) m.a.W.: auch wenn eine sich uns äußerst komplex darstellende Wirklichkeit eine vollständige Beschreibung nicht erlaubt, könnte eine Beschreibung solcher (verkürzter) Interpretationen der Wirklichkeit gelingen, die einen hinreichend erfolgreichen Umgang mit ihr erlauben. Es geht also nicht um Invarianzen der Realität, sondern um die Identifikation invariant erfolgreicher Adaptionen.
2) vgl. dazu exemplarisch Schmalenbach (1911/12)
3) ein Überblick findet sich in Kirsch (1977, Bd. 1), S. 72 ff.

Absicht zu sehen, mit der solche Modelle gewöhnlich eingeführt werden: die i.d.R. deskriptive und präskriptive Ebene nicht explizit differenzierende Darstellung von Problemlösungsprozessen gibt sich präzise und rezepthaft und vermittelt damit: Problemlösung scheint beschreibbar. Wir hingegen bezweifeln die umfassende Beschreibbarkeit, suchen nach Grenzen. Deshalb scheint es sinnvoller, den Fokus auf jene Anforderungen zu richten, die Grenzen der Automatisierung mit Hilfe von ES erwarten lassen.

Die Handhabung von Problemen in einer kontingenten Umwelt ist ohne *Erwartungen* kaum denkbar - Erwartungen, die häufig risikobehaftet sind: "... Selektionszwang heißt Kontingenz und Kontingenz heißt Risiko." (Luhmann 1984, S. 47). Die Frage, wie Menschen mit Unsicherheit und Risiko umgehen, wird häufig - sowohl von der Entscheidungstheorie (nicht nur der formalen) als auch von der kognitiven Psychologie - auf die Ermittlung und Verarbeitung subjektiver Wahrscheinlichkeiten reduziert. Für uns stellt sich dabei die Frage, ob die dedizierten Formalismen der Wissensrepräsentation eine hinreichend funktionale Abbildung menschlicher Wahrscheinlichkeitshandhabung erlauben.

Es ist offensichtlich, daß Menschen auf Unsicherheit nicht allein (wenn überhaupt) dadurch reagieren, daß sie exakte Wahrscheinlichkeitswerte bilden. Unsicherheit wird auch *sprachlich* adaptiert. Dabei ist an *vage* Begriffe ebenso wie an *Mehrdeutigkeiten* und nicht aufgelöste *Widersprüche* zu denken. Ohnehin ist nicht zu übersehen, daß in einem weitgehend sozial konstruierten Wirklichkeitsausschnitt die Rekonstruktion der Semantik der verwendeten Begriffe für das Gelingen eines ES-Entwurfs eine Schlüsselstellung einnimmt. Für unser Anliegen ist dabei vor allem an Konstrukte wie *Sinn* und *Kultur* zu denken, sind sie doch für die Bedeutung einzelner Begriffe u.U. wesentlich und gleichzeitig Ausdruck für Phänomene, die sich häufig gegen eine zufriedenstellende Beschreibung sperren. Hinreichende Beschreibung aber ist unabdingbare Voraussetzung, um Semantik in einem Formalismus zu repräsentieren, denn sie wird allein extensional gebildet.

Es ist ein gleichsam konstituierendes Kennzeichen kontingenter Realitätsausschnitte, daß nicht sämtliche zukünftigen Ereignisse antizipiert werden können: Manager sehen sich von Zeit zu Zeit mehr oder weniger neuartigen Situationen gegenüber. Um sie zu erfassen und als solche zu berücksichtigen, sind sie *wahrzunehmen* und zu *konzeptualisieren*. Das mag es zudem nahelegen, bisher gültige Konzepte zu modifizieren. Es geht hier also auch um die Fähigkeit, zu lernen.

Die zentrale Annahme, auf der der ES-Ansatz beruht, lautet: die Kompetenz von Experten gründet sich vor allem auf die zielgerichtete Anwendung von Wissen, das explizit gemacht werden kann. Einschränkend wird allerdings darauf hingewiesen, daß solches Wissen gemeinhin nicht in Form detaillierter Verfahrensvorschriften daherkommt. Vielmehr sind es danach *Heuristiken*, die den Spielraum der Problemlösungsaktivitäten einengen. Für uns ist von besonderer Bedeutung, daß dabei eine Eigenschaft von Heuristiken gegenüber Algorithmen regelmäßig betont wird: sie garantieren grundsätzlich keine Lösung und vor allem keine bestmögliche, bieten allein eine bewährte Chance zum Erfolg. Die damit verbundene Konzession an Kontingenz ist offensichtlich und legt die Frage nahe, ob die im ES-Ansatz diskutierten Formalismen (z.B. solche zum "Analogy Reasoning") eine Automatisierung heuristischer Problemlösung erwarten lassen.

Adaption von Unsicherheit durch die Einführung numerischer Wahrscheinlichkeitsmaße?

Es ist ein wesentliches Kennzeichen eines kontingenten Realitätsausschnitts, daß man nicht mit Gewißheit sagen kann, was ist und (vor allem) was sein wird. Ist davon auszugehen, daß der Bewerber mit den beeindruckenden Zeugnissen den Anforderungen der zu besetzenden Stelle gerecht wird? Wie groß ist das Risiko, daß der Preis für einen wichtigen Rohstoff in der nächsten Zeit ansteigt? Aber auch: ist es sinnvoll, verfügbares Geld in der Spielbank zu setzen, anstatt es auf ein Sparkonto zu legen? Der Zwang zu selektivem Handeln legt es nahe, das Vertrauen in die je betrachtete Möglichkeit irgendwie zu bewerten - wenigstens auf einer Ordinalskala. Die Beispiele machen auf einen wesentlichen Unterschied in der Bewertung von Unsicherheit aufmerksam, der sich seit Bernoulli in den Begriffen Wahrscheinlichkeit und Konfidenzmaß bzw. objektive und subjektive Wahrscheinlichkeit widerspiegelt. Während für Zufallsereignisse bei bekannter Verteilung der Grundgesamtheit Aussagen über die Verteilung von Stichproben mit Hilfe der Axiome der Wahrscheinlichkeitstheorie formal deduziert werden können, drücken Konfidenzmaße nur eine subjektive Bewertung des Vertrauens in das Zutreffen einer Aussage aus. Konfidenzmaße werden i.d.R. wie objektive Wahrscheinlichkeiten gehandhabt: "Probability has two aspects. It is connected with the degree of belief warranted by evidence, and it is connected with the tendency displayed by some random devices, to produce stable frequencies." (Hacking 1975, S. 1) So erstreckt sich ihr Wertebereich auf rationale Zahlen zwischen null und eins, die Verknüpfung von Konfidenzmaßen erfolgt nach den Regeln der Wahrscheinlichkeitstheorie. Auch terminologisch wird nicht immer deutlich getrennt. Vielmehr werden häufig beide Maße ohne weitere Differenzierung als Wahrscheinlichkeit bezeichnet.

Für den Aufgabenbereich von Managern sind sicherlich solche Aussagen wichtiger, die sich nicht auf Zufallsereignisse beziehen. Da auch sie nach den Vorstellungen des Knowledge Engineering in ES-Wissensbasen einfließen sollen, stellt sich die Frage, wie Experten überhaupt Konfidenzmaße bilden und welche Schwierigkeiten die Quantifizierung von Konfidenz mit sich bringt - wie verläßlich sind Konfidenzmaße? Anders formuliert: können so attribuierte Aussagen als brauchbare Grundlage für die Rekonstruktion von Problemlösungsprozessen angesehen werden? Gleichwohl in der formalen Entscheidungstheorie risikobehaftete Wirklichkeitsinterpretationen ausführlich thematisiert werden, hilft sie uns hier nicht weiter: sie problematisiert eben nicht die Konfidenzmaße, sondern beschränkt sich auf die Untersuchung solcher Fälle, denen ex ante "Wahrscheinlichkeiten" zugeordnet werden. In der deskriptiven Entscheidungsforschung der kognitiven Psychologie hingegen steht seit der Abkehr vom Modell des "rational man" die Frage im Vordergrund, wie subjektive Unsicherheitsadaption und -bewertung zu denken ist. Die bisher durchgeführten Untersuchungen richten sich vor allem darauf, wie Menschen mit (objektiven) Wahrscheinlichkeiten umgehen. Auch wenn unsere Fragestellung nicht unmittelbar von diesen Arbeiten berührt ist, ist es lohnend, die Ergebnisse näher zu betrachten - zumal in einigen Experimenten durchaus das Zustandekommen von Konfidenzmaßen analysiert wurde.

Intuition und Simplifikation versus Wahrscheinlichkeitstheorie - Ergebnisse psychologischer Untersuchungen

Aus den einschlägigen psychologischen Untersuchungen ist eine Reihe von Heuristiken bekannt, mit deren Hilfe Menschen Wahrscheinlichkeiten bestimmen. Für uns ist dabei von besonderer Bedeutung, daß all diese Heuristiken potentielle Quellen systematischer Verzerrungen darstellen.

Eines dieser idealtypischen Verfahren ist *representativeness* (Kahneman/Tversky 1972, Tversky/Kahneman 1982 b). In Laboruntersuchungen hat sich gezeigt, daß die Wahrscheinlichkeit einer Stichprobe danach bewertet wird, wie sehr sie in für wesentlich erachteten Eigenschaften ihrer Grundgesamtheit ähnelt und - damit zusammenhängend - wie sehr sie in den hervorstehenden Merkmalen den Prozeß widerspiegelt, durch den sie generiert wurde. So hielt z.B. die Mehrzahl der Probanden eine gleichmäßigere Verteilung von Jungen und Mädchen (*M J M J J M*) in Familien mit sechs Kindern für deutlich wahrscheinlicher als eine weniger gleichmäßige (*J M J J J J*), obwohl beide Verteilungen statistisch ungefähr gleichwahrscheinlich sind. Das Maß für diese Einschätzung war offensichtlich der Grad der Ähnlichkeit zur (bekannten) Verteilung in der Grundgesamtheit (Kahneman/Tversky 1972, S. 432). Andere Untersuchungen haben gezeigt, daß Ähnlichkeiten schwerer wiegen als bekannte statistische Verteilungen. So hat z.B. die Mehrzahl der Probanden die Wahrscheinlichkeit, daß eine mit wenigen Sätzen beschriebene Person einen von mehreren möglichen Berufen ausübt, vor allem daran gemessen, wie sehr die Beschreibung dem gängigen Stereotyp ähnelte, nicht an der vorgegebenen Häufigkeit der Berufe (Tversky/Kahneman 1982 b, S. 4 f.). Ein offensichtlicherer Fehler liegt der sog. "gambler's fallacy" (Tversky/Kahneman 1971, S. 106) zugrunde. Das Vertrauen in die ausgleichende Wirkung zufallsgesteuerter Prozesse beeinflußt die Einschätzung von Wahrscheinlichkeiten. Wenn z.B. im Roulette fünfmal hintereinander rot erscheint, wird i.d.R. die Wahrscheinlichkeit für schwarz im nächsten Durchgang höher eingestuft. Bedeutsam ist dabei die scheinbar verbreitete Disposition, auch kleinen Stichproben representativen Charakter zuzusprechen ("law of small numbers"), die letztlich vergleichbar ist mit der häufig allzu forschen Konstruktion von Vorurteilen: man lernt drei Südseeinsulaner kennen, die einem sehr sympathisch erscheinen, und schließt daraus, daß Südseeinsulaner im allgemeinen nette Menschen sind.[1)]

Wahrscheinlichkeit wird auch, so eine andere idealtypische Heuristik, danach beurteilt, wie leicht Information verfügbar ist, die die je betrachtete Aussage stützt. *Availability* (Tversky/Kahneman 1982 b) ist also durchaus ein naheliegendes und sinnvolles Verfahren. Allerdings ist ihm die Tendenz inhärent, die Wahrscheinlichkeit irgendwelcher Ereignisse vor allem von subjektivem Erinnerungs- bzw. Vorstellungsvermögen abhängig zu machen. Wenn z.B. nach der Häufigkeit gefragt wird, mit der einzelne Buchstaben an bestimmten Positionen von Wörtern einer Sprache vorkommen, wird die Antwort von den in der verfügbaren Zeit assoziierten Wortmustern geprägt. Andere Experimente haben gezeigt, daß Menschen die Häufigkeiten einzelner Todesursachen nach dem Ausmaß ihrer Publizierung in den Medien beurteilen. So wurde z.B. die Bedeutung von Naturkatastrophen und Krebs über-, die von Asthma und Diabetis unterschätzt (Hogarth 1980, S. 45). Risiko oder Chance einzelner Unternehmungen werden also danach beurteilt, wie eindrucksvoll die je assoziierten Beispiele für den einen oder anderen Ausgang sind. Es ist evident, daß dabei auch motivationale Faktoren eine Rolle spielen, die sich in entsprechender selektiver Wahrnehmung niederschlagen.[2)]

Der Reflex auf eine kontingente Umwelt, der man nahezu hilflos gegenübersteht, wird im *adjustment and anchoring* besonders deutlich. Die Beurteilung von Wahrscheinlichkeiten ist

---

1) unabhängig von der Bewertung dieses Vorurteils macht das Beispiel deutlich, daß die Einschätzung von Wahrscheinlichkeiten nicht unbedingt unabhängig von der Person ist, die sie vornimmt: Vorurteile beeinflussen Wahrnehmung, Bewertung, eigenes Handeln und damit die Wahrscheinlichkeit (in der einen oder anderen Weise), eben diese Vorurteile zu reproduzieren. Man denke nur an das Phänomen der sich selbst erfüllenden Prognose. Ein für unsere Untersuchung wesentlicher Umstand, auf den noch einzugehen sein wird.

2) vgl. dazu Ross/Sicoly (1982), S. 181 f. und Taylor (1982), die den Einfluß von availability auf Wahrnehmung in sozialen Kontexten betrachtet.

danach in hohem Maße vom ersten Eindruck des betrachteten Sachverhalts geprägt. Die letztlich zugeordnete Wahrscheinlichkeit wird dann durch Anpassung an diese "Ankerwahrscheinlichkeit" gebildet. So haben Tversky/Kahneman (1982 b, S. 14 f.) in einem Experiment festgestellt, daß der Wert der Fakultät von acht dann als erheblich geringer geschätzt wird, wenn die Folge der Faktoren aufsteigend formuliert ist als wenn sie absteigend vorgelegt wird. Ein ähnliches Ergebnis brachte ein Experiment, in dem die Probanden aufgefordert wurden, den prozentualen Anteil afrikanischer Länder in den Vereinten Nationen durch schrittweise Variation eines vorgegebenen Anfangswertes zu justieren. Bei einem Anfangswert von 65% fielen die Schätzungen deutlich höher (Durchschnitt 45%) aus als bei einem Startwert von 10% (Durchschnitt 25%) (ebenda). Angesichts dieser Beispiel verwundert es wenig, daß *adjustment and anchoring* im allgemeinen als "imprecise and insufficient" (Slovic u.a. 1977, S. 5) angesehen wird.

Neben diesen idealtypischen Heuristiken gibt es eine Reihe motivationaler Faktoren, die das Zustandekommen von (wie auch immer skalierter) Wahrscheinlichkeitsmaßen beeinflussen. So gibt es die Disposition, zufällige Ereignisse als beeinflußbar zu betrachten, Kontingenz also durch eine "illusion of control" (Langer 1982) zu adaptieren. Außerdem ist festgestellt worden, daß Menschen häufig allzu sehr auf den von eigenen Fertigkeiten abhängigen Erfolg eines Vorhabens vertrauen, also ihre Möglichkeiten überschätzen.[1] In anderen Experimenten hat sich gezeigt, daß die Mehrzahl der Probanden nicht in der Lage war, Wahrscheinlichkeiten korrekt zu aggregieren. So berichten Tversky/Kahneman (1983), daß auch in

1) vgl. Slovic u.a. (1977), S. 6. Dabei ist allerdings auch an den gegenteiligten Effekt zu denken: Selbstvertrauen streut bekanntlich.

übersichtlichen Fällen[1] die Wahrscheinlichkeit von Konjunktionen höher eingeschätzt wurde als die der Einzelaussagen. Auch andere Untersuchungen belegen, daß bei der Verknüpfung von Wahrscheinlichkeiten i.d.R. nicht auf formale Verfahren rekurriert wird, sondern eine "buest guess"-Strategie (Slovic u.a. 1977, S. 3) bevorzugt wird. Die Wahrscheinlichkeit zukünftiger Ereignisse kann von der jeweils zugeordneten Nutzenerwartung beeinflußt werden - auch dann, wenn Wahrscheinlichkeit und Nutzen offensichtlich unabhängig sind (Dörner u.a. 1983, S. 63). Ein weiteres Indiz dafür, daß Menschen Wahlmöglichkeiten in anderer Weise bewerten als es die formale Entscheidungstheorie nahelegt, ist der in einer Reihe von Experimenten belegte Verstoß gegen Savage's Indifferenzaxiom: Alternativen mit gleichen Erwartungswerten werden nicht als gleichattraktiv angesehen (Slovic/Tversky 1974). Auch wenn es hier nicht originär um Wahrscheinlichkeiten geht, sondern wohl vor allem um Risikopräferenz (gleichwohl fraglich ist, ob alle Testpersonen diese analytische Differenzierung für ihre Bewertung jeweils durchgeführt haben) liegt der Verdacht nahe, daß die präskriptive Vorgabe der formalen Theorie wohl nicht unbedingt das beschreibt, für das ihre Proponenten eintreten: rationales Handeln.[2] Es wird sich zeigen, ob dieser Argwohn auch auf die Verwendung numerischer Konfidenzmaße übertragen werden kann.

Die Ergebnisse der Laboruntersuchungen legen also nahe, "... that people systematically violate the principles of rational decision making when judging probabilities ..." (Slovic u.a. 1976, S. 169). Zunächst stellt sich die Frage, ob diese Ergebnisse auch auf hochqualifizierte Experten, die ja Ziel-

1) so wurde die Aussage "Björn Borg wird den ersten Satz verlieren" als weniger wahrscheinlich angesehen als die Konjunktion "Björn Borg wird den ersten Satz verlieren und das Match gewinnen" (S. 302). Die Fehler beschränkten sich jedoch nicht nur auf solche konstruierte Fälle. Auch Mediziner haben in einer hypothetischen Diagnose Konjunktionen falsch bewertet (S. 301).

2) vgl. dazu March (1978, S. 578), der deshalb eine kritische Revision der formalen Entscheidungstheorie fordert. Zum Rationalitätsproblem in diesem Zusammenhang vgl. Jungermann (1982)

gruppe des Knowledge Engineering sind, übertragen werden können. Es gibt Indizien, die darauf hindeuten. So verweisen Slovic u.a. (1977, S. 15) auf Experimente mit Börsenmaklern, Finanzierungsexperten und graduierten Psychologiestudenten, deren Kompetenz im Umgang mit Wahrscheinlichkeiten (die sich auf Aussagen in ihrem Fachbereich bezogen) keinen Unterschied zu der von Laien aufwies. Zu ähnlichen Resultaten gelangten Kahneman/Tversky (1972, S. 450) für Psychologen, die mit empirischer Forschung vertraut waren.

Wie sind die skizzierten Ergebnisse im Kontext unserer Untersuchung zu evaluieren? Zunächst sind sie wohl zu relativieren. So kann i.d.R. sicherlich nicht von einer repräsentativen Auswahl der Probanden die Rede sein, vielmehr steht auch hier häufig Verfügbarkeit im Vordergrund: zumeist handelt es sich um (Psychologie-) Studenten. Dieser Einwand gilt nicht zuletzt für die Experten, die an den Experimenten mitgewirkt haben. So berichtet Wallsten (1983, S. 25) von einer Untersuchung, in der erfahrene Diagnostiker, also Experten, eindeutig kompetenter mit Wahrscheinlichkeiten umgingen als Medizinstudenten. Darüber hinaus drängt sich bei manchem Experiment der Verdacht auf, daß die Aufgabenstellung bewußt so konstruiert war, daß bekannte (und so als Arbeitshypothese unterstellte) Täuschungen wirksam wurden.[1] Die für uns wesentliche Kritik artikuliert sich jedoch in dem Zweifel daran, daß diese Ergebnisse auf die Entstehung und Bewertung von Konfidenzmaßen übertragen werden können. Schließlich beschränkten sich die Untersuchungen im wesentlichen auf die Beurteilung zufälliger Ereignisse. Nur so konnte die Qualität der je erhobenen Wahrscheinlichkeitsangaben mit Hilfe der formalen Wahrscheinlichkeitstheorie gemessen und Fehler als solche identifiziert werden. Für die Bestimmung von Konfidenzmaßen sind die Voraussetzung für die Ermittlung von Wahrscheinlichkeiten aber nicht erfüllt. Aber: auch wenn die in

---

1) zudem bezogen sich die Untersuchungen stets auf mittlere Wahrscheinlichkeiten, der Umgang mit Extremwerten (nahe 0 bzw. 1) wurde nicht berücksichtigt. Vgl. dazu Slovic u.a. (1977), S. 19

den Experimenten festgestellten Fehler im Umgang mit Wahrscheinlichkeiten gewiß nicht leichtfertig auf das Bilden von Konfidenzmaßen übertragen werden können, sind sie doch ein Indiz dafür, daß auch dabei ähnliche Verzerrungstendenzen wirksam werden. Diese Vermutung wird einerseits von den wenigen Untersuchungen gestützt, in denen Konfidenzbeurteilungen gefragt waren (z.B. Tversky/Kahneman 1982 b, S.14). Andererseits ist zu berücksichtigen, daß sich die Probanden ja i.d.R. gerade nicht der Möglichkeit bewußt waren, formale Verfahren anzuwenden: die vermeintlichen Wahrscheinlichkeitsangaben waren aus subjektiver Sicht Konfidenzmaße. Die skizzierten psychologischen Untersuchungen mahnen also in jedem Fall zur Vorsicht vor allzu großem Vertrauen auch in Konfidenzangaben.

Die Evaluierung von Konfidenzangaben als Problem

Die Axiome der formalen Wahrscheinlichkeitstheorie sind offensichtlich kein hinreichender Maßstab für die Beurteilung von Konfidenzmaßen: statistische Kenntnisse allein gewähren keine gehaltvolle Einschätzung von Interpretationen der Wirklichkeit. Anders als Wahrscheinlichkeitsangaben sperren sie sich gegen eine formale Konstruktion, vielmehr haftet ihnen zwangsläufig ein Hauch von Willkür und Hilflosigkeit an. In diesem Fall gibt es ex ante kein Maß für die Qualität einer Aussage: nach welchem Kriterium sollte zwischen einer Zuordnung von 60% bzw. 80% zu einer Aussage wie "Am Anfang des nächsten Jahres wird der Wechselkurs des Dollar über DM 2.- liegen" diskriminiert werden? Oder, wie Jungermann (1983, S. 67) es formuliert: "The question, of course, is who is to define reality." Es bleibt allenfalls eine indirekte Beurteilung, indem man die (tatsächliche oder vermeintliche) Kompetenz desjenigen zum Indikator macht, der das Konfidenzmaß gesetzt hat. Diese Kapitulation analytischer Ansätze drückt sich z.B. in der Delphi-Methode aus: wenn man selbst nicht weiß, was sein wird, fragt man einen Experten. Angesichts der Unbestimmbarkeit des Gegenstands liegt es nahe, den Realitätssinn eines Experten danach zu beurteilen, in welchem Maße sich seine Mutmaßungen und Prognosen als zutreffend erweisen. In der kognitiven Psychologie gab es denn auch Untersuchungen, die die Bewertung dieser am Erfolg gemessenen Prognosekompetenz, *calibration of probabilities* genannt, zum Ziel hatten. Wenn z.B. ein Experte eine Reihe von Prognosen mit einem Konfidenzmaß von 80% kennzeichnet, dann sollte sich die Mehrzahl als zutreffend herausstellen.[1] So fragwürdig ein solches Verfahren im Licht einer methodologischen Kritik auch erscheint[2], für den ES-Ansatz ist es geradezu maßgeschneidert. Schließlich ist das wesentliche Kriterium für die Qualität abzubildenden Wissens sein (tatsächlicher oder unterstellter) Beitrag zum Erfolg von Problemlösungsvorschlägen. Die Untersuchungsergebnisse zeichnen, von Ausnahmen (Meteorologen![3]) abgesehen, kein schmeichelhaftes Bild der betrachteten Experten. Meistens drückt sich in den Konfidenzmaßen allzu großes Vertrauen in das Zutreffen der favorisierten Prognose aus (Lichtenstein u.a. 1982, S. 314). Für Langzeitvorhersagen (zwei Jahre und mehr) ermittelte Ascher (1978) nahezu ausschließlich krasse Abweichungen. Aber es gibt eben auch Ausnahmen, so daß insgesamt ein wenig gehaltvolles Ergebnis übrig bleibt: "Experts sometimes perform well, sometimes not." (Lichtenstein u.a. 1982, S. 330) Für das Knowledge Engineering ergibt sich damit auf den ersten Blick eine zwar wenig ermutigende, aber auch nicht hoffnungslose Perspektive: bevor das mühsame Geschäft der Wissenserhebung in Angriff genommen werden kann, ist zunächst die *Calibration* des jeweiligen Experten zu überprüfen - ein kaum weniger mühsames Unterfangen. Vor allem aber ein Anliegen, dessen er-

1) "Formally, a judge is calibrated if, over the long run, for all propositions assigned a given probability, the proportion that is true equals the probability assigned." (Lichtenstein u.a. 1982, S. 307)

2) dabei ist neben der Frage nach der hinreichenden Länge des Erhebungszeitraums vor allem an die fehlende Berücksichtigung von Begründungen und solcher Einflußfaktoren zu denken, die kaum vorhersehbar sind.

3) vgl. Murphy/Winkler (1977)

folgreiche Umsetzung in Frage zu stellen ist. Denn eine wesentliche Voraussetzung dafür, die intrapersonelle Stabilität der Qualität von Konfidenzmaßen, ist zumindest zu bezweifeln. Ein empirischer Beleg für diesen Zweifel ist in der zeitlichen Inkonsistenz von Wahrscheinlichkeitsangaben zu sehen.[1] Zu den zeitlichen Schwankungen gesellen sich intrapersonelle Rangordnungnen von Wahrscheinlichkeiten, die intransitiv sind (Montgomery 1977). Ein Konfidenzmaß kann kaum als Ausdruck kompetenter oder gar realistischer Beurteilung von Unsicherheit angesehen werden, wenn es im Zeitverlauf schwankt, ohne daß sich eine relevante Größe geändert hätte. Diese Einschränkung fällt noch krasser aus, wenn selbst ordinal skalierte Konfidenzmaße nicht transitiv sind.

Inkonsistenzen - nur ein Erhebungsproblem?

Die empirische Entscheidungsforschung und erst recht die Alltagserfahrung legen nahe, daß Menschen auch bei der Handhabung komplexer Probleme Unsicherheit nicht quantitativ bemessen. Zimmer (1983, S. 161) nennt einen weiteren Grund für diese Annahme: die mathematische Wahrscheinlichkeitstheorie, durch die die Quantifizierung von Unsicherheit eingeführt wurde, hat ihren Ursprung im 17. Jahrhundert und war lange Zeit ohnehin nur im Raum der europäischen Kultur bekannt. Es scheint ebenso abwegig, daß die gängige kognitive Adaption von Unsicherheit sich durch den Einfluß der Wahrscheinlichkeitstheorie geändert hat wie daß die Wahrscheinlichkeitstheorie nur seit jeher wirksame Mechanismen sichtbar gemacht hat. Durch diese grundlegende Kritik erscheinen die offensichtlichen Schwierigkeiten, die Menschen mit der Kennzeichnung von Unsicherheit durch numerische Größen haben und auch

---

1) vgl. dazu beispielhaft Stael von Holstein (1971), der in Laboruntersuchungen eine erhebliche Streuung der Wahrscheinlichkeitsangaben einzelner Probanden im Zeitverlauf feststellte.

die im zeitlichen Verlauf schwankenden Angaben in einem anderen Licht: sie sind nicht mehr Ausdruck beschränkter kognitiver Kapazitäten, sondern vor allem die Konsequenz inadäquat formulierter Untersuchungsziele. Wenn Unsicherheit gewöhnlich nicht quantifiziert wird, dann kann es eben auch keine authentische Erfassung numerischer Konfidenzmaße geben.

Wenn dennoch davon ausgegangen wird, daß Menschen durchaus zu einer konsistenten Beurteilung von Unsicherheit fähig sind, also allein die eindeutige Abbildung auf eine Zahl Schwierigkeiten bereitet, wird der Fokus auf die Frage nach der geeigneten Erhebungsmethode gerichtet. Angesichts der dargestellten Einwände scheint es plausibel, daß subjektive Unsicherheitseinschätzung authentischer erfaßt werden kann, wenn sie sprachlich zu artikulieren ist als wenn sie quantifiziert werden soll. Ein Indiz dafür bilden Experimente, in denen numerische mit verbalen Konfidenzangaben verglichen wurden. So stellte Zimmer (1983, S. 179 f.) fest, daß die Probanden, die das Vertrauen in ihre Vorhersagen sprachlich artikulierten, zu realistischeren Ergebnissen kamen und darüber hinaus konsistentere Angaben machten als die Probanden in der Vergleichsgruppe, die numerische Konfidenzmaße zuordnen mußten. Darüber hinaus, und das ist für unsere Betrachtung von erheblicher Bedeutung, stellte sich heraus, daß die Aufforderung zur Anwendung numerischer Konfidenzmaße einherging mit der Vernachlässigung qualitativer Einflußfaktoren.[1)] Auch wenn es naheliegt, von diesem Ergebnis und der einleuchtenden Kritik an quantitaven Ansätzen auf die "apparent superiority of the verbal mode" (Zimmer 1983, S. 164) zu schließen, bleibt relativierend darauf hinzuweisen, daß die (objektive) Wahrscheinlichkeit von Schwankungen im Zeitverlauf natürlich dann geringer ist, wenn Konfidenz mit Hilfe

1) im Versuch sollten Bankangestellte Wechselkurse vorhersagen. Als Beispiel für einen qualitativen Einflußfaktor nennt Zimmer dabei die Stabilität der bundesdeutschen Regierung.

von fünf Attributen[1] klassifiziert wird als mit zehn oder gar einhundert wie im Fall numerischer Attribuierung.

Für uns stellt sich allerdings die Frage, wie der Vorteil sprachlicher Konfidenzkennzeichnung für die Repräsentation von Wissen in ES zu nutzen ist. Schließlich sind die sprachlich jeweils unterschiedenen Konfidenzklassen dazu exakt und eindeutig zu beschreiben. Zimmer hat darauf durchaus eine Antwort, denn mit der Erfassung sprachlicher Unsicherheitsattribuierung ist es für ihn nicht getan. Sie dient ihm lediglich als Mittel zum Zweck der exakten (im Sinne intersubjektiver Überprüfbarkeit) Erfassung von Konfidenzmaßen.[2] Er sucht also nach einem "objektiven Maß subjektiver Einschätzung" (Hörz 1980, S. 190). Dieses Maß stellen für Zimmer die numerischen Werte der subjektiven Wahrscheinlichkeit dar.[3] Damit stellt sich die Frage nach einer geeigneten Transformation. Zimmer erhob zunächst die sprachlichen Ausdrücke, mit denen die Probanden Unsicherheit attribuierten. Anschließend bat er jeden einzelnen, die Attribute hinsichtlich der mit ihnen jeweils verbundenen (subjektiven) Wahrscheinlichkeit zu ordnen. Dabei ergaben sich interpersonelle Unterschiede. So nannten einige Probanden "likely" vor "possible", andere gaben die umgekehrte Rangfolge an. (S. 167) Um die beabsichtigte Zuordnung der ermittelten sprachlichen Ausdrücke zu Wahrscheinlichkeitsintervallen zu erreichen, wurde jeder Testperson ein Computerbildschirm gezeigt, der ein Fenster mit maximal 6144 Bildpunkten enthielt, das (zunächst) ungefähr zur Hälfte mit zufällig gestreuten weißen Punkten gefüllt

---

1) so unterscheidet Zimmer (1983, S. 167) die Attribute "highly improbable", "improbable", "quite possible", "likely", "very likely".

2) in Zimmer (1984) schlägt er diese Methode explizit zur Entwicklung von ES-Wissensbasen vor.

3) die Favorisierung numerischer Werte zur Kennzeichnung von Unsicherheit ist in der psychologischen Entscheidungsforschung weit verbreitet. Beispielhaft für die Begründung dieser Disposition Hogarth (1980, S. 144): "Uncertainty is best communicated through the medium of probability theory, that is by saying that an event has, say, a 30% chance of occurring. The quantitative form is precise and readily interpretable."

war. Anschließend mußten die Probanden mit Hilfe der zuvor von ihnen aufgestellten Rangordnung angeben, wie groß sie die Wahrscheinlichkeit einschätzten, daß bei einem wiederholten Streuen der gleichen Anzahl weißer Punkte ein beliebiger Punkt im Fenster weiß würde. Dabei wurde die Anzahl der weißen Punkte systematisch variiert, um so die Wahrscheinlichkeitsintervalle zu ermitteln, die intrapersonell durch eines der sprachlichen Attribute repräsentiert wurden.

Auch wenn die größere Konsistenz verbaler Konfidenzangaben plausibel und Konsistenz für die formale Repräsentation von Wissen eine wesentliche Voraussetzung ist, kann der vorgestellte Ansatz nicht nachhaltig überzeugen. So wurde nur die Konsistenz der sprachlichen Attribuierungen Überprüft, für die Wissensbasis aber ist allein die Konsistenz der je zugeordneten numerischen Wahrscheinlichkeitsmaße von Bedeutung. Der Schluß von der Konsistenz sprachlicher Angaben auf die der entsprechenden Zahlenwerte scheint sehr gewagt, denn er impliziert eine Annahme, die nahezu einen Gegensatz zu der Arbeitshypothese, Menschen könnten mit numerischen Unsicherheitsmaßen nicht authentisch umgehen, bildet: die in <u>einem</u> Verfahren - dem wohl kaum ein repräsentativer Charakter zugesprochen werden kann - durchgeführte Transformation gilt für <u>alle</u> Formen sprachlicher Unsicherheitsbewertung.[1)] Darüber hinaus erscheint es äußerst zweifelhaft, daß die (im Experiment optische) Wahrnehmung von Häufigkeiten interpersonell hinreichend konsistent ist - ist sie es aber nicht, wäre durch die Transformation nichts gewonnen: die numerischen Werte bzw. Intervalle könnten nicht mehr als objektives Unsicherheitsmaß unterstellt werden und damit nicht mehr als Schnittstelle zwischen unterschiedlichen sprachlichen Attribuierungen von Unsicherheit dienen. Abgesehen von diesen Zweifeln ergibt sich für den ES-Ansatz vor allem das Problem, wie Konfidenzintervalle formal zu verarbeiten sind. Ein Problem, das aus der Darstellung der Fuzzy

1) in diesem Sinne vermutet Chesley (1977, S. 115), daß "different probability conceptions can cause performance differences from subjects ..."

Set Theory bekannt ist (an die sich Zimmer ohnehin explizit anlehnt). Darüber hinaus deuten die interpersonellen Schwankungen in den Bedeutungen verbaler Konfidenzmaße auf eine kaum zu überwindende Schwierigkeit hin: nicht nur die Unsicherheitsattribuierung der Experten, deren Angaben in die Wissensbasis übernommen werden, müßten "geeicht" werden, sondern auch die <u>aller</u> Anwender.

Konsequenzen für Expertensysteme

Trotz aller Schwierigkeiten, die die Interpretation der skizzierten Untersuchungsergebnisse aufwirft, kann wohl davon ausgegangen werden, daß auch qualifizierte Fachleute die Regeln der formalen Wahrscheinlichkeitstheorie i.d.R. nur in bescheidenem Umfang anzuwenden in der Lage sind. Ist dieser Mangel an Kompetenz nun tatsächlich ein Problem für das Knowledge Engineering? Zwei Einwände sprechen zunächst dagegen. So ist das Aggregieren von Wahrscheinlichkeiten in ES ja Aufgabe der Inferenzkomponente, so daß die Einhaltung wahrscheinlichkeitstheoretischer Regeln gewährleistet ist. Darüber hinaus ist die Wahrscheinlichkeitstheorie ja kein Hexenwerk: wer sie nicht beherrscht, kann sie (wenigstens in Grundzügen) lernen. So verwundern Untersuchungsergebnisse wenig, die zeigen, daß nach einer entsprechenden Schulung die Zahl der Verstöße gegen die Regeln der Wahrscheinlichkeitstheorie deutlich abnahm (Pitz/Sachs 1984, S. 157). Der Effekt solcher Maßnahmen ist allerdings zweifelhaft: in einschlägigen Untersuchungen konnte nicht nachgewiesen werden, daß wahrscheinlichkeitstheoretisch versierte Probanden bessere (im Sinne des je vorgegebenen Erfolgskriteriums, z.B. Maximierung von Gewinn bei Investitionen) Entscheidungen unter Unsicherheit trafen.[1)]

---

1) vgl. Lichtenstein u.a. (1982), S. 331 und Hogarth (1981, S. 213), der als Alternative "the development of imagination and creativity" vorschlägt.

Es liegt nahe, diese Schwierigkeiten aus der Sicht es ES-Ansatzes als belanglos abzutun: letztlich kommt es für ein ES nur auf die Performance, also die Qualität der bereitgestellten Problemlösungen an. Auch wenn die in ES angewandten formalen Regeln zur Verknüpfung von Wahrscheinlichkeiten nicht mit den intuitiven Verfahren vieler Experten übereinstimmen mögen, lassen die Untersuchungen doch gerade vermuten, daß daraus keine Auswirkungen auf die Performance abzuleiten sind. Hier sind jedoch massive Zweifel angebracht. Allzu schwer wiegen die Hinweise darauf, daß Menschen (auch solche, die die wahrscheinlichkeitstheoretische Propädeutik erfolgreich absolviert haben) die Wahrscheinlichkeit bzw. das Konfidenzmaß komplexer Sachverhalte nicht formal konstruieren. Ein empirischer Beleg dafür ist in der zeitlichen Inkonsistenz von Wahrscheinlichkeitsangaben zu sehen. Solche Inkonsistenzen sind einerseits auf den kaum zu kontrollierenden Einfluß[1] motivationaler Faktoren zurückzuführen. Darüber hinaus - und das ist für uns wesentlich - sind sie ein Reflex auf die Tücke es Objekts. Schließlich ist die Abbildung einer subjektiven Konfidenzempfindung auf eine Zahl - in gewissen Grenzen - immer willkürlich:: "... there is no way to decide whether these numbers can be considered as probabilities, i.e., fulfill the formal requirements of mathematical probability." (Schaefer u.a. 1977, S. 332) Wenn aber Konfidenzmaße intrapersonell im Zeitverlauf schwanken, dann kann die Abbildung zu einem bestimmten Zeitpunkt die Einschätzung des Experten wohl nicht authentisch erfassen. Für einstufige Wahlakte ist die Quantifizierung von Konfidenzempfindungen durchaus erträglich: die Konfidenzmaße spiegeln die für selektives Handeln notwendige Rangordnung der explizit gemachten Alternativen wider, wobei allenfalls Intransitivitäten das Bild trüben. Sobald allerdings nachfolgende Entscheidungen vom Wert der zugeordneten Konfidenzmaße abhängen, wird die Trans-

1) Versuche zur Unterdrückung motivationaler Einflüsse durch Trainingsmaßnahmen waren nicht erfolgreich. ".. overconfidence is relatively resistant to many forms of tinkering" (Fischhoff 1982, S. 440)

formation des Skalenniveaus zum Problem: die so zustandegekommenen Entscheidungen stimmen nicht mehr zwangsläufig mit den intuitiv gebildeten Präferenzen überein. Einen Beleg dafür liefert eine Untersuchung von Schaefer u.a. (1977), in der die Testpersonen u.a. aufgefordert wurden, zum einen die (subjektiven) Wahrscheinlichkeiten für die Ergebnisse einzelner Paarungen einer Fußballweltmeisterschaft anzugeben, zum anderen die ihnen am wahrscheinlichsten erscheinende Reihenfolge der ersten sechs Mannschaften anzugeben. Da aus den Spielergebnissen die Reihenfolge konstruiert werden kann, konnten die Angaben auf Konsistenz überprüft werden. Als Ergebnis wurden durchweg Abweichungen festgestellt, die aber bei den (Fußball-) Experten geringer waren. Formal deduzierte Entscheidungen, in die kardinale Konfidenzmaße einfließen, sind also u.U. nicht mehr authentisch[1] - aus der Sicht des Knowledge Engineering ein ernstzunehmendes Problem, schließlich soll doch das Urteil des Experten das Maß der Dinge sein. Wenn man darüber hinaus an mögliche interpersonelle Schwankungen denkt, wird die Konstruktion einer ES-Wissensbasis unter Rückgriff auf subjektive Konfidenzmaße zur Sisyphusarbeit. Wenn dennoch in pragmatischer Absicht Konfidenzmaße erhoben und in einer ES-Wissensbasis implementiert werden, kommt der Evaluierung des Systems eine Schlüsselrolle zu. Die Schwierigkeiten, die dabei zu erwarten sind, sind dramatisch (vgl. III.2.2.2.2.3).

Zusammenfassend bleibt festzuhalten, daß das Bemühen, kompetente Einschätzungen von Unsicherheit mit Hilfe von Konfidenzmaßen einzufangen[2] , auf die Schwierigkeit trifft, daß solche Zahlen wohl nicht das widerspiegeln, das allein zu erfassen Anliegen des Knowledge Engineering ist: Wissen. Es scheint doch sehr gewagt, wenn Spetzler/Stael von Holstein

1) zu einer ähnlichen Einschätzung gelangt Winkler (1986, S. 300): "But the new multiplicative factor in each revision is not necessarily an expert's probability."

2) Hogarth (1980, S. 144) sieht hier eine einfache Transformation am Werk: "For unique events, therefore, a probability simply translates our subjective opinion into a number .."

(1975, S. 345) die Verzerrungen bei der Angabe von Konfidenzmaßen so definieren: "Conscious or subconscious discrepancies between the subject's responses and an accurate description of his underlying knowledge ..". Ein ES, dessen Wissensbasis Konfidenzmaße enthält, reflektiert vielmehr (in unangenehmer, weil kaum überschaubarer Weise) das, wodurch der betrachtete Problembereich gekennzeichnet ist: Kontingenz. Möglicherweise ist eine Antwort des Systems akzeptabel, vielleicht aber auch nicht. Dabei ist jedoch der Einwand zu berücksichtigen, daß nicht selten auch ein ähnliches Wagnis mit Expertenauskünften verbunden ist. Da es angesichts der Unbestimmbarkeit des Gegenstands kaum möglich ist, zu generellen Aussagen über die Verläßlichkeit von Expertenauskünften gegenüber formal unter Rückgriff auf sachkundige (?) Konfidenzangaben abgeleitete ES-Antworten zu kommen, bleibt vor allem ein Kriterium, das für den Erfolg von ES-Implementierungen von zentraler Bedeutung ist: Funktionalität. Dazu später mehr. Ganz anders allerdings ist die Implementierung objektiver Wahrscheinlichkeiten zu bewerten. Wenn z.B. in der medizinischen Diagnose auf verläßliche Ergebnisse statistischer Untersuchungen zurückgegriffen werden kann, sind die skizzierten Verzerrungen nicht zu erwarten.[1)]

Die bisherigen Überlegungen konzentrierten sich auf die Qualität der Wahrscheinlichkeitsangaben von Experten. Die dabei zu berücksichtigenden Probleme zeigen auf eine weitere Grenze von ES. Nach dem gegenwärtigen Stand der Erkenntnis scheint es nicht möglich zu sein, Konfidenzmaße von Aussagen über kontingente Sachverhalte formal zu generieren. So ist zunächst nicht hinreichend bekannt, wie Menschen zu solchen Vorhersagen gelangen. Die bisher identifizierten idealtypischen Heuristiken deuten im Kern darauf hin, daß die Ermittlung von Ähnlichkeiten ein wesentliches Kennzeichen der Einschätzung von Risiko ist. Aber: selbst wenn es gelingen sollte, diese Heuristiken teilweise zu rekonstruieren, wäre damit

---

1) u.U. allerdings andere, die vor allem auf problematische Unabhängigkeitsannahmen zurückzuführen sind. Vgl. dazu III.2.2.2.2.2.

kein Blumentopf gewonnen. Schließlich sind sie allesamt auch Quellen mitunter erheblicher Verfälschungen.

Sozial konstruierte Wirklichkeit und extensionale Logik

Manager sollten, um Probleme in Unternehmungen bearbeiten zu können, die Fähigkeiten und Interessen von Mitarbeitern, Kunden und anderen Gruppen (wenigstens funktional) adäquat einschätzen können. Sie müssen mit gängigen Kooperations- und Koordinationsmustern vertraut sein und die politischen Verhältnisse im Unternehmen sowie in seinen Außenbeziehungen kennen. Kurz: Manager sollten ihr berufliches Umfeld im Sinne ihrer Aufgabe *verstanden* haben. Das Wissen, das solches Verständnis widerspiegelt, kann einem ES nur durch eine formalsprachliche Beschreibung zugänglich gemacht werden. Es liegt auf der Hand, daß hier Schwierigkeiten zu erwarten sind. Die Begriffe, die uns zur Konzeptualisierung der Welt dienen, die ihr Bedeutung verleihen, werden i.d.R. nicht durch logische Verknüpfungen mit bereits bekannten Begriffen eingeführt.[1] Ihr Inhalt wird vielmehr vor allem durch Gebrauch tradiert. Durch Versuch und Irrtum in der Kommunikation werden intersubjektive Unterschiede (i.d.R.) auf ein Maß reduziert, das eine gemeinsame Weltsicht ermöglicht. Das heißt: soziale Systeme entstehen nicht zuletzt sprachlich, durch Kommunikation.[2] Wenn aber unsere Hinsicht auf (soziale) Realität sprachlich geprägt ist[3] und Sprache wiederum durch soziale Prozesse gepflegt wird, stellt sich die Frage, ob wir in der

1) dazu Berger/Luckmann (1980, S. 73 f.): "Sprache wird zum Depot einer gigantischen Häufung gemeinsamer Sedimente, ... deren Entstehungsprozeß nicht rekonstruiert werden muß."
2) vgl. dazu exemplarisch Luhmann (1984), S. 563 u. Berger/ Luckmann (1982), bes. S. 39.
3) dabei ist allerdings nicht an einen nahezu deterministischen Zusammenhang gedacht, wie ihn vor allem Whorf (z.B. 1963) unterstellte.

Lage sind, mit den Mitteln dieser Sprache (und zwar: in formaler Verwendung) unsere Perspektive, das heißt: unser Wissen, zu beschreiben. Der dialektische Zusammenhang zwischen Sprache und Wirklichkeit[1)] schlägt sich in der Intensionalität unserer Weltsicht nieder: "Die intensionale Beziehung von Gedanken und Erlebnissen auf ihren Gegenstand ist dadurch charakterisiert, daß das, worauf diese sich richten, ihnen in gewisser Weise innewohnt - inexistiert." (Habermas 1984, S. 311) Solche Beziehungen (und damit die Bedeutung der je zugeordneten Begriffe) sind gekennzeichnet durch persönliche Dispositionen, Wünsche und Gefühle.[2)]

Angesichts der vielfältigen, interdependenten Faktoren, die die Bedeutung von Begriffen beeinflussen, liegt es nahe, sich Wittgenstein (1980, §43) anzuschließen: "Die Bedeutung eines Wortes ist sein Gebrauch in der Sprache." Eine solche Charakterisierung von Bedeutung kann für uns allerdings nicht hinreichen (so anregend der bei Wittgenstein mitschwingende Tiefgang für eine kritische Evaluierung auch sein mag):[3)] die Bedeutung von Begriffen und den zwischen ihnen gedachten Beziehungen (die sich wiederum begrifflich artikulieren) kann in einer Wissensbasis allein extensional repräsentiert werden. Das heißt: nur die Extension eines Begriffs, jeweils gegeben durch die Propositionen, in denen er vorkommt, bestimmt seine Bedeutung.

Das skizzierte Verhältnis von extensionaler und intensionaler Semantik wird auch in der für die Sozialwissenschaften tradi-

---

1) dazu Berger/Luckmann (1980, S. 70 f.): "Wissen in diesem Sinne steht im Mittelpunkt der fundamentalen Dialektik der Gesellschaft. Es 'programmiert' die Bahnen, in denen Externalisierung eine objektive Welt produziert. Es objektiviert die Welt durch Sprache ... Dasselbe Wissen wird ... wiederum während der Sozialisation internalisiert."

2) zum Begriff der Intensionalität vgl. auch von Wright (1974), S. 20 und Searle (1980).

3) ähnlich Searle (1975, S. 304), allerdings aus sprachphilosophischer Sicht: "Die Problematik dieser Auffassung liegt darin, daß der Begriff des Gebrauchs so vage ist, daß er als analytisches Werkzeug für die Diskussion des Problems der Bedeutung fast wertlos ist."

tionsreichen epistemologischen Kontroverse zwischen positivistischem und hermeneutischem Ansatz[1)] reflektiert. Eine Kontroverse, die für die Methode des Knowledge Engineering gewiß nicht neu ausgefochten werden muß: Unabhängig davon, ob Erklären oder Verstehen die den Sozialwissenschaften angemessene Methode ist, ein ES wird eben nicht durch "*Einfühlung* oder inneren Nachvollzug der geistigen Atmosphäre" (von Wright 1974, S. 20) Wissen erwerben, sondern nur, indem in der Wissensbasis Propositionen gespeichert werden, die eine formale Beziehung zwischen Objekten definieren. Es bleibt allerdings die Frage, ob das die Handlungskompetenz des jeweiligen Experten konstituierende Verstehen (das u.a. intensionale Erlebnisse reflektiert) eines Realitätsausschnitts durch eine formalsprachliche "Erklärung" funktional äquivalent nachgebildet werden kann. Dabei geht es nicht um das Problem maschinellen Sprachverstehens, sondern allein um das Bemühen, die für einen Problemlösungskontext wesentlichen Kennzeichen eines Begriffes zu beschreiben. Auch die ontologische Frage, ob Programme je Intentionalität aufweisen, ob sie denken können,[2)] ist für uns nicht wesentlich. Allein Funktionalität zählt.[3)] Das legt es nahe, den Fokus der Betrachtung auf Konstrukte zu richten, die einerseits für erfolgreiches Handeln in sozialen Kontexten wichtig sind und die andererseits Grenzen wenigstens der erklärenden Methode in den Sozialwissenschaften markieren.

---

1) dabei ist zu berücksichtigen, daß diese - durchaus gängige - Unterscheidung ihre Tücken hat: der Kritische Rationalismus wird danach als positivistisch gekennzeichnet, obwohl der Fallibilismus ja gerade eine Abkehr vom Positivismus markiert. Was allerdings bleibt - und das ist hier wesentlich - ist das Primat der erklärenden Methode.

2) vgl. dazu exemplarisch Searle (1980) und die Erwiderung von Abelson (1980).

3) M.a.W.: es ist unerheblich, daß ein ES die Proposition "WENN X ist Führungskraft, DANN X hat Dienstwagen" nicht versteht bzw. keinen Unterschied zu einer (für uns) sinnlosen Symbolfolge wie "WENN X rqr_zap, DANN X mpy_*sw$vd" erkennt. Wichtig ist allein, ob die in der Wissensbasis abliegenden Symbolfolgen es gestatten, die Menge derjenigen Symbolfolgen abzuleiten, die dem Anwender für ein Problem eine sinnvolle Lösung signalisieren.

Sinn und Kultur als Objekt und Objektivierung von Wissen

Die Bearbeitung, das Erkennen und Bewerten von Problemen in sozialen Systemen setzt Wissen um eigene und kollektive Handlungsspielräume voraus. Zur Evaluierung denkmöglicher Problemadaptionen muß man eben wissen, was opportun ist und was nicht. Das diese Handlungsspielräume kennzeichnende Geflecht gemeinsam geteilter Bedeutungen, Normen, Werte und kollektiv verfügbaren Wissens wird häufig mit dem Begriff Kultur belegt. Kultur liefert dem einzelnen damit Orientierungen für sein Handeln, stiftet Sinn. Handlungen erhalten darüber hinaus Sinn durch individuelle Erlebnisse. Die Bedeutung, die Sinn für den Umgang mit Problemen in einem kontingenten Realitätsausschnitt hat, liegt auf der Hand: er leistet eine Vorselektion aus der unübersehbaren Vielfalt von Handlungsmöglichkeiten, reduziert also Komplexität (Luhmann 1984, S. 94). Das Phänomen Kultur hat in der Organisationstheorie in den letzten Jahren große Aufmerksamkeit erfahren (Deal/ Kennedy 1982, Ouchi 1981, Peters/Waterman 1982). Neben methodologischen und wissenschaftssoziologischen Gründen (Ebers 1985b) ist dieses Interesse vor allem auf die Überzeugung zurückzuführen, daß die Berücksichtigung von (Unternehmungs-) Kultur sowohl für das Verständnis von Organisationen als auch für erfolgreiches Handeln in denselben von zentraler Bedeutung ist.

Für uns folgt daraus zunächst - wenig überraschend -, daß die für Problemlösungen in Organisationen je bedeutsamen Sinn- bzw. Kulturbestandteile formal zu beschreiben sind. Interessant wird diese Folgerung erst dadurch, daß Sinn und Kultur für Phänomene stehen, die eine eindeutige Beschreibung nicht zulassen - sie gleichsam dadurch "definiert" sind, daß sie nicht definierbar sind: "Die Herkunft und Unterscheidung (zwischen Sinnvollem und Sinnlosem U.F.) bleibt dunkel ..." (Luhmann 1984, S. 111) Dieses dunkle, dem um Erklärung bemühten analytischen Blick weitgehend verschlossene, Substrat von Sinn wird auch von Schütz (1981, S. 93 f.) betont: "Die sprachliche Form, welche den Erlebnissen Sinn *prädiziert*, ist aber irreführend, so tief sie auch in dem Wesen der Reflexion verankert ist. .. Das Sinnhafte liegt ... in der Attitüde des Ich zu seiner abgelaufenen Dauer." Ähnliches gilt für (Organisations-) Kultur: "... an undefined, immanent characteristic of any society ... with a varying and little understood incidence on the functioning of organizations." (Allaire/Firsirotu 1984, S. 194) Für Deal/Kennedy (1983, S. 501) wird sie konstituiert durch "shared values, heroes and heroines, rituals and ceremonies." Wenn hier der Kulturansatz als Zeuge bemüht wird, so sicher als unfreiwilliger: es sind vor allem seine theoretischen Defizite[1)], die uns als Indizien dienen können. So anregend der Verweis auf Einflußgrößen, die in anderen Forschungskonzeptionen unberücksichtigt bleiben, auch sein mag , eine Erklärung, die eine technologische Transformation - und genau darum geht es in der Wissenstechnologie - gestattete, wird eben nicht geliefert. Vielmehr wird das Bestimmbare (meßbarer Unternehmenserfolg) auf das Unbestimmbare[2)] (Kultur) zurückgeführt. Daraus folgt für uns, daß die Bedeutung kulturgeprägter Begriffe für den Erfolg von Problemlösungsmustern extensional kaum zu fassen ist.

Es ist allerdings schwierig, die sich daraus ergebenden Konsequenzen für den ES-Ansatz zu beurteilen. So ist daran zu denken, daß auch als kompetent anerkannte Manager wohl nicht immer den Zusammenhang zwischen Kultur und Handlungsspielraum sehen[3)] , so daß die kaum mögliche umfassende Beschreibung dieses Zusammenhangs wohl auch nicht notwendige Voraussetzung für eine funktionale Rekonstruktion ist. Daneben ist zu berücksichtigen, daß die Propositionen einer ES-Wissenbasis ja

1) zu einer umfassenden Kritik vgl. Ebers (1985a).
2) diese, jedenfalls für den ES-Ansatz, nicht hinreichende Bestimmbarkeit bezieht sich einerseit auf die Einflußgrößen (Werte, Rituale, Zeremonien usw.), die allenfalls exemplarisch verdeutlicht werden, andererseits auf die Wirkungszusammenhänge.
3) diese Erkenntnis bildet ja gerade die Grundlage der präskriptiven Variante des Kulturansatzes (Peters/Waterman 1982), die Kultur als gestaltbare Variable betrachtet

durchaus Kultur reflektieren können - auch wenn die Wirkungszusammenhänge nicht bekannt sind bzw. nicht explizit gemacht werden: WENN X ist Abteilungsleiter, DANN X hat Dienstwagen. Und schließlich ist daran zu erinnern, daß Erklärungsdefizite vor allem den Umstand markieren, daß keine *invarianten* Zusammenhänge zwischen identifizierbaren Kulturmerkmalen und Erfolgsgrößen bekannt sind. Das heißt: für eine konkrete Unternehmung kann - jedenfalls aus der subjektiven Sicht eines Managers - ja durchaus bekannt sein, welche Auswirkungen bestimmte, hinreichend beschreibbare Rituale z.B. auf die Bereitschaft von Mitarbeiten, Überstunden zu akzeptieren, haben. Diese Einschränkung macht allerdings auf ein Problem aufmerksam, auf das noch einzugehen sein wird: die "Verdrahtung" von Zusammenhängen, die allein auf der subjektiven Deutung eines Experten beruhen und sich damit weitgehend möglicher Kritik des Knowledge Engineers entzieht, verleiht dem ES eine (subtile) politische Dimension.

Bei aller Vorsicht bleiben allerdings Indizien dafür, daß das durch kulturelle Sozialisation und individuelle Erlebnisse internalisierte Wissen nicht in allen für erfolgreiche Problemadaption erforderlichen Facetten verbalisiert werden kann. Die vermutete Differenz zwischen Wissen und beschreibbarem Wissen veranschaulicht Wittgenstein (1980, §63) an folgendem Beispiel: Wenn man weiß, "wieviele m hoch der Mont-Blanc ist", dann kann man es auch sagen. Aber: Wissen "wie ein Klarinette klingt" heißt noch lange nicht: beschreiben können. Ein Beispiel, das gewiß nicht an den Haaren herbeigezogen ist. Aber ist damit nicht allein ein Mangel an expressiver Kompetenz aufgedeckt, fehlt also nur "Lebendiges Gefühl der Zustände und Fähigkeit, es auszudrücken ..."[1] ? Was die zwischenmenschliche Kommunikation betrifft, kann die Verwendung eindruckvoller Bilder durchaus hilfreich sein. Auch für Manager mag es wichtig sein - gerade aus der Perspektive des Kulturansatzes - Metaphern zweckrational instrumentalisieren zu können (Huff 1980), für die formale Beschreibung von Wis-

1) Goethe über das Wesen des Poeten. Eckermann, Gespräche mit Goethe, 1. bzw. 11 Juni 1825

sen ist allerdings auf diese Weise kein Blumentopf zu gewinnen: dazu sind alle Merkmale anzugeben, die das zu kennzeichnende Objekt (hier: der Klang einer Klarinette) *notwendig* aufweisen muß und die darüber hinaus eindeutig identifizierbar sind. Ein solches Anliegen bereitet immer dann nahezu unüberwindbare Probleme, wenn - und darauf zielt Wittgenstein wohl ab - Phänomene beschrieben werden sollen, die Gegenstand solcher intentionaler Erlebnisse sind, die nicht weiter zerlegt werden können, ohne daß ihr Sinn entstellt wird. Zwar können wir über solche Phänomene reden, aber nur weil wir einen gemeinsamen kulturellen Hintergrund haben, der nicht weiter aufgelöst werden muß - und nicht beliebig weit aufgelöst werden kann. Die skizzierte Formalisierungshürde scheint plausibel, auch wenn sie nur sehr unscharfe Konturen hat. Aber: ist sie für die Automatisierung von Managementkompetenz überhaupt von Bedeutung? Sehen wir uns einige Beispiele an:

- Wissen und nicht sagen können, wie ein erfolgreiches Produkt aussieht.
- Wissen und nicht sagen können, was ein angemessenes Geschenk für einen Jubilar ist.
- Wissen und nicht sagen können, wie verläßlich ein Lieferant ist.
- Wissen und nicht sagen können, wie sich die Leistungsfähigkeit der Abteilung durch ihren neuen Leiter verändert hat.
- Wissen und nicht sagen können, welche Bedeutung ein bestimmtes Statussymbol für einen Mitarbeiter hat

Die Beispiele machen zweierlei deutlich. Einerseits zeigen sie, daß auch Problemlösen in Unternehmen mitunter einen Rekurs auf Dispositionen, Werte, Normen nötig macht, deren Beziehung zum jeweiligen Gegenstand der Betrachtung nicht eindeutig beschrieben werden kann. Es sind eben intentionale Beziehungen, eine Rekonstruktion ihrer Genese ist kaum möglich. Andererseits fällt auf, daß die gewählte Formulierung durchaus fragwürdig ist: sollte es nicht bisweilen eher heißen "Nicht wissen und (dennoch) sagen"? Denn wenn man mit Berger/Luckmann (1980, S. 1) Wissen "als die Gewißheit, daß Phänomene wirklich sind und bestimmbare Eigenschaften haben" versteht, wer weiß dann schon, wie ein erfolgreiches Produkt aussieht? Dennoch ist es durchaus möglich, dazu etwas zu sagen. Dabei ist zu berücksichtigen, daß die sich skizzierten Differenzen keinesfalls gegenseitig ausschließen - ein Eindruck, der allenfalls dadurch entsteht, daß die Begriffe wissen und sagen in beiden Wendungen nicht völlig synomym verwandt werden. Man kann etwas sagen, ohne es (mit Sicherheit) zu wissen und dennoch (besser: gerade deshalb) kann man immer noch mehr wissen als das Gesagte widerspiegelt. Um der Gefahr vorzubeugen, uns hier in fragmentarischen sprachphilosophischen Betrachtungen zu verzetteln, schwenken wir den Fokus von den schwer abgrenzbaren intensionalen Erlebnissen - so wichtig sie für die Wissensrepräsentation sind - auf sprachliche Darstellung unzureichenden Wissens. Dabei handelt es sich um eine Verwendung der Sprache, die in kontingenten Wirklichkeitsbereichen angesichts des Zwangs zu selektivem Handeln nahezu unumgänglich ist. Wir sind damit wieder bei der Frage der sprachlichen Adaption von Unsicherheit, die ja durch den Hinweis auf numerische Konfidenzmaße kaum in befriedigender Weise beantwortet wurde.

Ambiguität und Vagheit

Auch wenn Organisationen voller Rätsel sind (Weick 1985, S. 15), obskure, nicht verstandene Zusammenhänge in ihnen wirken (March/Olsen 1976b), können wir doch über sie reden, Dinge beim Namen nennen, die wir nicht eindeutig identifizieren bzw. verifizieren können. Die bewußte Darstellung kontingenter Sachverhalte spiegelt sich in einer vagen Sprache wider. Eine sprachliche Darstellung also, die offen für Interpretationsmöglichkeiten und damit mehrdeutig ist. Vagheit ist häufig ein Reflex auf fehlende Gewißheit. Das muß allerdings nicht so sein: es gibt Fälle, in denen Wissen eine detailliertere Differenzierung erlaubt als die Sprache - auch eine

Form von "wissen und nicht sagen können". Um ein Standardbeispiel zu bemühen: auch wenn wir eine Reihe unterschiedlicher Schneesorten eindeutig unterscheiden können, fehlen uns die Worte, um diese Differenzierung sprachlich eindeutig zu artikulieren - Eskimos sollen es da leichter haben. Diese Art sprachlicher Vagheit ist für uns weniger wichtig, denn sie ist eben kein Ausdruck unzureichenden Wissens über die Welt, sondern die Folge mangelnder sprachlicher Vielfalt, der dann aufgehoben werden kann, wenn Differenzierung besonders wichtig erscheint. Fachterminologien sind dafür ein Beleg. Anders solche vagen Darstellungen, die mangelnder Gewißheit wegen nicht präzisiert werden können: sie sind allenfalls um den Preis einer illusionären Sicherheit zu vermeiden. Idealtypisch, also vereinfacht, lassen sich zwei Darstellungsformen unterscheiden. Die eine Form ist gekennzeichnet durch die Verwendung vager Prädikate:

- "Für das kommende Geschäftsjahr ist mit einem *zufriedenstellenden Ergebnis* zu rechnen."
- "Wenn die konjunkturelle Entwicklung *günstig* verläuft, sind weitere Investitionen zu empfehlen."

Vage Prädikate bezeichnen also eine Bandbreite unterschiedlicher Realitätszustände. Dabei kann es sich im einfachsten Fall um eine eindimensionale Bandbreite handeln, das heißt, es werden nur unterschiedliche Ausprägungen <u>einer</u> Größe abgedeckt. Das ist im ersten Beispiel der Fall, wenn eindeutig festgelegt ist, daß Ergebnis Gewinn sein soll und außerdem klar ist, wie der Gewinn zu ermitteln ist.[1] Wenn allerdings nicht geklärt ist, was unter Ergebnis zu verstehen ist, kann die Aussage auch qualitativ unterschiedliche Sachverhalte widerspiegeln - der "Grad der Mehrdeutigkeit" nimmt gleichsam zu. Der zweite Typ sprachlicher Vagheit entsteht durch die explizite Einschränkung der Sicherheit einer Aussage mit Hilfe der bereits angesprochenen verbalen Konfidenzurteile:

1) jedenfalls dann, wenn man von den Bewertungsspielräumen, die solche Ermittlungsverfahren noch offenlassen, absieht.

- "Es ist zu vermuten, daß der Goldpreis im kommenden Jahr um mehr als zehn Prozent steigt."
- "Wenn die CDU die Wahl gewinnt, dann werden wahrscheinlich die Aktienkurse steigen."

Es ist offensichtlich, daß beide Formen in einem Satz gemeinsam auftreten können. Ebenso klar ist es, daß man die Erscheinungsformen sprachlicher Vagheit feiner differenzieren könnte. Wir beschränken uns allerdings auf diese vereinfachte Sicht, um Möglichkeiten und Konsequenzen der Formalisierung näher zu betrachten. Die bereits ausführlich beschriebene Fuzzy Set Theory bietet u.a. vage Prädikate und vage Wahrheitswerte, jeweils in Form unscharfer Mengen. Auch wenn dieser Ansatz Vagheit offensichtlich sehr viel besser zu repräsentieren erlaubt als etwa die Prädikatenlogik, bleibt eine Reihe von Problemen. Zadeh geht - was plausibel erscheint - davon aus, daß vage Prädikate einen Bereich unterschiedlicher Merkmalsausprägungen abdecken und daß innerhalb dieses Bereichs nach verschiedenen "degrees of membership" differenziert wird: nicht jeder Gewinn wird als angemessen angesehen,unter den angemessenen gibt es solche, die angemessener erscheinen als andere. Die Grenzen des Bereichs und die Zugehörigkeitsmaße der einzelnen Ausprägungen sind - Zadeh macht dazu allerdings nur Andeutungen - durch geschickte Befragung derjenigen Personen, deren Sprachgebrauch abgebildet werden soll, zu erheben. Auf diese Weise ergibt sich dann ein Zugehörigkeitsmaß von 0.8 für das Prädikat "groß" bei einer Körpergröße von 180 cm (vgl. S. 67). Sobald sich unscharfe Prädikate nicht auf meßbare Ausprägungen einer Größe (möglichst entlang einer Dimension) beziehen, muß jeder möglichen Instanz das Zugehörigkeitsmaß explizit zugeordnet werden: *Herr Goesebrecht ist klug (0.7)*. Der Aufwand wird noch weiter dadurch erhöht, daß sowohl die je abgedeckte Bandbreite als auch die Verteilung der Zugehörigkeitsmaße kontextabhängig sind: so ist die Beurteilung eines Gewinns als angemessen i.d.R. nicht unabhängig von der allgemeinen Konjunkturlage, den Gewinnen der Konkurrenz usw. Die Erhebung verbaler Konfidenzmaße und die Problematik ihrer Verwertung ist bereits am

Beispiel der Untersuchung von Zimmer dargestellt worden (vgl. S. 179). Damit ergibt sich ein vertrautes Bild: die zu erwartenden Erhebungsverzerrungen und der für komplexe Anwendungen gewaltige Aufwand begründen ein gehöriges Maß an Skepsis gegenüber solchen Versuchen, die Facetten von Vagheit formal zu repräsentieren. Aber: die Unbestimmtheit des Gegenstands erlaubt uns keine generelle Evaluierung der Qualität von Aussagen, die aus einer Fuzzy-Set-Wissensbasis abgeleitet wurden, gegenüber originären Expertenaussagen. Sowohl die einen als auch die anderen werden nicht immer die bestmöglichen sein. Es gibt allerdings einen erheblichen Unterschied, der sich nicht an den Aussagen allein festmachen läßt. Wenn ein Entscheidungsträger auf der Grundlage einer vagen Einschätzung eine Wahl getroffen hat, wird er i.d.R. bemüht sein, diese Wahl zu rechtfertigen. Wenn er erkennt, daß er nicht ganz richtig gelegen hat, kann er die Voraussetzungen, die zum Zeitpunkt der Wahl nicht vorlagen, nachträglich fördern. Beispiel: Ein Personalleiter stellt einen Bewerber ein, weil er ihn für hinreichend qualifiziert hält (sprachlich vielleicht widergegeben als "intelligent und flexibel"). Nachdem erste Anzeichen dafür auftreten, daß der neue Mitarbeiter die Erwartungen nicht erfüllt, kann der Personalleiter u.U. Maßnahmen einleiten, die zur Förderung der Qualifikation des Mitarbeiters beitragen. Die Neigung zu nachträglicher Korrektur hängt dabei wohl davon ab, in welchem Maße sich der jeweilige Entscheidungsträger für seine Wahl verantwortlich fühlt, und auch davon, wie groß der Legitimationsdruck ist. Der Wahrheitswert - besser: die Funktionalität - einer Aussage über sozial-kontingente Sachverhalte ist also nicht unabhängig von dem zu beurteilen, der sie formuliert. Ein besonders deutliches Beispiel dafür liefert das Phänomen der sich selbst erfüllenden Prophezeiung.

Damit haben wir ein wesentliches Defizit von ES, die auf vagem Wissen operieren, gegenüber menschlichen Entscheidern markiert: die für die Funktionalität einer Problemlösung u.U. wesentliche verpflichtende Beziehung des Entscheiders zu seiner Wahl bleibt unberücksichtigt: wer - außer demjenigen vielleicht, der für die Implementierung des ES verantwortlich zeichnet - sollte ein Interesse daran haben, die Kompetenz der Maschine zu bestätigen? Es kann allerdings nicht übersehen werden, daß auch ES den Umgang mit der Wirklichkeit durch ihre Auskünfte beeinflussen können. So kann der Mythos des unfehlbaren Elektronengehirns dazu führen, daß ES-Prognosen unkritisch als wahr unterstellt werden, was u.U. zu ihrer Erfüllung beitragen kann. Andererseits sind Motive dafür denkbar, gestaltbare Wirklichkeit so zu beeinflussen, daß sich ES-Auskünfte als falsch erweisen.

Die sich in vagen Formulierungen widerspiegelnden Mehrdeutigkeiten sind nicht allein ein Tribut an Kontingenz, sie können darüber hinaus auch mit einer bestimmten Intention eingeführt werden. So verleihen sie den für Zielvorgaben Verantwortlichen ein erhöhtes Sicherheits- und damit Legitimationspotential: "Je eindeutiger die Erwartung festgelegt wird, desto unsicherer ist sie in der Regel." (Luhmann 1984, S. 418) Schließlich können mehrdeutige Zielformulierungen eine politische Funktion haben: der Interpretationsspielraum, den sie öffnen, trägt dazu bei, die Divergenz von Organisationszweck und Motiven zu verschleiern. Ambiguität dieser Art leistet also einen wesentlichen Beitrag zur Instrumentalisierung von Unternehmungszielen (Luhmann 1972, S. 102; Cyert/ March 1963). Das Bemühen um Reduktion von Erwartungsenttäuschungen kommt auch in Wissensbasen zum Ausdruck, deren Formeln mit Konfidenzmaßen bzw. -bereichen gekennzeichnet sind. Es ist schließlich wesentlich für die Akzeptanz eines ES. Es bleibt allerdings fraglich, ob der Effekt der gleiche ist. Denn Erwartungen werden ja nicht allein durch nüchterne (verbale oder numerische) Attribuierung von Unsicherheit beeinflußt, sondern auch durch rhetorische Kompetenz und für wichtig erachtete Persönlichkeitsmerkmale des Sprechers. Mehrdeutige Zielvorgaben sind für ein ES dann nicht möglich, wenn sie unterschiedliche Strategien implizieren: eine Auswahl könnte dann allenfalls zufällig erfolgen. Aber: die Propagierung mehrdeutiger Ziele dient ja vor allem der Instrumentalisierung organisationaler Sinnsysteme. Eine Maßnahme, die sich für ein ES natürlich erübrigt, so daß dem ES durchaus die Ziele vorgegeben werden können, die die Unternehmensleitung präferiert. Aus deren Sicht bliebe allenfalls an wirksame Mechanismen zum Datenschutz zu denken.

Vage Formulierungen spielen zudem - durchaus zusammenhängend mit mehrdeutigen Zielvorgaben - eine Rolle bei der Beschreibung organisatorischer Regelungen. Mehrdeutige oder gar völlig fehlende Vorschriften vergrößern den Handlungsspielraum dessen, der sie anwendet, sind also in gewissen Grenzen funktional. Starre Reglementierung ist ja der wesentliche Grund für die vergleichsweise geringe Flexibilität bürokratischer Verwaltung. Ein ES verlangt aber eindeutige und vollständige Regelung. Auch wenn hier die Auflösung von Mehrdeutigkeit grundsätzlich möglich wäre, sind also dysfunktionale Effekte zu erwarten. Es wird allerdings noch darauf einzugehen sein, ob diese Erwartung zwingend ist.

Wahrnehmung und Konzeptualisierung: Grenzen einer automatischen Anpassung an dynamische Realitätsbereiche

Die bisherige Betrachtung sowohl vager als auch exakter Propositionen setzte voraus, daß sie vom jeweiligen Bereichsexperten bei der Implementierung der Wissensbasis spezifiziert werden. Eine Voraussetzung, die allerdings i.d.R. nicht erfüllt sein wird, denn Unternehmen und ihre Umwelt sind nicht statisch. Um also das generelle Wissen der Wissensbasis nutzen zu können, muß sie durch die je aktuelle (und relevante) Konstellation instantiiert werden: Objekte müssen Objektklassen zugeordnet werden, Propositionen sind durch einen Wahrheitswert bzw. ein Konfidenzmaß zu kennzeichnen, u.U. ist die Intensität eines vagen Prädikats zu bestimmen. Damit ergibt sich die Frage, welche Kompetenz für solche Instantiierungen nötig ist und wie es um die Möglichkeit steht, diese Kompetenz zu rekonstruieren.

Betrachten wir zunächst ein Beispiel. In der Wissensbasis eines ES seien u.a. folgende Regeln abgelegt:

1. *WENN* ein Mitarbeiter *förderungswürdig ist, DANN* (Liste von Maßnahmen)
2. *WENN* ein Mitarbeiter *überlastet ist, DANN* (Liste von Maßnahmen)
3. *WENN* ein Mitarbeiter eine *Gehaltserhöhung fordert, DANN* (Liste von Maßnahmen)
4. *WENN* die politischen Verhältnisse in einem Exportland *instabil* sind, *DANN* (Liste von Maßnahmen)
5. *WENN* ein Kunde mehr als zwei Wochen *in Zahlungsverzug ist, DANN* (Liste von Maßnahmen)

In allen Fällen setzt die Anwendung einer Regel voraus, daß dem System mitgeteilt wird: die Prämisse ist erfüllt. In grober dichotomischer Betrachtung kann man die skizzierten Sachverhalte danach unterscheiden, daß sie einerseits eine Einengung von Handlungsspielräumen anzeigen, andererseits die Chance einer Ausweitung derselben andeuten.[1)] Die im Licht der jeweils implementierten Handlungsrationalität kritischen Konstellationen drängen sich dem Entscheider nicht immer auf (wie in Fall 3.), er muß vielmehr ständig eine Flut von Informationen auf Problemindikatoren hin auswerten. Für ein ES heißt das zunächst: es müssen Schnittstellen vorgesehen sein, die den Transfer der Information ins System erlauben. Deren physikalische Komponente läßt sich realisieren. Dabei kann an Mikrophone, Kameras, Scanner und ähnliche Sensoren gedacht werden. Damit ist allerdings wenig erreicht. Um die jeweils übermittelten Ausprägungen physikalischer Größen nutzen zu können, muß das ES sie "begreifen", das heißt: den Begriffen (Prädikaten, Objekten) der Wissensbasis korrekt zuordnen. Eine solche Zuordnung ist dann unproblematisch, wenn es sich - wie in Regel 5. - um eindeutige Informationen handelt, die in DV-Anlagen verfügbar sind. Wenn allerdings Information op-

1) Pfohl (1977, S. 94) spricht in diesem Zusammenhang von Problemen mit "Störungscharakter" und solchen mit "Chancencharakter", ähnlich Bretzke (1980), S. 37

tisch (z.B. das Beobachten von Verhaltensweisen) oder/und natürlichsprachlich anfällt, kann sie nicht mehr automatisch ausgewertet werden: die Auswertung optischer Daten (in sozialen Kontexten!) ist zur Zeit (jedenfalls mit hinreichender Robustheit) nicht möglich - ganz zu schweigen vom Verstehen natürlicher Sprache (vgl. S. 111 f.). Abgesehen davon wäre es mit einer leistungsstarken natürlichsprachlichen Schnittstelle ohnehin nicht getan. So ist einerseits daran zu denken, daß die adäquate Interpretation einer sprachlichen Äußerung mitunter nicht unabhängig von der Intention des Sprechers erfolgen kann, denn "Sprache schafft die Möglichkeit ... der Lüge, der Täuschung, des irreführenden Symbolgebrauchs." (Luhmann 1984, S. 513) Zum anderen wird es nicht selten nötig sein, Menschen gezielt anzusprechen, sie vielleicht zu drängen, um eine Auskunft zu erhalten.

Die skizzierten Wahrnehmungsdefizite von ES markieren eine ganz erhebliche Schwäche. Schließlich macht die Fähigkeit zu sachkundiger Wahrnehmung gerade in dynamischen Domänen einen wesentlichen Teil der Kompetenz aus, die doch eigentlich rekonstruiert werden soll. Bekanntlich ist gerade das Erkennen von Problemen in einem komplexen vieldeutigen Wirklichkeitsausschnitt eine Aufgabe, deren Schwierigkeit die der eigentlichen Problemlösung mitunter übertrifft.[1] Ein wesentlicher Grund dafür, daß ein wissensbasierter Ansatz hier wohl scheitern muß, ist darin zu sehen, daß selektive Wahrnehmung gerade in einem sozial geprägten Kontext eben nicht allein durch den Rückgriff auf mehr oder weniger reflektierte Erfahrung - auf Wissen - zustandekommt, sondern eben auch elementare Fähigkeiten voraussetzt, die zum Teil physiologischer Art sind (optische, akustische Wahrnehmung), zum Teil gleichsam konstituierendes Merkmal des Menschen als soziales Wesen sind (Sprachverstehen): *Können und nicht wissen, wie* (und erst recht nicht sagen können). Dabei ist es wichtig, daß

1) abgesehen davon, daß Probleme übersehen werden, ist dabei auch daran zu denken, daß Symptome unangemessen gedeutet werden und deshalb das "falsche" Problem bearbeitet wird. Mitroff/Featheringham (1974) sprechen in diesem Zusammenhang vom "Error of the Third Kind".

diese elementaren Wahrnehmungsfähigkeiten von dem je mitverwendeten Wissen nicht klar getrennt werden können, sie sind vielmehr dessen Voraussetzung und gleichzeitig dessen Folge: Wahrnehmung wird nicht zuletzt durch Wissen selektiv.[1)]

ES können also kaum als Problemdetektoren dienen - abgesehen von den zwar zahlreichen, aber wenig aufregenden Fällen, in denen Daten aus der konventionellen EDV analysiert werden. Für den Dialog mit einem ratsuchenden Anwender scheint dieses Defizit wenig bedeutsam: der Anwender hat ein Problem und kann dem ES zudem auf Anfrage Umweltzustände mitteilen. Aber: Abgesehen von der Schwierigkeit, daß Ratsuchende nicht immer in der Lage sind, klar zu umreißen, was eigentlich Problem ist, dazu vielmehr diskursive Kompetenz des Beratenden nötig ist, erfordert die im Dialog vorzunehmende Beschreibung von Umweltzuständen u.U. gerade die Kompetenz, die das ES zur Verfügung stellen soll. Sehen wir uns dazu Teile eines möglichen Dialogs an, der durch die Anwendung von Regel 3 initiiert wird:

Wie beurteilen Sie die fachliche Qualifikation des Mitarbeiters? (*sehr hoch, hoch, durchschnittlich, mäßig, schlecht*):

Ist der Mitarbeiter leicht zu ersetzen? (*sehr leicht, leicht, schwierig, kaum*):

Sieht man von den Schwierigkeiten ab, die durch die Verarbeitung letztlich quantifizierter Zugehörigkeits- bzw. Konfidenzmaße entstehen, ist es hier nötig, daß der Ratsuchende in der Lage ist, eine qualifizierte Beurteilung (im Sinne des Experten, der die Regeln formuliert hat) zu treffen. Das setzt allerdings eine entsprechende Kompetenz voraus. Das

1) in diesem Sinne Weick (1985, S. 229): "Handlung, Wahrnehmung und Sinngebung stehen in einer zirkulären, fest gekoppelten Beziehung..." Aus der Sicht der kognitiven Psychologie de Groot (1983, S. 127): "... intelligent problem transformations often occur at the perceptual level .." und weiter: "Abstraction and vision are hard to disentangle." Ähnlich Simon (1983, S. 28) zum common sense reasoning: "It is perhaps more than an etymological accident that the second word in that idiom refers explicitly to this feedback tie with the outside world."

Ausmaß, in dem ein ES Problemlösungen vereinfacht bzw. automatisiert, hängt also auch davon ab, welcher Aufwand bzw. welche Kompetenz der Anwender aufbringen muß, um die je aktuellen Ausprägungen der in der Wissenbasis modellierten Sachverhalte festzustellen. Dieser Zusammenhang wird dann kritisch, wenn die zur Beurteilung der Realität erforderliche Kompetenz das Wissen um die im ES abgebildeten Zusammenhänge impliziert: wenn es nicht ganz überflüssig wird, kommt dem ES lediglich die Funktion zu, an wichtige Einflußfaktoren zu erinnern - was allerdings u.U. sehr hilfreich sein kann.

Auch die Beratungsfunktion eines ES stößt an Grenzen, wenn Problemkonstellationen anliegen, die in der Wissenbasis nicht berücksichtigt sind, die neu sind. Ein Manager wird sich nicht selten Konstellationen gegenübersehen, die er so zum ersten Mal erlebt. Er muß daraufhin abschätzen, welche Auswirkungen auf die Bedeutung, die dem jeweiligen Sachverhalt innerhalb bestimmter Wirkungszusammenhänge zukommt, durch diese neuen Merkmale zu erwarten sind. Die Beurteilung neuer Konstellationen ist zweifelsohne ein wichtiger Bestandteil kognitiver Kontingenzadaption. Auch wenn, gerade in sozialen Bereichen, häufig Vorurteile und sonstige Verzerrungen wirksam werden, sind wir i.d.R. sehr wohl in der Lage, zunächst unbekannte Sachverhalte zu deuten. Anders ES: immer dann, wenn Situationen auftreten, die ein Anwender zwar befriedigend beschreiben kann, die sich aber den in der Wissensbasis verfügbaren Generalisierungen nicht unterordnen lassen, kann das ES nicht weiterhelfen - schlimmstenfalls gibt es falsche Antworten. Es gibt zwar in der KI-Forschung Bemühungen, den Prozeß des Konzeptualisierens neuer Sachverhalte funktional äquivalent nachzubilden, sie waren allerdings bisher wenig fruchtbar. Letztlich handelt es sich um Versuche, neue Sachverhalte durch ihre Ähnlichkeit mit bekannten Sachverhalten zu konzeptualisieren. In III.3.2 ist deutlich geworden, wie solche Versuche zu beurteilen sind. Auch in der kognitiven Psychologie wird Ähnlichkeit durch die Zahl der u.U. gewichteten gemeinsamen Merkmale zu erfassen gesucht. (vgl. dazu Tversky 1977) Ebenso wie bei den Untersuchungen im KI-

Bereich handelt es sich dabei um Ex-post-Betrachtungen: die miteinander zu vergleichenden Sachverhalte (häufig handelt es sich nur um grafische Muster) sind bekannt, ihre Ähnlichkeit wird von Testpersonen durch irgendein Maß gekennzeichnet.[1)]

Die Handhabung schwach strukturierter Probleme

Die unzureichenden Fähigkeiten von ES, Probleme wahrzunehmen, markieren zweifelsohne eine beträchtliche Einschränkung ihres Potentials, Problemlösungen im Managementbereich zu automatisieren. Eine nachhaltige Disqualifizierung geht damit allerdings nicht einher: es gibt durchaus eine Fülle von Problemen, die als solche wahrgenommen sind, deren Bearbeitung aber erhebliche Schwierigkeiten bereitet. Sowohl der betrachtete Gegenstandsbereich - Managementprobleme - als auch das Untersuchungsziel - Grenzen der formalen Wissensrepräsentation - legen es nahe, dabei vor allem an solche Probleme zu denken, die nicht in all ihren Komponenten eindeutig beschrieben sind. Simon (1973, S. 187 ff.) spricht in diesem Zusammenhang von "ill structured problems". In der idealisierenden Betrachtungsweise der formalen Entscheidungstheorie ist ein Problem durch die Diskrepanz zwischen einem eindeutig beschriebenen gegebenen Zustand und einem ebenfalls eindeutig gekennzeichneten gewünschten Zustand gekennzeichnet. Zur Überwindung der Soll-Ist-Abweichung sind außerdem (eindeutige) Operationen bekannt. Soziale Realität ist bekanntlich weniger griffig: Probleme sind häufig nicht so wohlstrukturiert. So sind mitunter das Ziel und/oder die Transformationen, die zum Ziel hinführen, nicht eindeutig zu beschreiben.

1) es scheint bezeichnend für den Stand der Forschung, daß es innerhalb der kognitiven Psychologie eine Reihe unterschiedlicher Ansätze gibt, die jeweils auf einzelne Aspekte der Konzeptualisierung abheben, eine ansatzweise befriedigende Erklärung aber allesamt nicht bieten. Vgl. dazu Medin (1984). Zur Beschreibung der Deutung aus phänomenologischer Sicht vgl. Schütz (1981), S. 112

Schließlich kann auch die Ist-Situation nur unzureichend bekannt sein. Beispiele für solche Probleme sind leicht zu finden: die Entwicklung eines neuen Produkts, das Verfassen eines Briefes an einen verärgerten Geschäftspartner, das Zusammenstellen eines Projektteams usw.

Unexakte Problembeschreibungen dieser Art spiegeln sich zum Teil in der Anwendung der Formalismen zur Darstellung vagen Wissens wider. Darüber hinaus gehört es zu den zentralen Annahmen der KI-Forschung im allgemeinen, der ES-Forschung im besonderen, daß Experten auch schwach strukturierte Probleme systematisch bearbeiten, indem sie fachspezifische oder auch individuelle Heuristiken anwenden (vgl. z.B. Harmon/King 1985, S. 247). Die Thematisierung von Heuristiken verspricht gewiß keine grundlegend anderen Erkenntnisse über Problemlösungskompetenz als die formale Abbildung vagen Wissens. Allein der Fokus der Betrachtung schwenkt ab von der subjektiven Beschreibung realer Zusammenhänge hin zu Strategien subjektiver Problemadaption. Eine Perspektivenverschiebung allerdings, die für den ES-Ansatz durchaus bedeutsam ist: "Conventional programs tend to rely on algorithms to provide their overall structure, whereas knowledge systems tend to rely on heuristics for their structure." (Harmon/King 1985, S. 8)

Heuristiken: Strategien zur Reduktion von Problemkomplexität oder Algorithmen?

Unter einer Heuristik wird gemeinhin eine Menge von Handlungsregeln verstanden, die die Lösung eines Problems bzw. einer Klasse von Problemen unterstützen sollen. Dabei wird häufig der Unterschied zu Algorithmen betont. Während Algorithmen immer zu einer Lösung (oder besser: zu einem Ergebnis) führen, bieten Heuristiken danach lediglich eine Orientierung, die vor allem in der Reduktion der Komplexität des Ausgangsproblems besteht. Sie garantieren keine Lösung: "In opposition to an algorithm, however, heurisms do not offer an a priori guaranty that a solution can be found, if one exists." (Dörner 1983, S. 89) Typischerweise wird ihre Verwendung vor allem auf die Bearbeitung schwach strukturierter Probleme projiziert. In solchen Fällen sind optimale Lösungen häufig nicht bekannt und können auch nicht ex post als solche identifiziert werden. Der Rückgriff auf Heuristiken wird daneben auch als ein Tribut an den für bekannte optimale Lösungen nötigen Ressourcenaufwand dargestellt. Das gängige Beispiel dafür sind die in Schachprogrammen implementierten Regeln.

Wie sind individuelle Heuristiken, "rules of thumb" (Newell 1983, S. 210), zur Bearbeitung schwach strukturierter Probleme zu denken? Grundsätzlich sind Heuristiken Ausdruck des Bemühens, Komplexität - und das heißt vor allem: Ungewißheit - zu reduzieren, indem sie zunächst Unbekanntes in mehr oder weniger großem Umfang durch Vertrautes zu ersetzen gestatten. Die "großen Hilfsquellen" (Polya 1949, S. 157) dazu sind Generalisierung, Spezialisierung und - vor allem - Analogiebildung. Die Anleitungskraft einer Heuristik korreliert dabei i.d.R. mit dem Detaillierungsgrad der vorliegenden Beschreibung. Bei neuen, weitgehend unbekannten Problemen sind die genannten Hilfsquellen ein nahezu zwangsläufiger Reflex auf fehlende Gewißheit. Sie stellen die einzige Möglichkeit dar, dennoch zu handeln: "If you are in a complex, knowledge-rich, incompletely-understood world, then it is frequently useful to behave as though it were true that APPROPRIATENESS (Action, Situation) is continuous and time-invariant." (Lenat 1982, S. 222) Wesentlich dabei ist: derjenige, der sich solcher Heuristiken bedient, muß selbst noch (Teil-) Probleme lösen. So bietet die abstrakte Heuristik "Suche nach Analogien" allenfalls eine schwache Orientierung. Auch Strukturierungen von Problemlösungsverfahren, die darauf abzielen, das Gesamtproblem in weniger komplexe Teilprobleme zu unterteilen (z.B. Phasenmodelle) befreien den Anwender nicht von der Notwendigkeit, mögliche Lösungen selbst zu (er)denken. Ein ergiebiges Feld zur Veranschaulichung der dargestellten Zusammenhänge stellt die Software-Entwicklung dar. Neben Strukturierungshilfen wie Darstellungstechniken und Phasenmodellen sowie generellen Entwurfsmethoden ist dabei an Heuristiken zu denken, die den kreativen Akt der Algorithmenformulierung (bzw. -entdeckung) unterstützen. Ein Beispiel für eine solche Heuristik, die vor allem für Anfänger hilfreich ist: *Stelle Dir vor, Du sollst die beschriebene Aufgabe manuell, unter Rückgriff auf einen Kartenstapel, auf dem die Daten notiert sind, lösen. Wie würdest Du sinnvollerweise vorgehen?* Aber: so hilfreich Heuristiken (oder Methoden und Techniken) in diesem Zusammenhang auch sein mögen, sie sind keine hinreichende Grundlage für eine Automatisierung.[1)]

Anders verhält es sich mit solchen Heuristiken, die sich als konkrete Handlungsanweisungen präsentieren. Dazu gehören neben den bereits erwähnten - für unsere Perspektive allerdings wenig ergiebigen - Schachregeln ("Springer am Rand ist eine Schand") auch Handlungsmuster zur Vereinfachung sozialer Interaktion (wie Normen, aber auch simplifizierende Rezepte, wie z.B. "Wenn ein unzufriedener Kunde wieder wohlgestimmt werden soll, mache seiner Frau ein kostbares Geschenk."). Darüber hinaus ist an ein ganzes Spektrum von Heuristiken, angefangen bei Daumenregeln bis hin zu komplexen formalen Verfahren zu denken, die Probleme lösen (oder beseitigen): die Festlegung des Werbebudgets als fixen Anteil des letzten Umsatzes, die Ausrichtung der Preispolitik an derjenigen des Marktführers und ähnliches mehr. In all diesen Fällen führt allein die rezepthafte Anwendung der Regeln zu einem Ergebnis. Was sie mit den zuvor dargestellten Heuristiken verbindet ist allein der Umstand, daß auch sie keinen Erfolg garantieren.[2)] Man könnte deshalb durchaus Zweifel daran hegen, ob es sinnvoll ist, für solche Verfahren auch den Begriff Heuristik zu verwenden. Für uns ist allerdings wesentlich, daß in der KI-Forschung diese undifferenzierte Terminologie ge-

---

1) zur Formalisierbarkeit der Software-Entwicklung vgl. die Beiträge in Molzberger/Zemanek (1985).

2) Polya (1949, S. 119) sieht darin ein wesentliches Merkmal heuristischen Denkens.

pflegt wird. Dabei drängt sich - wie in anderen Fällen auch - der Verdacht auf, daß die naheliegende Differenzierung bewußt vermieden wird, um Raum für Mystifikationen zu lassen. Während nämlich solche Verfahren, die sich aus einer geordneten Folge eindeutiger Regeln zusammensetzen, formalisiert und damit automatisiert werden können, gilt das für Heuristiken, die dem Anwender - je nach Anleitungskraft - einen mehr oder weniger großen Teil der Problemlösung überlassen, nicht. Genau diese Fähigkeit aber wird dadurch vorgetäuscht, daß einerseits eine Differenzierung dieser beiden wesentlich verschiedenen Arten von Heuristiken unterbleibt und andererseits nur solche Heuristiken genau beschrieben werden, die eindeutig sind.[1)] Zwar haben die KI-Forscher, die diese Sicht vertreten, durchaus eine Legitimation zur Hand, indem sie unter Verweis auf ihr Menschenbild (vgl. dazu beispielhaft das Minsky-Zitat auf S. 10) anführen, auch jene Heuristiken, die wir heute noch nicht eindeutig beschreiben können, hätten eine systematische Struktur, die es eben noch zu entdecken gelte. Aber: wie immer man zum mechanistischen Menschenbild der KI stehen mag, die pragmatische Frage nach Formalisierbarkeit kann durch derartige Bekenntnisse nicht entschieden werden. Der Verweis darauf also, daß die von einer Heuristik nicht eindeutig gelösten Teilprobleme durch entsprechendes Wissen zu überwinden seien, kann nicht überzeugen: so ist u.a. die zur Bildung von Analogien nötige Kompetenz zur Zeit eben nicht beschreibbar. Daraus folgt: die "Heuristiken", die in einem ES zur Anwendung gelangen, können nur das sein, was sie doch eigentlich gar nicht sein sollen:

---

1) beispielhaft dafür die Übersicht in Davis/Lenat (1982), S. 163 ff. Bezeichnend für die kritisierte unzureichende Differenzierung formaler und nicht formaler Heuristiken die Darstellung bei Kirsch (1977 II, S. 155 ff.): Zunächst werden "heuristische Programme" als Algorithmen ohne Lösungsgarantie definiert, unter Verweis auf Beispiele wie das Schachspiel wird als wesentlicher Vorteil von Heuristiken gegenüber Algorithmen mit Lösungsgarantie (was ja voraussetzt, daß es solche Algorithmen überhaupt gibt) ihre im Durchschnitt höhere Geschwindigkeit genannt. Schließlich allerdings ist von allgemeinen heuristischen Prinzipien des Denkens die Rede, ohne daß deren Eindeutigkeit in Frage gestellt wird.

Algorithmen, nämlich eine endliche Folge *eindeutiger* Anweisungen - unabhängig davon, wie die Wissensbasis aufgebaut ist.[1)]

Wie immer man also die durch das jeweils repräsentierte Wissen und die Inferenzkomponente definierten Lösungsverfahren bezeichnet, sie können nur auf solche Probleme angewandt werden, für die Ausgangszustand, Zielzustand und eine Menge von Operationen, die eine Transformation in einen Zielzustand erlauben, explizit gemacht werden. Folgt daraus, daß ES allenfalls wohlstrukturierte Probleme oder - wenn man Bretzke (1980, S. 34) folgt - schlechthin gar keine Probleme lösen können? Denn: "Wohlstrukturierte Probleme sind keine echten Probleme, das 'Wesen' eines wirklichen Problems besteht vielmehr gerade umgekehrt in einem Mangel an Struktur."[2)] Zwei Gründe sprechen gegen eine derart harsche Kritik an der Möglichkeit maschineller Problemlösung. Für den ersten Grund liefert Bretzke (1980, S. 51) selbst den Hinweis, indem er ein Problem "als eine Resultante einer Subjekt-Objekt-Relation" bezeichnet. Das heißt: auch wenn ein entsprechend kompetenter Mensch in der Lage ist, die Diskrepanz zwischen einem gegebenem und einem gewünschten Zustand durch ein Verfahren zu überwinden, das er zudem formal beschreiben kann, mag diese Diskrepanz für weniger Kundige (z.B. die Anwender eines ES) durchaus ein 'wirkliches Problem' darstellen (sie selbst verfügen nicht über das Wissen, es zu lösen). Daneben ist daran zu denken, daß eindeutige Handlungsregeln durchaus auch auf schwach strukturierte Probleme angewandt werden können. Wenn die tatsächlich wirksamen Zusammenhänge nicht bekannt sind, können an deren Stelle Aussagen über vermutete Zusammenhänge treten, wenn ein Zielzustand nicht eindeutig

1) diese Feststellung ist (natürlich) wenig überraschend. Sie folgt einerseits aus der Tatsache, daß jedes ES eine Turing-Maschine und damit ein Algorithmus ist, andererseits aus der Architektur des ES: die Inferenzverfahren, durch die ein Lösungsweg konstruiert wird, operieren eben nur auf vorgegebenem Wissen (dabei ist es an dieser Stelle unerheblich, daß nur ein Teil dieses Wissens explizit gemacht sein muß).

2) ähnlich äußert sich Pfohl (1977), S. 22

beschrieben werden kann, wird eben vereinfachend das Ergebnis, das die Anwendung der (heuristischen) Regeln zeitigt, zum Ziel - wobei durchaus der Fall auftreten kann, daß dieses Ergebnis eindeutig nicht mit der eigentlichen Zielvorstellung übereinstimmt.[1)] Dieser Zusammenhang gilt i.d.R. auch für formale Entscheidungsmodelle, die ja gemeinhin eine erhebliche Vereinfachung der Realität darstellen. Solche Modelle können häufig jedoch nicht eingesetzt werden - nicht zuletzt deshalb, weil sie eine Quantifizierung der je einfließenden Größen verlangen, die allenfalls mit der Gefahr erheblicher Verzerrungen erkauft werden können. Quantifizierung jedoch ist kein notwendiges Merkmal von ES-Wissensbasen (die ja auch Modelle darstellen). Damit ist die Frage aufgeworfen, ob die Anwendung simplifizierender Heuristiken - die allerdings eindeutig, und das heißt: als Algorithmen, formuliert sein müssen - hinreichend funktional sein kann. Simon (1973, S. 200) gab sich - wenn auch aus einer anderen Perspektive - hoffnungsvoll: "There appears to be no reason to suppose that concepts as yet uninvented and unknown stand between us and the fuller exploration of those problem domains that are most obviously and visibly ill structured."

1) um noch einmal das Beispiel Schach zu strapazieren: die in einem Schachprogramm implementierten eindeutigen Regeln führen bekanntlich nicht immer zum Sieg, eine Sieg-Strategie ist zwar berechenbar, die dafür nötige Rechenzeit läßt eine entsprechende Automatisierung aber nicht zu. Ähnliche Unzulänglichkeiten - gleichwohl der Grund hier nicht in zeitlichen Restriktionen liegt - gelten für die skizzierten Regeln zur Vereinfachung von Wirkungszusammenhängen in sozialen Kontexten.

"The Science of Muddling Through" - "Durchwursteln" als formaler Prozeß?

Die jüngere deskriptive Entscheidungstheorie ist durch ein gewandeltes Menschenbild gekennzeichnet: die Abkehr vom 'rational man' hin zum Entscheider mit beschränkten kognitiven Kapazitäten. Die geänderte Bewertung der kognitiven Leistungsfähigkeit geht einher mit der Kritik am Rationalitätskonzept der formalen Entscheidungstheorie, das durch das Streben nach vollständiger Information und optimalen Lösungen gekennzeichnet ist. Voraussetzungen, so die Kritik, die ein menschlicher Problemlöser häufig genug nicht erfüllen kann.[1)] Lindblom (1964) geht über die Kritik an der Anwendbarkeit der formalen Entscheidungstheorie noch hinaus: in präskriptiver Wendung macht er aus der Not beschränkter kognitiver Kapazitäten eine Tugend. Menschliche Entscheider greifen nicht nur faktisch auf stark vereinfachende Problemlösungsverfahren zurück, sie sollen es auch tun, da, so Lindblom (S. 73), solche Verfahren den Modellen der formalen Entscheidungstheorie zumeist weit überlegen sind.

Manager (bzw. 'administrators'), die sich Mißständen, also Problemen, gegenüber sehen, setzen danach nicht zur Totalanalyse an, deren Ergebnis ein dezidierter Plan wäre, der zu einer (optimalen) Lösung führte. Vielmehr beginnen sie mit dem am dringlichsten scheinenden Teilaspekt, um nach dessen Bearbeitung den Feedback in Form verbleibender Teilprobleme abzuwarten, die dann wieder in kleinen Schritten bearbeitet werden. Dabei beschränkt sich die Betrachtung von Handlungsalternativen auf wenige als relevant eingestufte. Relevant ist eine Alternative nach Lindblom dann, wenn sie nur inkrementelle Veränderungen des Bestehenden bewirkt. Durch Problembearbeitung entstehen neue Probleme, so daß der Manager

1) bemerkenswert ist dabei, daß die Unfähigkeit zu optimalen Lösungen nicht als ein Reflex auf eine grundsätzlich kontingente Umwelt angesehen wird, sondern (in erster Linie) als Ausdruck beschränkter kognitiver Kapazitäten, die es eben nicht erlauben, die hohe Komplexität vieler Problembereiche vollständig zu durchdringen.

sich permanent einem Konglomerat von (wenigstens zum Teil) latenten Problemen gegenübersieht. Dieser Wust unterschiedlich dringlicher Probleme kann nicht vollständig beseitigt werden, ein Manager kann sich allenfalls durch ihn "hindurchwursteln" - und genau das *soll* er auch.

Gleichwohl Lindblom keinen Zweifel daran läßt, daß er "Muddling Through" für eine sinnvollere Kontingenzadaption hält als den Rückgriff auf formale Entscheidungsmodelle, scheint es zunächst fraglich, ob er eine formale Beschreibung des Durchwurstelns für möglich hält. So baut sein Ansatz ja gerade auf der Kritik an formalen Verfahren auf. Eine Kritik, die sich allerdings vor allem gegen das durch diese Verfahren postulierte klassische Rationalitätskonzept richtet. Auch wenn Lindblom es nicht explizit macht, scheint ihm eine formale Beschreibung des Muddling Through sinnvoll und machbar. Einen indirekten Hinweis darauf gibt die Kennzeichnung des Durchwurstelns als Wissenschaft. Darüber hinaus spricht Lindblom (1964, S. 64) von der "method of succesive limited comparisons", die er durch die Einführung von fünf Teilschritten möglichst eindeutig zu beschreiben versucht. Die dadurch skizzierte allgemeine Heuristik gibt für den konkreten Einzelfall keine eindeutigen Empfehlungen. Aber es geht uns ja nicht vorrangig um den theoretischen Gehalt des Muddling Through, sondern vor allem um die Frage, ob das spezielle Durchwursteln eines Managers, sein systematisches Bemühen um Vereinfachung, formal beschrieben werden kann. Es gibt Indizien, die darauf hindeuten, daß solche Strategien sich gegen Formalisierungsversuche sperren. So enthält Lindbloms Beschreibung der Heuristik u.a. Wendungen wie "important possible outcomes" oder "important alternative potential policies". Dabei wird, wie bereits erwähnt, Wichtigkeit aus dem Grad der Ähnlichkeit am Bestehenden abgeleitet. Ähnlichkeit aber läßt sich nicht mit hinreichender Wirksamkeit konzeptualisieren. Allerdings ist einschränkend daran zu erinnern, daß im Einzelfall auch grobe (formal beschreibbare) Simplifikationen durchaus erfolgreich sein können. Die Verwendung solcher Vereinfachungen in ES birgt allerdings ein zentrales Problem: Evaluierung. Es liegt auf der Hand, daß Heuristiken dieser Art auch zu Ergebnissen führen können, die derjenige, der sie verwendet, nicht akzeptiert. Wenn allerdings ein wenig sachkundiger Anwender als ES-Auskunft ein solches Ergebnis erhält, kann er dessen zweifelhaften Wert u.U. nicht erkennen.

"The Science of Muddling Through" weist, wenn auch mit anderer Intention, deutliche Gemeinsamkeiten mit dem ES-Ansatz auf. So sind auch für Lindblom die tatsächlich angewandten Problemlösungsstrategien und nicht solche, die an den illusorischen Idealen der formalen Entscheidungstheorie orientiert sind, das Maß effizienten Handelns. Abgesehen von der aus der Sicht ökonomischer Theorie bedenklichen Reproduktion des Bestehenden (die dem ES-Ansatz in dieser Form nicht vorgehalten werden kann, denn er gibt sich ja vorrangig als technologisch ausgerichtet), bleiben die aus der Untersuchung der Wissensrepräsentation bekannten Probleme. Denn auch wenn Lindblom durch den durchaus plausiblen Hinweis darauf, daß die in der Praxis angewandten Strategien (und damit auch: das Wissen, das sie konstituiert) eher schlicht gewirkt sind, die Chancen, sie zu beschreiben, günstig erscheinen läßt: die dargestellten Schwierigkeiten bei der formalen Rekonstruktion kognitiver Kontingenzadaption lassen sich allein dadurch kaum beseitigen.

Die vorangegangene Untersuchung zeitigte eine Reihe von Indizien, die Schwierigkeiten, wenn nicht Grenzen der formalen Rekonstruktion von Management-Kompetenz markieren. Auch wenn die Indiziensammlung gewiß nicht vollständig ist, scheint sie doch eine hinreichende Basis für weitere Schlußfolgerungen zu bieten. Den Ausgangspunkt unserer Überlegungen bildete die Annahme, daß der (erfolgreiche) Umgang mit Kontingenz ein wesentliches, wenn nicht notwendiges Merkmal von Management-Kompetenz ist. Im Bemühen, diese Kompetenz näher einzugrenzen und die Möglichkeiten, sie formal zu beschreiben, zu bewerten, ließen sich drei wesentliche Barrieren identifizieren. So sind Manager (wie andere Zeitgenossen auch) in der Lage, bestimmte Sachverhalte für Entscheidungen bzw. Problemlösungen hinreichend funktional zu beurteilen. Die Kriterien, auf denen eine solche Beurteilung aufbaut, sowie deren Zusammenspiel können sie allerdings nicht eindeutig benennen. Um noch einmal einen möglichen Grund dafür zu nennen: die Beurteilung sozialer Verhältnisse oder komplexer Persönlichkeitsmerkmale rekurriert auf Kompetenzen, die (wenigstens zu einem erheblichen) Teil in langen Sozialisationsprozessen internalisiert wurden und deren Genese der einzelne deshalb kaum rekonstruieren kann: *Wissen und nicht sagen können*. Die zweite Barriere wird durch elementare sensitive bzw. kognitive Fähigkeiten wie Sehen und Sprachverstehen gebildet. Sie stellen eine wesentliche Voraussetzung sachkundiger Wahrnehmung dar, die wiederum für den Umgang mit Management-Problemen unentbehrlich ist. Ein Umstand, der dann das Problemlösungspotential von ES erheblich beschneidet, wenn - häufig genug der Fall - die je wahrzunehmenden Informationen nicht in formalisierter Form verfügbar sind. Wie sich unser Sehen und Sprachverstehen vollzieht, können wir noch weniger beschreiben als das Zustandekommen bestimmter Urteile - wir wissen es gar nicht. Also: *Können und nicht sagen können, wie*. Es ist evident, daß beide Kompetenzen kaum voneinander zu trennen sind.

So gewichtig die Probleme sind, die sich der formalen Rekonstruktion vorhandener Fähigkeiten in den Weg stellen, ein überzeugter KI- bzw. ES-Proponent wird sie kaum als unüberwindbare Grenzen akzeptieren: ihre Funktionsweise ist eben durch weitere Forschung nach und nach zu entdecken. Diese Hoffnung konzentriert sich aus dem Blickwinkel des ES-Ansatzes vor allem auf die offenkundige Unfähigkeit von Experten, ihr Handlungswissen explizit zu machen. Hier soll die psychologische Kompetenz des Knowledge Engineers und das Bemühen des Experten um Introspektion weiterhelfen. Auch wenn der gegenwärtige Stand der Forschung wenig Anlaß zu der Annahme bietet, daß in absehbarer Zeit entsprechende Techniken verfügbar sein werden[1], so kann es dennoch nicht gelingen, sie als falsch zu entlarven: es handelt sich eben in letzter Konsequenz jenseits aller Indizien um Glaubensbekenntnisse, über die erst dann entschieden werden könnte, wenn die Funktionsweise menschlichen Denkens vollständig bekannt wäre. Es bleiben allerdings berechtigte - und vor dem Hintergrund der Frage nach gegenwärtigen Automatisierungsmöglichkeiten - bedeutsame Zweifel.

Anders die dritte Barriere. Sie wird markiert durch einen deutlichen Mangel an Wissen als "Gewißheit, daß Phänomene wirklich sind und bestimmbare Eigenschaften haben" (Berger/Luckmann 1980, S.1). Pointiert: *Handeln ohne zu wissen*. So setzt sich das 'Wissen' über soziale Sachverhalte (und gewiß nicht nur über die) zu einem nicht unerheblichen Teil aus Vorurteilen und sonstigen Vereinfachungen zusammen, es kann also durchaus unzutreffend sein. Daß auch die Wahrnehmung von Managern in ihrem professionellen Wirkungsbereich mannigfaltigen Verzerrungen unterworfen ist und so nicht immer verläßliches Wissen liefert, ist seit langem bekannt (Zalkind/Costello 1964). Der (jedenfalls im Licht der Anforderungen einer formalen Beschreibung) desolate Wissensstand wird dann besonders deutlich, wenn die in Wissensbasen zu imple-

1) zum wenig ermutigenden Stand psychologischer Untersuchungen über die Möglichkeiten der Introspektion vgl. Nisbett/Wilson (1977).

mentierenden Aussagen mit Konfidenzmaßen gekennzeichnet werden sollen. Solche Maße sind nichts als ein hilfloser Reflex auf Kontingenz, durch den letztlich ein Paradoxon vorgespiegelt wird: Gewißheit über Ungewißheit. Darüber hinaus ist daran zu denken, daß so mancher durchaus bedeutsame Zusammenhang gar keine Berücksichtigung erfährt, weil er schlicht nicht bekannt ist, oder aber die Realität mit Hilfe nicht zutreffender Interpretationmuster gedeutet wird.

Die Vermutung, daß Manager häufig gar nicht recht um die Problemzusammenhänge wissen, in denen sich ihr Handeln vollzieht, trifft den ES-Ansatz also ins Mark, indem sie dessen so plausible Grundannahme, daß Experten über Wissen verfügen, das für Problemlösungen hinreichend ist, nachhaltig in Frage stellt - jedenfalls für den Bereich des Managements. In der ES-Literatur wird häufig unter Hinweis auf nicht-monotone Formalismen der Eindruck erweckt, auch nicht vollständiges Wissen könne in einem ES berücksichtigt werden. Dabei geht es allerdings allein um die formal aufwendige Ersetzung alter Annahmen durch neu hinzugefügtes Wissen. Das hier angesprochene Problem resultiert jedoch nicht aus einem temporal veränderlichen Wissensstand, sondern aus verkürzten Wirklichkeitsinterpretationen. Der respektlose Zweifel am Fachwissen von Managern, der sich hier auf der Suche nach Grenzen der Wissensrepräsentation herausbildete, ist nicht neu. Vielmehr kann zu seiner Stützung auf eine Reihe von Indizien verwiesen werden, die von prominenten Zeugen stammen. So zeichnen Cohen/March/Olsen (1976) in ihrem *Garbage Can*-Modell ein Bild von Managern, das nicht eben durch überragende Kenntnisse der zu bearbeitenden Problemzusammenhänge glänzt. Nach Weick (1985, S. 351) sind Manager i.d.R. nicht in der Lage, so sehr sie sich auch bemühen, "*die* Antwort oder *die* Ursache oder *den* Hebel in der Organisation zu finden, der, wenn er gedrückt wird, dramatische Ergebnisse hervorbringen wird." Mintzberg (1973) gelangt zu dem Schluß, daß Manager Problemen i.d.R. nicht durch eine reflektierte Analyse begegnen (können), sondern stattdessen durch kommunikatives Handeln. Für Lindblom (1964) liefern ja gerade Wissensdefizite den Anlaß, die Strategie des Durchwurstelns zu empfehlen. Vor allem ist es Pfeffer (1978 a, 1981), der nicht glauben will, daß das (durchaus erfolgreiche) Handeln von Managern sich wesentlich auf ihr Wissen gründet.

Auch wenn die Indizien schwer wiegen, fällt es dennoch nicht leicht, sich der skizzierten Dequalifizierung von Managern anzuschließen. Denn wie können sie erfolgreich handeln, ohne zu wissen: Willkür kann kaum als Erklärung für funktionale Kontingenzadaption herhalten. Ein möglicher Schlüssel zur Auflösung dieses (scheinbaren) Paradoxons ist darin zu sehen, daß Organisationen als die Domänen, in denen sich Management-Handlungen abspielen, sozial konstruiert sind. Das tatsächliche oder vermeintliche Wissen von Managern bezieht sich nicht auf einen autonomen Realitätsausschnitt, vielmehr ist der Handelnde Teil dieser Wirklichkeit - und gestaltet sie mit. In diesem Sinne stellt Weick (1980, S. 237) fest, "daß Manager viele objektive Züge ihrer Umgebung konstruieren."[1)] Für uns heißt das: der Erfolg einer Handlung ist nicht allein von der Qualität des je zugrundegelegten Wissens abhängig. Vielmehr können die Gegenstände, auf die sich Handlungen richten, nach Maßgabe des Vorwissens manipuliert oder gar konstituiert werden. Das klassische Beispiel dafür ist die sich selbst erfüllende Prophezeiung. Dabei ist daran zu denken, daß diejenigen Manager, die als besonders sachkundig eingeschätzt werden (um die geht es ja im ES-Ansatz), hier einen besonderen Bonus haben. Ihre anerkannte Kompetenz fördert das Vertrauen in ihre Empfehlungen, was eine wesentliche Voraussetzung für deren erfolgreiche Umsetzung sein kann. Darüber hinaus haben sie die Möglichkeit, ihren Strategien den Weg zu ebnen, indem sie ihnen durch geschickte sprachliche Verpackung den Sinn verleihen, der sie zu akzeptierten Orientierungen werden läßt (Pondy 1978). Die übliche Verant-

---

1) ähnlich Berger/Luckmann (1980, S. 71): "Wissen über die Gesellschaft ist demnach *Verwirklichung* im doppelten Sinne des Wortes: Erfassen der objektivierten gesellschaftlichen Wirklichkeit und das ständige Produzieren eben dieser Wirklichkeit."

wortung für getroffene Entscheidungen - und damit für die Annahmen, auf denen sie basieren - sorgt dafür, daß Manager durchaus bemüht sind, ihre Einflußmöglichkeiten zu nutzen, um die Wirklichkeit diesen Annahmen anzupassen. Schließlich ist zu berücksichtigen, daß der Erfolg eines Managers sicher keine originäre Eigenschaft seines Handelns ist. Dabei ist einerseits daran zu denken, daß andere Beteiligte oder Größen, die vom Manager nicht beeinflußt werden können, einen (mitunter wesentlichen) Beitrag zum Gelingen leisten, andererseits daran, daß individueller Erfolg durch soziale Prozesse attribuiert und damit zum Teil konstruiert wird (Meindl/Ehrlich 1987).

Wenn ihnen überragendes Wissen abgesprochen wird, stellt sich die Frage, wie als besonders qualifiziert geltende Manager ihren Expertenstatus erlangen konnten. Für Pfeffer (1981, S. 31) ist Professionalisierung dieser Art in erster Linie ein politischer Prozeß, der durch die Kontingenz des Gegenstands begünstigt wird: "Competence is hard to judge ..." (Perrow 1986, S. 11). Selbst dann, wenn man dieser Einschätzung Pfeffers die uneingeschränkte Zustimmung verwehrt, markiert sie doch einen Zusammenhang, der für unseren Blickwinkel bedeutsam ist: Kompetenz als soziale Auszeichnung (und damit als naheliegendes Merkmal zur Identifikation von Experten) wird (auch) jenseits individueller Fähigkeiten konstruiert. Wesentliche Voraussetzung für die Wirksamkeit solcher Konstruktionen ist ihre Latenz: "The impact of leadership is directly related to beliefs that leaders are selected on the basis of their capability to enhance organizational performance." (Pfeffer 1978 a, S. 24) Das Wissen, das Managern durch Mythen und Ideologien angedichtet wird, kann natürlich nicht in ES übernommen werden, es ist ja faktisch gar nicht vorhanden. Ein scheinbar bedeutungsloser Umstand, der allerdings dadurch Gewicht erhält, daß die Mystifizierung von Kompetenz durchaus funktional sein kann. Neben den bereits dargestellten Einflüssen auf den Gegenstand einer Entscheidung, die ja zur Stützung des Mythos beitragen, ist dabei daran zu denken, daß durch die Vorspiegelung einer kausalen

Beziehung zwischen Unternehmenserfolg und Managementkompetenz eine tragfähige Interpretation unverstandener Wirklichkeit erleichtert wird (Pfeffer 1978 a, S. 28 f.). Für diejenigen, die diesen Schein nicht durchschauen, wird dadurch Kontingenz - vor allem dann, wenn sie besonders schmerzt, nämlich bei Fehlschlägen - erträglicher. Dabei ist einerseits an persönliche Schuldzuweisungen und entsprechende Konsequenzen zu denken, andererseits an das erfolgreiche Bemühen des betroffenen Managers durch nachträgliche Rechtfertigung eines Fehlschlags die dahinterstehende Entscheidung zu rationalisieren, um so den Eindruck zu wecken, die Wirklichkeit durchaus in sachkundiger Weise interpretiert zu haben. Experten erfüllen also auch dann eine Funktion, wenn sie Größen, von denen der Erfolg ihrer Entscheidungen abhängt, nicht beeinflussen können.

Nun sind Manager in den Augen ihrer Mitarbeiter gewiß nicht immer von einer Aura der Vortrefflichkeit umgeben. Auch ist es nicht jedem gegönnt, die Rolle des großen Sinnstifters zu spielen. Es bleibt allerdings ein wirksames Mittel, die soziale Wirklichkeit zu beeinflussen: Positionsmacht. Macht bietet die Chance, aus einer Menge konkurrierender Wirklichkeitsinterpretationen diejenige auszuwählen, die für gemeinsames Handeln verbindlich sein soll.[1] Die alte Erkenntnis, wonach Wissen Macht sei, ist also durch den (auch nicht eben neuen) Hinweis zu ergänzen, daß Macht Wissen konstituiert - und damit Voraussetzung seiner erfolgreichen Anwendung ist. Auch hier wieder der Zusammenhang, daß die Fähigkeit zu sozialer Einflußnahme die sich in sog. vagem Wissen widerspie-

1) ein Zusammenhang, der in einer von Weick (1985, S. 9) aus Simons (1976, S. 29) zitierten Anekdote mit kaum zu überbietender Deutlichkeit pointiert wird: "Man erzählt, daß drei Schiedsrichter über die Frage des Pfeifens von unvorschriftsmäßig ausgeführten Schlägen uneins waren. Der erste sagte: 'Ich pfeife sie, wie sie sind.' Der zweite sagte: 'Ich pfeife sie, wie ich sie sehe.' Der dritte und cleverste Schiedsrichter sagte: 'Es gibt sie überhaupt erst, wenn ich sie pfeife.'

gelnde Unsicherheit und Mehrdeutigkeit zu reduzieren erlaubt[1] und so erfolgreiches Handeln erst möglich macht.[2]

Worin liegt die Bedeutung der geschilderten Zusammenhänge für unsere Untersuchung? Der Hinweis darauf, daß Manager eben nicht nur (möglichst rationale) Problemlöser sind, sondern auch Sinnstifter, Antreiber und Bremser, ist wenig aufregend. Die in Anlehnung an Pfeffer durchgeführte analytische Trennung von substantiellem und symbolischem Handeln stand ja gerade am Anfang unserer Untersuchung der Formalisierbarkeit des Wissens von Managern. Den Grund dafür bildete die Einsicht, daß jene Bestandteile von Management-Kompetenz, die nur durch soziale Interaktion wirksam werden, durch ein ES nicht nachgebildet werden können. Dabei markiert der Umstand, daß symbolischem Handeln aus berufenem Munde[3] für die erfolgreiche Tätigkeit des Managers größeres Gewicht beigemessen wird als substantiellem Handeln, zunächst nur eine Einschränkung der Tragweite von Management-ES. Dennoch bleibt die Aussicht auf erhebliche Automatisierungspotentiale. Denn, bei aller Mehrdeutigkeit des Konzepts Management: es ist mehr als nur ein Sprachspiel, als welches Pondy (1978) Führung charakterisiert. Die Möglichkeit, solche Entscheidungs- bzw. Problemlösungsprozesse, die substantielle Ergebnisse zeitigen, mit Hilfe von ES zu automatisieren, wird vielmehr durch die funktionale Notwendigkeit des Zusammenwirkens beider Handlungsformen in Frage gestellt. Das heißt: die analytische Trennung von substantiellem und symbolischem Handeln läßt sich für die Formalisierung nicht nutzen: das "Wissen", das einem Bereich substantiellen Handelns jeweils zugeordnet wird, ist bei kontingenter Sachlage allein nicht hinrei-

---

1) vgl. dazu Pfeffer (1981), S. 9
2) dieser funktionale Aspekt von Macht, Hierarchien und Ideologien ist für Luhmann (1967) Anlaß vor ungewollten Folgen euphorischer Aufklärungsbemühungen zu warnen.
3) "The argument advanced here is that management's effect is primarily with respect to expressive or symbolic actions ..." (Pfeffer 1981, S. 5) Ähnlich Weick (1979, S. 42): "... the manager may be evangelist rather than accountant."

chend.[1] Vielmehr bedarf es der Stützung durch symbolisches Handeln und all der organisatorischen/sozialen Voraussetzungen, die letzteres wirksam machen. Dabei geht es nicht allein um einen u.U. wesentlichen Beitrag zum Handlungserfolg: es scheint auch häufig den Umgang mit Mißerfolgen zu erleichtern, wenn eine Zuordnung derselben zu einzelnen Personen möglich ist.[2] Damit sind Voraussetzungen genannt, die unmittelbar mit der Person des Managers und der Rolle, die ihm innerhalb der Organisation zukommt, zusammenhängen. Der ES-Ansatz muß hier scheitern. Wer dennoch die funktionale Automatisierung sachkundiger Kontingenzadaption in gegenwärtigen Unternehmen für möglich hält, glaubt an den Homunkulus.

---

1) anders formuliert: die für eine erfolgreiche Automatisierung von (Entscheidungs-) Kompetenz notwendige Trennung zwischen Entscheider und Entscheidungsgegenstand läßt sich hier nicht durchführen: der Entscheider beeinflußt den Entscheidungsgegenstand in einer für den Erfolg u.U. wesentlichen und eben nicht maschinell substituierbaren Weise.

2) die Funktionalität solcher Schuldzuweisungen dürfte allerdings nicht selten fragwürdig sein. Schließlich kann durch solche simplifizierenden Monokausalitätsannahmen von wesentlicheren Mißerfolgsursachen abgelenkt werden.

3. Zur Bedeutung der Ergebnisse für die Beurteilung von Automatisierungspotentialen

Die Betrachtung der Voraussetzungen erfolgreicher Kontingenzadaption in Unternehmungen hat gezeigt, daß ES eine wirksame Substitution dieser Management-Funktion nicht erwarten lassen. Ein Ergebnis, das allerdings zu relativieren ist.

Expertensysteme als softwaretechnisches Konzept

Zunächst ist mit Nachdruck darauf hinzuweisen, daß durch dieses Ergebnis die Brauchbarkeit des ES-Ansatzes auch in betriebswirtschaftlichen Domänen nicht diskreditiert ist. Das durch die Trennung von deklarativ formulierter Wissensbasis und genereller Inferenzkomponente gekennzeichnete softwaretechnische Konzept läßt vielmehr im Gegenteil für eine Reihe von Automatisierungsvorhaben erhebliche Vorteile erwarten. Dabei ist nicht zuletzt daran zu denken, daß die Flexibilität der Wissensbasis die sehr effektive Implementierungsstrategie des Rapid Prototyping i.d.R. deutlich wirksamer unterstützt als das für konventionelle Software der Fall ist. Allerdings sind diese Vorteile nicht für alle Anwendungen gegeben, es ist also kein neues Software-Paradigma zu erwarten. Ob im Einzelfall ein konventioneller oder ein ES-Ansatz gewählt wird, hängt einerseits von formalen, anderseits von inhaltlichen Kriterien ab. Die Beurteilung der formalen Unterschiede ist dabei weniger problematisch. So ist ein konventioneller Ansatz tendenziell dann zu bevorzugen, wenn arithmetische Operationen einen Großteil der Verarbeitung bilden. Ebenso dann, wenn - damit zusammenhängend - wenige Datentypen, aber viele Instanzen der so gebildeten Variablen benötigt werden. Im Unterschied dazu ist es für den Aufbau von Wissensbasen typisch, daß viele Strukturtypen, aber jeweils nur wenige Instanzen vorliegen.[1)] Demgegenüber sind die gängigen Verlaut-

1) Vgl. dazu und zu weiteren formalen Kriterien Wahlster (1985) oder Harmon/King (1985), S. 8

barungen über inhaltliche Merkmale der Wissensverarbeitung im Unterschied zur Datenverarbeitung mit Vorsicht zu genießen. So ist für Wahlster (1985 a, S. 777) Datenverarbeitung durch die "Automatisierung monotoner, klar strukturierter und wohldefinierter Informationsverarbeitungsprozesse" gekennzeichnet, während ES der "Automatisierung komplexer Informationsverarbeitungsprozesse, die den intelligenten Umgang mit *diffusem* (Hervorhebung U.F.) Wissen erfordern", dienen. Genau hier, im mehrdeutigen Konzept des diffusen oder vagen Wissens, nimmt das Märchen vom automatischen (Management-) Experten seinen Anfang. So ist einerseits der Hinweis auf die Bedeutung vagen Wissens sehr plausibel: das Wissen von Managern ist offenkundig alles andere als exakt. Wenn also, so wie es die Vertreter des ES-Ansatzes glaubhaft zu machen suchen, neuartige Formalismen verfügbar sind, die es gestatten, vages Wissen abzubilden, dann scheint es naheliegend, die Automatisierung der Problemlösungskompetenz eines Managers für möglich zu halten. Andererseits scheint es aus der formal- bzw. naturwissenschaftlich geprägten Perspektive der KI-Forschung wenig zweifelhaft, daß Manager wie andere Experten auch über Wissen verfügen, das hinreichende Grundlage für ihr professionelles Wirken ist. Der Mythos wird also befördert durch das gegenseitige Vertrauen von Experten in die Kompetenz der Experten eines anderen Fachbereichs. Auch hier wieder der Zusammenhang, daß die Wirkung einer Aussage nicht unabhängig ist von der sozialen Stellung dessen, der sie macht.[1)]

Die Unterscheidung von wohldefinierten Prozessen einerseits und vagem Wissen andererseits ist also wenig brauchbar, im Einzelfall die Entscheidung zwischen konventionellem, nämlich prozeduralem und ES-, also deklarativem, Ansatz zu unter-

1) m.a.W.: KI-Forscher bzw. Informatiker profitieren einerseits vom Mythos der "höchst komplizierten und geheimnisvollen Zusammenhänge(n) der Expertenschaft" (Berger/Luckmann 1980, S. 47), andererseits entsteht der Eindruck, daß sie mitunter selbst seinem Reiz erliegen, indem sie davon ausgehen, daß als Experten bezeichnete Zeitgenossen schon wissen, wie in ihrer Domäne zu handeln sei.

stützen. Um dazu aussagekräftige inhaltliche Kriterien zu ermitteln, ist es unumgänglich, sich zu vergegenwärtigen, was die ES-Architektur allen Mystifizierungen zum Trotz allein ist: ein softwaretechnisches Konzept. Und damit für den Software-Entwickler ebenso wie konventionelle Konzepte: ein Werkzeug. Daraus folgt, daß es vor allem die zum Teil skizzierten formalen Kriterien sind, die die Wahl des geeigneten Ansatzes bestimmen (sollten). Die jeweiligen Probleminhalte sind allein darauf zu prüfen, welchen formalen Anforderungen sie eher genügen. Ein wesentliches Ziel bei der Gestaltung von Software-Werkzeugen ist darin zu sehen, dem Anwender die Möglichkeit zu geben, die zu automatisierenden Vorgänge mit Hilfe der verwendeten Algorithmen und Datenstrukturen möglichst so modellieren zu können, wie sie üblicherweise beschrieben werden. Das erspart den für Perspektivenrekonstruktionen nötigen Aufwand, erhöht die Transparenz der Programmdokumentation und bietet so i.d.R. günstigere Voraussetzungen für Modifikationen. Tendenziell sprechen damit u.a. folgende sich gegenseitig ergänzende Voraussetzungen für einen deklarativen Ansatz:

- *der betrachtete Realitätsausschnitt ist durch eine Fülle von Zusammenhängen gekennzeichnet, die sich in Form von Regeln anschaulich beschreiben lassen. Diese Regeln können interdependent sein.* Ein prozeduraler Ansatz läßt hier ein unübersichtliches Geflecht von Verzweigungen erwarten.

- *der Problembereich ist in dem Sinne dynamisch, daß sich Zusammenhänge im Zeitverlauf ändern und auch neue Zusammenhänge zu berücksichtigen sind.* Die Veränderung des skizzierten Geflechts von Verzweigungen ist gegenüber der Modifikation einer monotonen Wissensbasis ungleich aufwendiger.

- *die Reihenfolge, in der die Regeln beim Programmablauf sinnvollerweise Anwendung finden sollten, streut in Abhängigkeit von den Anfragen und den aktuell gültigen Zusammenhängen erheblich.* Eine starre Prozedur verspricht hier keine wesentlichen Effizienvorteile gegenüber einer generellen Inferenzkomponete.

Es bieten sich also vor allem solche Inhalte an, deren gebräuchliche Beschreibung in Form von Regeln vorliegt. Dabei ist beispielsweise an Gesetze zu denken, deren Entwurf ja zudem durch das Bemühen um Eindeutigkeit gekennzeichnet ist.[1] Abgesehen davon, daß in Grenzfällen eine Entscheidung zwischen dem einen oder anderen Ansatz schwierig ist, sind auch Fälle denkbar, für die sich Teilbereiche identifizieren lassen, die jeweils einen anderen Ansatz nahelegen. Dabei ist z.B. an ES zu denken, in denen umfangreiche arithmetische Operationen auszuführen sind, deren Programmierung in konventioneller Weise zumeist komfortabler ist. In solchen Fällen bietet sich ein hybrider Ansatz[2] an, gleichwohl die Schnittstellenproblematik so gravierend sein kann, daß es trotz der Komforteinbußen vorzuziehen sein mag, sich auf ein Konzept zu beschränken. Es sind jedoch mittlerweile für eine Reihe von ES-Shells bzw. -Entwicklungssprachen Schnittstellen zu konventionellen Sprachen verfügbar. Dabei werden i.d.R. kompilierte Module zusammengebunden.[3] Die Rede von hybriden Systemen ist allerdings mitunter irreführend. Denn sie vermittelt den Eindruck, daß für die Implementierung einzelner Programmbestandteile grundsätzlich nur eine Wahl zwischen zwei konzeptionell eindeutig zu unterscheidenden Ansätzen denkbar ist. Tatsächlich aber ist bei der Fülle der in der Software-Entwicklung eingesetzten Konzepte eine eindeutige Zuordnung zu dem einen oder anderen Ansatz nicht unproblema-

---

1) für eine Automatisierung der Rechtssprechung sind Gesetze jedoch kaum eine hinreichende Grundlage, denn dazu ist es nötig, das jeweils zu beurteilende Handeln den formalen Kategorien der Gesetze zuzuordnen. Es ist also eher an die Implementierung entsprechender Auskunftsysteme zu denken.

2) ein Überblick findet sich in Harmon/King (1985), S. 227 f.

3) Daneben gibt es ES-Shells, die auf dem Frame-Ansatz zur Wissensrepräsentation beruhen. Frames sehen ja grundsätzlich eine Schnittstelle zu Prozeduren vor (s. S. 35), so daß solche Shells einen hybriden Ansatz möglich machen.

tisch. Das beginnt schon bei den Programmiersprachen[1]), wird allerdings noch deutlicher bei speziellen Werkzeugen. So ist mitunter die Flexibilität konventioneller Programmiersprachen für bestimmte Aufgaben nicht hinreichend. Einen Ausweg bieten häufig Programmgeneratoren. Dabei ist in den Daten, auf denen ein Programmgenerator operiert, ebenso programmsteuernde Logik enthalten wie in den Regeln einer Wissensbasis. Kurz: die Trennung zwischen Algorithmen und Datenstrukturen ist vielgestaltig, dementsprechend auch die möglichen Entwicklungsansätze. Hier allerdings ist sicher ein Vorteil des ES-Ansatzes zu sehen: durch die Favorisierung einer einheitlichen Architektur (wenigstens in der Literatur) besteht die Chance, einen neuen Werkzeug-Standard zu schaffen, der für effiziente Software-Entwicklung und -Pflege von kaum zu unterschätzender Bedeutung ist.

Theoretische Einschränkungen

Der ES-Ansatz ist durch die Absicht gekennzeichnet, die Kompetenz hochqualifizierter Experten durch die formale Rekonstruktion ihres Wissens zu automatisieren. Eine Untersuchung dadurch u.U. entstehender Automatisierungspotentiale im Büro- und Verwaltungsbereich legt also zunächst eine Identifikation entsprechender Bereichsexperten nahe. Das mehrdeutige Konzept Manager ist hier gewiß nicht eben hilfreich. Zudem ist zu berücksichtigen, daß anstatt der vielen, breit streuenden, Anforderungen, denen sich so genannte Manager gegenübersehen, allein der Zwang zu selektivem Handeln in einem kontingenten Kontext untersucht wurde. Es kann nicht übersehen werden, daß das Ausmaß dieser abstrakten Anforderung von Manager zu Manager erheblich variiert. Das vorgetragene Ergebnis ist also

1) zu einem diesbezüglichen Vergleich zwischen Pascal, LISP, PROLOG und Smalltalk s. Schefe (1985).

mit Nachdruck durch den Hinweis zu relativieren, daß es nicht jedwede Kompetenz von Managern betrifft. Letztlich ging es weniger um eine möglichst authentische Erfassung des Aufgabenbereichs von Managern als vielmehr darum, eine brauchbare Bezeichnung für diejenigen Fachleute im Büro- und Verwaltungsbereich zu finden, deren Geschäft wesentlich durch den Umgang mit Kontingenz gekennzeichnet ist - motiviert durch das Anliegen, die vom ES-Ansatz versprochenen *neuen* Automatisierungspotentiale zu untersuchen.

Die Grenzen formaler Wissensrepräsentation sind nicht zuletzt geprägt durch die Bedeutung symbolischen Handelns für den Erfolg einer Entscheidung bzw. Problemlösung. Wiederum ein Ergebnis, das dadurch zu relativieren ist, daß diese Bedeutung sicherlich streut. Eine Differenzierung nach Hierarchieebene bzw. Aufgabenbereich mag hier detailliertere Aussagen ermöglichen. Aber auch wenn unser Untersuchungsgegenstand durch den Rekurs auf Kontingenz zwangsläufig nicht eben exakt abgegrenzt werden konnte, ist eine weitere Einschränkung der Ergebnisse von ungleich größerem Gewicht. Den Maßstab zur Beurteilung möglicher formaler Rekonstruktionen bildete das theoretische Konstrukt *Funktionalität*. Angesichts des pragmatischen Anspruchs des ES-Ansatzes eine naheliegende und in ihrer Rechtfertigung nahezu tautologische Wahl: Wirksamkeit ist eben wesentliche Voraussetzung erfolgreichen Software-Einsatzes. Aber: so wichtig Funktionalität auch sein mag, so begrenzt ist die explanatorische Reichweite dieses Konzepts. Funktionale Zusammenhänge in sozialen Systemen sind im Zeitverlauf und auch beim Vergleich von Systemen nicht unbedingt invariant: Systeme können sich ändern. Um es mit Luhmann zu sagen: es gibt unterschiedliche Strategien zur Reduktion von Komplexität, die in ihrer Funktion, das Überleben des Systems zu sichern, äquivalent sind. Für unsere Betrachtung ist dabei zunächst daran zu denken, daß die durch die Einführung von ES zu erwartenden Friktionen in bis dahin wirksamen Funktionszusammenhängen durch *Anpassung* der Betroffenen zum Teil überwunden werden können. So ist es zwar plausibel, daß eine ES-Entscheidung, die in der stark begrenzten Ausdruckskraft einer formalen Sprache mitgeteilt wird, nicht die gleiche Funktion erfüllt wie die mit bestimmter Intention vorgetragene Entscheidung einer Führungskraft, aber es ist durchaus vorstellbar, daß die Mitarbeiter, bei denen die Umsetzung solcher Entscheidungen liegt, lernen, damit umzugehen. Dabei ist es denkbar, daß die usprünglich mit der Vermittlung einer Entscheidung einhergehende Sinnattribuierung durch symbolisches Handeln zum Teil durch die Betroffenen selbst vorgenommen wird - auch wenn eine Anpassung dieser Art konstruiert anmutet. Darüber hinaus ist zu berücksichtigen, daß ES ähnliche symbolische Funktionen erfüllen können wie Manager: der Mythos von der omnipotenten Maschine ersetzt den vom unfehlbaren Experten. Ein berühmtes Beispiel dafür liefert Weizenbaum (1978, S. 19 f.) mit seinem Programm ELIZA, dessen vermeintliche Kompetenz von seinen Anwendern allen Aufklärungsbemühungen zum Trotz sehr geschätzt wurde. Aber auch wenn Anpassung bzw. funktionale Substitution in der einen oder anderen Form zu erwarten sind: in den heute vorherrschenden Organisationsformen spricht - ganz abgesehen von technischen Unzulänglichkeiten wie sie z.B. für die Wahrnehmung und das Sprachverstehen zu berücksichtigen sind - einiges gegen die Möglichkeit einer funktionalen Rekonstruktion von Management-Kompetenz. So sind Konzepte wie Verantwortung und Macht, die in gegenwärtigen Organisationen i.d.R. eine wesentliche - wie auch immer bewertete - Funktion erfüllen, durch ein ES ebenso wenig zu ersetzen wie die (damit zusammenhängende) gesamte Palette symbolischen Handelns. Dadurch sind - bei aller Anpassungsfähigkeit der Betroffenen - auch der Automatisierung substantieller Entscheidungen bei kontingenter Sachlage Grenzen gesetzt.

Wenn man allerdings von dem Bemühen absieht, bestimmte Rollen in *bestehenden* Strukturen zu rekonstruieren, vielmehr in Rechnung stellt, daß auch diese Strukturen in ganz anderer Weise möglich sind, dann lassen sich u.U. größere Chancen für eine Ausweitung der Entscheidungsdelegation an Maschinen denken. Auch wenn Vergleiche des Büro- und Verwaltungsbereichs zum Produktionsbereich mit Vorsicht zu handhaben sind, liefert die sich dort vollziehende Entwicklung ein Indiz dafür, daß gerade der zunehmende Einsatz von Technik - verbunden mit zum Teil grundlegenden Veränderungen der Produktionsverfahren - die Voraussetzungen für den Einsatz auch steuernder und koordinierender Technik deutlich verbessert. Für den Verwaltungsbereich lassen sich ähnliche Zusammenhänge erkennen. So erhöht die zunehmende Verbreitung konventioneller Informationstechnolgie tendenziell den Determinismus der Arbeitsabläufe - verringert also ihre Kontingenz. Daneben - und das dürfte zunächst wesentlicher sein - sind mehr und mehr entscheidungsrelevante Informationen in standardisierter Form in DV-Systemen gespeichert. Der Umstand, daß neue Techniken erst dann ihre volle Wirksamkeit entfalten können, wenn sich adäquate Einsatzvoraussetzungen entwickelt haben, ist für Schank (1985, S. 23 f.) der wesentliche Grund dafür, daß die Automatisierung durch Informationstechnologie - gemessen am Anspruch der KI-Forschung - nur zögerlich voranschreitet:

"The first users of cars and computers had to struggle to make these completely new machines operate within the limits of the systems that were designed for an earlier world. ... The computer industry's perspective suffers from the same lack of creativity and long-term vision. Computers are severely limited by the world views and ideas that have preceded them."

Die skizzierten Zusammenhänge machen deutlich, daß Grenzen der formalen Abbildung *faktischer* Strukturen und Prozesse nicht zwangsläufig denkbare Automatisierungspotentiale abstecken. Dabei ist weniger an die sich zumeist in kleinen Schritten vollziehende organisatorische Anpassung bzw. Vorleistung zu denken, die für die bisherige Entwicklung der Automatisierung kennzeichnend ist. Wenn es um die Erkundung von Automatisierungs*potentialen* geht, versprechen umfassendere organisatorische Entwürfe ein informativeres Bild. Baethge/ Overbeck (1986, S. 23) sprechen in diesem Zusammenhang - allerdings in prognostischer Absicht - von "systemischer Rationalisierung":

"Mit dem Übergang zu Formen systemischer Rationalisierung werden sowohl die *Ziele* für den Einbezug von Funktionsbereichen in den Prozeß der Technisierung und Automatisierung als auch die *Perspektiven* für die prozeßhafte Durchsetzung von Konzepten zur Veränderung von Arbeitsabläufen und Bearbeitungsweisen erheblich erweitert." Und weiter (S. 285): "Die nur auf die Ersetzung von menschlicher Organleistung abstellende Betrachtungsweise verkennt die tatsächliche Wirkung der Computer auf Kommunikation und Verhalten im Arbeitsprozeß ganz erheblich."

Es scheint angemessen, zum Abschluß unserer Untersuchung einen Blick darauf zu werfen, wie die Ergänzung der auf Beschreibung bzw. Rekonstruktion gerichteten KI-Perspektive durch einen auf Neugestaltung zielenden organisationstheoretischen Ansatz aussehen könnte und welche Möglichkeiten (und Probleme) sie erwarten läßt.

V. Möglichkeiten organisatorischer Reduktion von Kontingenz oder: wenn der Berg nicht zum Propheten kommt

Die Möglichkeiten zur formalen Rekonstruktion der Problemlösungskompetenz eines hochqualifizierten Managers sind deutlich begrenzt. Der wesentliche Grund dafür ist darin zu sehen, daß Kontingenzadaption nicht allein durch Anwendung regelhaften Wissens erfolgt. Damit ist aufgezeigt, was das vorrangige Ziel solcher organisatorischer Entwürfe sein muß, die die Automatisierungsspielräume erweitern sollen: an die Stelle der formalen *Rekonstruktion* wirkungsvoller Kontigenzadaption tritt hier das Bemühen um die Reduktion von Kontingenz durch *Konstruktion* entsprechender Strukturen.

Die in einem Unternehmen zu berücksichtigende Kontingenz hat zu einem nicht unerheblichen Teil ihren Ursprung in der Umwelt und kann wohl reduziert, aber kaum ganz ausgeschlossen werden. Auch im Unternehmen selbst sind gewisse Quellen der Kontingenz nicht zu vermeiden. Dabei ist einerseits an nicht (immer) vorhersehbare Ereignisse wie Krankheitsfälle, Kündigungen und dergleichen zu denken, andererseits daran, daß Wirkungszusammenhänge in sozialen Systemen häufig nicht mit Gewißheit bekannt sind.[1)] Daneben entsteht Kontingenz aber auch durch soziale Konstruktionen, die durchaus nicht denknotwendig sind: sie ist also zum Teil hausgemacht.[2)] Dabei ist einerseits an mehrdeutige organisatorische Regel- oder Zielsysteme zu denken, andererseits - und gewiß damit zusammenhängend - ist die je verwendete Sprache Quelle vermeidbarer Mehrdeutigkeiten.

---

1) z.B. die Auswirkung reorganisatorischer Maßnahmen auf Motivation und Arbeitszufriedenheit, der Effekt eines Lobs oder einer kritischen Anmerkung auf die Leistungsbereitschaft eines bestimmten Mitarbeiters und nicht zuletzt die für Arbeit in der Verwaltung häufig kennzeichnende Schwierigkeit der Bewertung des Verhältnisses von Aufwand und Ergebnis. Berger/Offe (1981, S. 43) sprechen in diesem Zusammenhang von "Input-" und "Output-Ungewißheit".

2) in diesem Sinne, allerdings in anderem Kontext, auch Weick (1985, S. 15): "Vieles von dem, was Organisationen Schwierigkeiten bereitet, ist ihr eigenes Produkt ..."

Der skizzierte Ansatz ist gewiß nicht neu. Schließlich ist Organisieren wesentlich durch die Intention gekennzeichnet, Kontingenz abzubauen. Dabei geht es allerdings nicht immer um die Vorbereitung von Automatisierungsvorhaben, sondern zunächst um eine Erhöhung des Sicherheitsniveaus. In diesem Zusammenhang ist beispielsweise an die Entwicklung und Pflege von Einbindungsmustern und Steuerungsinstrumenten zu denken, die nicht selten mehrdeutig und vor allem auf symbolisches Handeln angewiesen sind. Wenn demgegenüber Automatisierungspotentiale durch organisatorische Gestaltung direkt vergrößert werden sollen, ist das vorrangige Ziel eines solchen Bemühens um Kontingenzreduktion Formalisierung. Formalisierung ist hier allerdings sehr viel enger abzugrenzen als in der Organisationstheorie üblich, wo sie sich in Konzepten wie Stellenbeschreibungen, Programmen und Richtlinien (Kieser/Kubicek 1983, S. 165 ff.) niederschlägt. Deren Darstellung wird zwar i.d.R. durch das Bemühen um Vermeidung gravierender Mehrdeutigkeiten gekennzeichnet sein, aber eben nur "bis zu einem Grad der Eindeutigkeit, mit dem sie (die Organisation, U.F.) arbeiten kann und an den sie gewöhnt ist." (Weick 1985, S. 15) Formale Organisation wird dabei vor allem an inhaltlichen Kriterien wie "Zweckorientierung" oder "rationale Koordination" festgemacht, die allerdings ihre Tücke haben: sie können durchaus auch für informale Organisation kennzeichnend sein. Es handelt sich also um eine wenig griffige analytische Trennung: "Es fehlt der Organisationsforschung mithin eine überzeugende Konzeption der Formalität." (Luhmann 1972, S. 31) Demgegenüber soll hier (wie im bisherigen Gang der Untersuchung auch) Formalisierung im Sinne der Logik verwendet werden. Formale Regelungen sind dann solche, die tatsächlich eindeutig formuliert sind.

Durch die dargestellte Wendung wird die inhaltliche Intention des ES-Ansatzes in zweifacher Hinsicht aufgegeben: einerseits der Entwurf formaler Strukturen anstatt des Bemühens sie in gegebenen Zusammenhängen zu entdecken, andererseits die Vernachlässigung der Perspektiven, die sich aus (exponierten)

Rollen in bestehenden Strukturen ergeben. Dennoch weichen wir damit nicht unbedingt von der Ausgangsfrage ab. Schließlich ist gerade ein auf regelhafte Strukturen zielender Entwurf als Grundlage für eine ES-Implementierung wie geschaffen. Auch wenn sich dabei zeigen sollte, daß weniger dispositive als vielmehr operative Tätigkeiten von den so entstehenden Automatisierungspotentialen betroffen sind, bleibt das softwaretechnische Konzept ES davon unberührt.[1] Allein das ohnehin wenig glückliche Etikett sollte dann überdacht werden.

So plausibel es scheint, Automatisierungspotentiale durch möglichst weitreichende formale Gestaltung von Organisationen ausweiten zu können, so ambivalent muß ein solcher Ansatz im Lichte der Organisationstheorie erscheinen. Zwar ist einerseits die Möglichkeit formaler Regelungen (wenn auch in einem weniger eingeschränkten Sinn) konstitutiv für das Phänomen Organisation, andererseits wird umfassende Formalisierung gleichsam als ein Synomym für eingeschränkte Flexibilität und Effizienz angesehen. Der breite Konsens über die Kritik am Scientific Management ist dafür ebenso ein Beleg wie der gegenwärtige Erfolg des Kulturansatzes. Darüber hinaus (und damit zusammenhängend) ist Formalisierung auch sozialpolitisch wenig opportun: wird sie doch (gerade im Kontext mit Technikeinsatz) gemeinhin als eine Einschränkung der Freiheit der betroffenen Arbeitnehmer angesehen und zudem der Sinnentleerung der Arbeit verdächtigt; kurz: als zu reduzierende Humanisierungsbarriere eingestuft. Es wird zu prüfen sein, ob solcher Kritik uneingeschränkt zu folgen ist. Unabhängig davon ist es allerdings wesentlich, darauf hinzuweisen, daß ich hier keine präskriptiven Ambitionen hege. Es geht mir allein darum, die vorgetragene Analyse von Automatisierungspotentialen in gegenwärtigen Strukturen durch den Hinweis auf organisatorische Spielräume zu ergänzen - und damit u.U. über sie hinauszuweisen. Dazu ist es nicht hinreichend, die Perspek-

---

1) ohnehin scheint die Automatisierung operativen Handelns sehr viel besser zum softwaretechnischen Aufbau von ES zu passen. Denn gerade hier ist die Vorgabe konkreter(er) Handlungs*regeln* eher zu erwarten.

tive der KI-Forschung durch die gängige Perspektive organisatorischer Gestaltung zu ersetzen. Denn es geht nicht allein um Konstruktion statt Rekonstruktion, sondern auch um eine Einengung des in der Organisationstheorie üblichen Begriffs von Formalisierung. Darüber hinaus scheint es sinnvoll, ein weiteres Merkmal der KI-Forschung zu übernehmen: den ambitionierten Anspruch, Automatisierungskonzepte für Bereiche zu entwickeln, für die bis heute keine Programme verfügbar sind.[1)] Das Bemühen um Formalisierung von Organisation ohne dieses utopische Element ist lediglich die Reproduktion gängiger Rationalisierungspraxis. Die schrittweise Anpassung von Organisation und Informationstechnologie ist in vollem Gange und wird wohl in Zukunft noch weiter forciert: eine wachsende Schar von Software-Entwicklern ist auf der ständigen Suche nach Automatisierungsnischen in *bestehenden* Organisationen.

Um die Überwindung der Perspektivendifferenzen zwischen der KI-Forschung und der Organisationstheorie nicht allein als programmatische Forderung stehen zu lassen, soll im folgenden kurz skizziert werden, welche Forschungsziele für einen solchen Ansatz gedacht werden können. Als gleichsam paradigmatisches Beispiel soll die in Organisationen gebrauchte Sprache betrachtet werden. Wir nehmen dazu Weick (1985, S. 11) beim Wort, für den "die Tätigkeit des *Organisierens*" wesentlich gekennzeichnet ist als "*durch Konsens gültig gemachte Grammatik zur Reduktion von Mehrdeutigkeit ...*".[2)]

---

1) mitunter dient diese residuale Abgrenzung des Forschungsgegenstands der Beschreibung dessen, was unter Künstlicher Intelligenz zu verstehen ist. Vgl. dazu Savory (1985), S. 16
2) es soll nicht verschwiegen werden, daß der Rest des Satzes ("*mittels bewußt ineinandergreifender Handlungen.*") hier ausgespart wurde.

1. Die Einführung formaler Sprachen als Alternative zum Versuch mechanischen Sprachverstehens

Der Umgang mit Sprache ist wesentliches Merkmal von Arbeit im Büro- und Verwaltungsbereich - und gewiß nicht nur dort. Die Automatisierung auch weitgehend routinisierter Tätigkeiten ist ohne maschinelle Sprachverarbeitung häufig nicht möglich. Es verwundert deshalb wenig, daß sprachverstehende Progamme auf der Wunschliste der KI-Forschung ganz oben stehen und auch für ES-Benutzerschnittstellen vielfach als Fernziel angesehen werden. Wunsch und Wirklichkeit klaffen allerdings auseinander: Ambiguität und Vielfalt der natürlichen Sprache haben bisher hinreichend leistungsfähige Programme verhindert; die Aussichten auf zukünftige Erfolge sind trübe (vgl. S. 115). Aus dem Scheitern der Formalisierung gängiger Sprachverwendung kann allerdings nicht gefolgert werden, daß maschinelle Sprachverarbeitung grundsätzlich nicht möglich sei. Wenn nämlich anstelle des fruchtlosen Bemühens um die formale Rekonstruktion der natürlichen Sprache versucht wird, den *Gebrauch* der Sprache so zu ändern, daß eine Formalisierung möglich wird, rückt die sprachverstehende Maschine in den Bereich des Machbaren. Einen Beleg dafür liefert die *Standardisierung* von Information, die ja wesentliche Voraussetzung maschineller Datenverarbeitung ist. Angesichts der Vielfalt möglicher Kommunikationsinhalte ist Standardisierung allein allerdings kaum hinreichend.

Anforderungen an den Entwurf einer formalen Geschäftssprache

Um Sprachgebrauch (und nicht dessen Rekonstruktion) zu formalisieren, ist vor allem für Eindeutigkeit zu sorgen. Ausgenommen von diesem Ansinnen sind allerdings sprachliche Wendungen, deren Mehrdeutigkeit die Kontingenz der so beschriebenen Sachverhalte widerspiegelt: es hat sich gezeigt, daß der Versuch, solche Aussagen zu formalisieren, trügerische Ergebnisse zeitigt. Sprachliche Ambiguität kann aber auch psychologisch motiviert sein: der Rückgriff auf sie befreit von kognitiven Anstrengungen, die für präzise Formulierungen nötig wären. Schließlich ist an Mehrdeutigkeiten zu denken, die durch Äquivokationen entstehen. Ihre Auflösung ist i.d.R. wenig problematisch. Dazu sind allein äquivalente, eindeutige Begriffe zu verwenden oder einzuführen. Die Ambiguität der natürlichen Sprache ist allerdings nicht die einzige Barriere für ihre maschinelle Verarbeitung. Der Variantenreichtum, die Vielfalt des Sprachgebrauchs ist eine weitere. Eine normierte Syntax bietet hier die Möglichkeit, Komplexität zu reduzieren - wobei allerdings mit Einbußen bei den Ausdrucksmöglichkeiten zu rechnen ist.

Die Einführung formaler Kunstsprachen gerade zum Zweck ihrer maschinellen Verarbeitung ist gewiß nichts Neues: höhere Programmiersprachen - vor allem solche, die einem deklarativen Ansatz folgen wie PROLOG - sind dafür ein Beleg. Zwar liefern sie ein Indiz dafür, daß die Anpassung des Menschen an formale Sprachen zu sehr brauchbaren Resultaten führen kann, andererseits wecken sie jedoch Zweifel daran, daß eine formale Sprache mit Erfolg zur "Geschäftssprache" im Büro- und Verwaltungsbereich werden kann: die Syntax von Programmiersprachen ist im Vergleich zu der der natürlichen Sprache allzu ärmlich; darüber hinaus ist sie entweder an den Anforderungen des Algorithmenentwurfs (bei prozeduralen Sprachen) oder an der gängigen Notationen der formalen Logik (deklarative Sprachen) orientiert. Die Konzeption einer formalen Geschäftssprache könnte allerdings eine Syntax vorsehen, die Konstruktionen erlaubt, die denen der natürlichen Sprache (oder besser: eines Ausschnitts derselben) weitgehend entsprächen. Es hängt wesentlich von der Art dieser Anpassung ab, wie groß der Lernaufwand zur sicheren Handhabung einer Kunstsprache ist. Der Unterschied zwischen der Präfix- und Infix-Notation der Prädikatenlogik (vgl. S. 39) liefert einen Beleg dafür. Ein prozeduraler Ansatz scheint wenig sinnvoll: die Kommunikation im Büro- und Verwaltungsbereich vollzieht sich kaum als Austausch von Algorithmenbeschreibungen. Auch wenn die Prädikatenlogik erster Stufe in Infix-Notation der natürlichen Sprache sehr viel ähnlicher ist, mutet sie als Ersatz allzu dürftig an. So erlaubt sie u.a. keine Artikel, keine Deklination von Verben, keine Konjugation von Substantiven und keine Adverbien (als Prädikate auf Prädikaten).[1)] Aber auch wenn eine stark vereinfachte Syntax im Hinblick auf maschinelle Sprachverarbeitung wünschenswert ist, ist hier durchaus eine stärkere Hinwendung zur natürlichen Sprache denkbar.[2)]

Einen Hinweis darauf, wie solche formalen Sprachen aussehen könnten, liefert eine Reihe von Entwürfen in der Sprachphilosophie bzw. der Linguistik. Sie wurden einerseits als Kritik an der Unzulänglichkeit der natürlichen Sprache (Carnap 1968) in der positivistischen Absicht konzipiert, ein Werkzeug zur exakten Beschreibung der gesamten Wirklichkeit zu liefern[3)], andererseits zielt der Versuch, die formalen Strukturen der natürlichen Sprache zu entdecken (Kümmel 1979, Lycan 1984, van Benthem 1986), auf die *Abbildung* der natürlichen Sprache

---

1) eine ausführliche Darstellung der Besonderheiten natürlichsprachlicher Syntax mit der gängiger logischer Formalismen findet sich in van Benthem (1986), S. 178 ff. Er kommt dabei zu dem Schluß, daß "natural language in the stricter syntactic sense is a reasonably systematic vehicle for meaning and inference, - allerdings: - give and take some idiosyncracies." (S. 185)

2) damit sind zwar formale Einschränkungen wie die Aufgabe der Vollständigkeit verbunden (vgl. dazu S. 39), die Möglichkeit maschinellen Sprachverstehens wird dadurch allerdings nicht nachhaltig gefährdet.

3) hier ist auch an die bereits erwähnte Leibnizsche Vision von der *lingua characteristica* zu denken. Vgl. S. 5

durch logische Formalismen ab.[1] Auch wenn man solch ambitionierten Ansprüchen nicht folgen mag, wenn also nicht das gesamte Spektrum sprachlicher Kommunikation in Organisationen abgedeckt werden soll, kann ein Rückgriff auf diese Arbeiten anregend sein. Dabei stellt sich allerdings die Frage, ob und wie eine Differenzierung in formalisierbare und nicht-formalisierbare Sprache durchgeführt werden kann. Die in der Organisationstheorie mitunter vorgenommene Trennung in formale und informale Kommunikation spiegelt den Versuch einer ähnlichen Differenzierung. Während es allerdings dabei um eine analytische Unterscheidung nach Kommunikationsinhalten (zweckgebunden, nicht zweckgebunden) geht, ist für die Nutzungsbandbreite einer formalen Kunstsprache vor allem die Mächtigkeit der extensionalen Semantik maßgebend: nur solche Begriffe können in ihr Verwendung finden, für die eine funktional hinreichende extensionale Beschreibung möglich ist. Die Untersuchung der Möglichkeiten formaler Wissensrepräsentation zeigte, welche Begriffe damit ausgespart bleiben: solche, die die Kontingenz von Ereignissen reflektieren und solche, die Sachverhalte markieren, die sich gegen eine vollständige Beschreibung sperren, wie z.B. komplexe Persönlichkeitsmerkmale, emotionale Zustände u.ä.

Die Analyse der Sprache, die in geschäftlicher Korrespondenz und persönlicher Direktkommunikation gepflegt wird, dürfte zeigen, daß i.d.R nicht formalisierbare Bestandteile dieser Art enthalten sind. Wenn dennoch eine formale Geschäftssprache möglich sein soll, impliziert eine solche Substitution auch eine Änderung von Kommunikationsgewohnheiten: Beschränkung auf das sachlich Notwendige (unter der Voraussetzung, daß es sich eindeutig formulieren läßt), Vermeidung mehrdeutiger rhetorischer Ausschmückungen. Es ist vorstellbar, daß auf diese Weise der "substantielle Kern" eines nicht unerheblichen Teils der in einer Organisation anfallenden Kommunika-

---

1) in der Linguistik bildet die sog. Montague-Grammatik ein ganzes Forschungsprogramm, das darauf abzielt, formale Sprachen zu entwickeln, die geeignet sind, die natürliche Sprache abzubilden. Vgl. dazu Dowty/Wall/Peters (1981).

tion formalisiert werden kann. Es bleiben allerdings erhebliche Zweifel an der Funktionalität einer solchen Veränderung. Schließlich ist die pragmatische Wirkung einer sachlichen Botschaft häufig in hohem Maße von der jeweiligen Präsentation - und das heißt auch: von der Verwendung mehrdeutiger Konstrukte - abhängig. Auf diesen grundlegenden Einwand wird noch einzugehen sein.

Die Begriffsvielfalt einer formalen Sprache ist unendlich groß. Es ist allein nötig, neu einzuführende Begriffe mit Hilfe der verfügbaren zu beschreiben. Das heißt: Sätze, in denen neue Begriffe enhalten sind, müssen aus anderen abgeleitet werden. Daraus folgt, daß ein Grundgerüst der Sprache - eine Menge von Sätzen - axiomatisch einzuführen ist. Wenn es gelingt, ein solches Grundgerüst anzulegen, dann können die Anwender einer formalen Sprache individuelle Begriffssysteme entwickeln und dennoch mit Partnern kommunizieren, deren formale Sprache andere Bezeichnungen enthält: Sätze aus beiden Sprachen ließen sich mit Hilfe des gemeinsamen Axiomensystems darstellen. Letztlich wäre ein solches System die Definition eines Kommunikationsprotokolls. Unter der Voraussetzung der erfolgreichen Einführung auf internationaler Ebene wäre ein großer Schritt in Richtung automatischer Übersetzung getan: Übersetzung würde sich auf die formale Transformation in die vereinbarte Protokollsprache beschränken. Auch wenn damit nur ein Teil der sprachlichen Kommunikation abgedeckt wäre, würden sich im Bereich kommerziellen Nachrichtenaustauschs erhebliche Automatisierungspotentiale öffnen. Damit stellt sich die Frage, wie die Basissätze einer solchen Protokollsprache aussehen könnten.

Die 'Theory of Conceptual Dependency' im Lichte eines gewandelten Anspruchs

Ein in der kognitiven Psychologie verbreitetes Modell zur Erhellung der menschlichen Fähigkeit, Realitätsausschnitte zu interpretieren und damit auch: Sprache zu verstehen, sieht vor, daß wir über eine Vielzahl abstrakter Schemata bzw. Deutungsmuster verfügen. Um bestimmte Sachverhalte zu verstehen, wählen wir ein passend scheinendes Schema aus und vervollständigen es mit den konkreten Merkmalsausprägungen dieser Sachverhalte.[1)] Auch Schank/Abelson (1977) greifen auf dieses Modell zurück, um sprachverstehende Programme zu entwerfen. In einem Schema - Schank/Abelson sprechen von *Script* - werden verschiedene Beziehungen zwischen Objekten dargestellt. Auf diese Weise können Handlungsabläufe und Situationen konzeptualisiert werden. Schank/Abelson (1977, S. 12) unterscheiden dazu zwei Formen:

"An active conceptualization has the form:
Actor Action Object Direction (Instrument)

A stative conceptualization has the form:
Object (is in) State (with Value)"

Solche Konzeptualisierungen sind also formalsprachliche Sätze, deren Bedeutung sich ergibt, indem sie allein durch den Rückgriff auf axiomatisch eingeführte Prädikate und Wirkungszusammenhänge beschrieben werden. In seiner 'Theory of Conceptual Dependency' stellt Schank (1975) die These auf, die in einer (beliebigen) Sprache darstellbaren Sachverhalte ließen sich allesamt hinreichend genau mit einer kleinen Zahl sog. *'primitive acts'* und *'causal links'* abbilden. Er schlägt insgesamt elf solcher Basisaktionen vor. Beispiele:[2)]

ATRANS: die Übertragung einer abstrakten Beziehung wie Besitz, Kontrolle. So könnte z.B. die Aktion "Kaufen" mit Hilfe

1) "The process of comprehension is taken to be identical to the process of selecting and verifying conceptual schemata to account for the situation (or text) to be understood." Rumelhart (1976), S. 268

2) Schank/Abelson (1977), S.12 ff.

von ATRANS von Geld und ATRANS des zu kaufenden Obejekts abgebildet werden.

PTRANS: die Veränderung des physischen Standorts eines Objekts. "Legen" wäre PTRANS eines Objekts an einen bestimmten Platz.

PROPEL: mit physischer Kraft auf ein Objekt einwirken. Mit PROPEL lassen sich Verben wie "schlagen", "ziehen" u.ä. abbilden.

SPEAK: anders als in der englischen Sprache eine Eigenschaft aller Aktionen, die Töne hervorbringen. Also neben "sprechen" auch "kreischen", "bellen" u.ä.

Zur Darstellung von Wirkungszusammenhängen glaubt Schank mit fünf "causal links" auszukommen:[1)]

RESULT: eine Aktion bewirkt einen Zustand.

ENABLE: ein Zustand ermöglicht eine Aktion.

INITIATE: ein Zustand oder eine Aktion veranlaßt einen mentalen Zustand.

REASON: ein mentaler Akt ist die Ursache für eine physische Aktion.

DISABLE: ein Zustand macht eine Aktion unmöglich.

Die Theory of Conceptual Dependency bietet allein keine hinreichende Grundlage für maschinelles Sprachverstehen. So ist es zur Auflösung von Mehrdeutigkeiten nötig, die je wahrgenommenen Sachverhalte bzw. Texte einem Script zuzuordnen. Abgesehen von einfachen, stereotypen Situationen ist es bisher nicht gelungen, ein generelles Verfahren zu beschreiben, das diese Zuordnung in hinreichender Qualität durchführt. Dazu wäre zudem eine Bibliothek aller relevanten Scripts nötig - ein Ziel, dessen Erreichung nicht in Sicht ist.[2)] Darüber hinaus sind Zweifel daran angebracht, ob die von Schank gewählte Menge von 'primitives' hinreichend ist, die Bedeutung

1) Schank/Abelson (1977), S.30
2) was Schank (1984, S. 165 f.) unumwunden eingesteht.

beliebiger natürlichsprachlicher Sätze zu beschreiben.[1] Schließlich liefert auch Schank keine neuen Aufschlüsse darüber, wie die Bedeutung von Begriffen mit intensionalem Sinngehalt formal rekonstruiert werden kann.[2]

Die skizzierte Kritik hängt unmittelbar mit dem Anspruch zusammen, natürliche Sprache zu verstehen. Wenn man diesen Anspruch wandelt und die 'primitives' allein zur Definition einer Protokollebene für die Abbildung formaler Sprachen verwendet, ergibt sich ein anderes Bild. So sind die durch Mehrdeutigkeiten entstehenden Probleme (jedenfalls bei korrekter Anwendung der Kunstsprache) nicht mehr zu berücksichtigen. Dennoch wäre es verfehlt, deshalb den Aufwand für den Entwurf einer formalen Sprache unter Rückgriff auf basale Prädikate und Wirkungszusammenhänge zu verharmlosen. Schließlich ist es durchaus fraglich, ob die vorgeschlagenen 'primitives' eine brauchbare Grundlage für eine Fachsprache im Büro- und Verwaltungsbereich sind. Darüber hinaus sind die (für den Anfang) nötigen Begriffe zu erheben und extensional zu beschreiben. Zu guter Letzt müssen die Anwender den korrekten Gebrauch der Sprache lernen. Aber: wie immer man die Chancen für die erfolgreiche Einführung einer formalen Geschäftssprache beurteilt, scheinen die dabei zu erwartenden Schwierigkeiten doch geringer als die, die der Konstruktion hinreichend robuster Programme zur Verarbeitung der natürlichen Sprache im Wege stehen. Daß in der KI-Forschung solche Anpassungsprozesse dennoch nicht diskutiert werden, ist umso bemerkenswerter, als Turing (1950, S. 6) diese Möglichkeit schon vor mehr als dreißig Jahren nicht nur gesehen, sondern sogar prognostiziert hat und dabei gleichzeitig das Anliegen

---

1) Dabei ist nicht zuletzt auch an eine relativistische Kritik zu denken: schließlich spekuliert Schank auf ein gemeinsames Gerüst *aller* Sprachen.
2) Schank (1985, S. 57) räumt das auch durchaus ein.

der späteren Forschung, Intelligenz nachzubilden, als unangebracht kritisiert hat:[1)]

"... I believe that at the end of the century the use of words and general educated opinion will have altered so much that one will be able to speak of machines thinking without expecting to be contradicted."

Die Theory of Conceptual Dependency liefert ein Indiz für die Möglichkeit, eine Vielzahl von Begriffen einer formalen Sprache mit Hilfe weniger Basisformen so zu konzeptualisieren, daβ ihre Bedeutung für ein breites Kommunikationsspektrum hinreichend genau wiedergegeben wird.

1) ein Grund für diese Nichtbeachtung mag die Lust am Programmieren (gewesen) sein, ein anderer die spätestens seit Orwell bekannte düstere Vision einer Neusprache, an deren Pflege die um öffentliche Zustimmung bemühten Forscher wohl ebensowenig interessiert sind wie die Anbieter von Informationstechnologie.

2. Formalisierung, Funktionalität und Effizienz

Die skizzierte Einführung einer formal konzipierten Geschäftssprache eröffnet - wenn sie denn gelingt - eine Reihe von Automatisierungsmöglichkeiten. Die wenigsten entstehen originär in einer Unternehmung selbst. So rücken zwar Diktierautomaten mit einer Schnittstelle zur akustischen Spracheingabe in den Bereich des Machbaren, aber es scheint weniger aufwendig, diese Schnittstelle einzusparen als sie zu automatisieren: selbst schreiben statt diktieren. Interessanter scheinen denkbare Auswirkungen auf das innerbetriebliche Formularwesen: Ausfüllen und Auswerten auch von solchen Formularen, für die eine Auswahl aus einer vorgegebenen Menge von Alternativen allein nicht hinreichend ist, könnte interaktiv am Terminal erfolgen. Der Automatisierungseffekt einer Kunstsprache wird allerdings erst dann wesentlich durchschlagen, wenn formale Sprachen einen hohen Verbreitungsgrad erreicht haben und eine einheitliche Protokollsprache eingeführt ist: die Bedeutung neu eingeführter Kommunikationsformen ist bekanntlich abhängig von der Zahl derjenigen, die sich ihrer bedienen. Auf diese Weise wird es möglich, den Teil der Kommunikation mit Partnern in der Umwelt zu automatisieren, der durch Regeln festgelegt werden kann. Bereits realisierte Beispiele für formalisierte Kommunikation zwischen Unternehmungen sind automatisches Bestell- und Mahnwesen. Die gegenüber Standardisierungen größere Vielfalt einer formalen Sprache würde es darüber hinaus erlauben, die Bearbeitung von Reklamationen, Kritik an Preisen, Anfragen nach Lieferfristen, Angeboten u.ä. sowie von Fragen im Bereich des technischen Kundendienstes zu automatisieren - was durchaus im Dialog möglich wäre. Dabei könnten ohnehin übliche Maßnahmen zur Reduktion von Kontingenz, die bei Interaktionen mit der Umwelt auftritt, übernommen werden, sofern sie sich ohne nennenswerte inhaltliche Verkürzungen formalisieren lassen. Beispiel: Wenn ein Kunde um Preissenkungen nachsucht und der mit ihm realisierte Monatsumsatz kleiner ist als n, dann ist das Ansinnen unter Verweis auf fehlende Spielräume in der Kalkulation abzulehnen. Ansonsten ist ein entsprechend kompetenter Mitarbeiter einzuschalten. Zur Beantwortung der Anfrage nach Lieferfristen sind u.U. sehr viel mehr Regeln zu berücksichtigen. Außerdem wird ein Rückgriff auf Produktions- und Auftragsdaten nötig sein. Mertens/Allgeyer (1985, S. 705) sehen in ähnlicher Weise die Möglichkeit, ES zur Bearbeitung von "Routine-Korrespondenz" einzusetzen und "nur in Sonderfällen Sekretariatsmitarbeiter und Disponenten einzuschalten." Es gibt dabei allerdings einen erheblichen Unterschied zu dem hier diskutierten Ansatz: Sie unterstellen ohne weitere Problematisierung eine funktionierende natürlichsprachliche Schnittstelle.[1)]

Es ist offenkundig, daß die skizzierten Beispiele nicht eine Automatisierung von Expertenfunktionen bezeichnen, stattdessen ist mit maschineller Substitution im traditionellen Sachbearbeiter-Bereich zu rechnen. Aber gerade hier bietet sich die ES-Architektur als Automatisierungskonzept an. Wenn es nämlich durch die skizzierten Gestaltungsmaßnahmen möglich wird, Kommunikation durch Regeln und im DV-System verfügbare Fakten zu definieren, bietet eine deklarative Wissensbasis eine besonders geeignete Repräsentationsform. Eine verstärkte Automatisierung im operativen Bereich schafft allerdings auch Entlastung für das Management. So werden mit dem Einzug von Computern mitarbeiterbezogene Aufgaben wie Kontrolle, Motivation u.ä., kurz: Führung, an Bedeutung verlieren. Es wird allerdings noch darauf einzugehen sein, ob nicht auch gegenteilige Effekte denkbar sind.

1) in einem Zwischenbericht über den Stand des Forschungsprojekts WISDOM (Wissensbasierte Systeme zur Bürokommunikation: Dokumentenbearbeitung, Organisation, Mensch-Computer-Kommunikation) gelangen Kreplin/Rieder (1987, S. 44 f.) zu dem Schluß, daß eine hinreichend robuste Textanalyse "auf absehbare Zeit nicht möglich sein wird." Es bleibt allein der Versuch einer erheblich eingeschränkten Inhaltsanalyse der Korrespondenz, die es gestatten soll den "Absender eines Briefes" oder den "Name(n) eines angebotenen Produkts" zu identifizieren.

Neben den Formalisierungen, die eine Änderung des Sprachgebrauchs voraussetzen, können auch formale Regeln eingeführt werden, die die möglichen Transaktionen zwischen der Organisation und den Mitarbeitern genau festlegen. Beispiele dafür sind formale Regelwerke, die beschreiben, unter welchen Voraussetzungen ein Mitarbeiter Urlaub erhält, ihm Vorschuß gewährt wird, oder er Anspruch auf eine Beförderung hat. Die sich daraus ergebenden Automatisierungsmöglichkeiten liegen auf der Hand: die Entscheidung darüber, ob im Einzelfall Urlaub oder ähnliches gewährt wird, wäre logisch ableitbar, der Betroffene könnte sie im Dialog von einem Programm (wobei sich ein wissensbasiertes System anbieten würde) erfahren. Beförderungen könnten automatisch durchgeführt und mit der monatlichen Gehaltsabrechnung mitgeteilt werden. Darüber hinaus ist daran zu denken, traditionelle Regelwerke wie Verordnungen und Gesetze, deren Entwurf ohnehin durch das Bemühen um Eindeutigkeit gekennzeichnet ist, so neu zu gestalten, daß sie (oder wenigstens als solche gekennzeichnete Teile) nach den Maßstäben der Logik eindeutig sind.[1)]

Die möglichst umfassende und eindeutige Reglementierung des Handelns in Organisationen ist wesentliches Mermal bürokratischer Verwaltung. So überzeugend Weber (1924, S. 413) auf Gründe für die "technische Überlegenheit des bureaukratischen Mechanismus" hingewiesen hat, so zahlreich sind inzwischen die kritischen Stimmen, die die Effizienz bürokratischer Verwaltung unter der Voraussetzung wettbewerbsintensiver Märkte und gewandelter Werte anzweifeln, sie für dysfunktional halten. Wir wollen deshalb zur Verdeutlichung unserer Perspektive solche und ähnliche Einwände näher betrachten.

1) der Versuch, den Inhalt bestehender Gesetze formal zu rekonstruieren, um so juristisches Urteilsvermögen automatisieren zu können, hat bisher zu keinen überzeugenden Resultaten geführt. Ähnliches gilt für (ES-) Projekte im Bereich der Steuerberatung.

Formalisierung, die sich vor allem auf eine Änderung von Sprachgewohnheiten richtet, legt Zweifel daran nahe, ob die Betroffenen zu der notwendigen Anpassung in der Lage sind. Dazu ist zunächst festzustellen, daß die Formalisierung der Sprache die persönliche Direktkommunikation nicht unmittelbar berührt.[1)] Es bringt schließlich keine Vorteile, hier den Sprachumfang einzuschränken. Die Anwendung der formalen Sprache beschränkt sich auf den Teil der Kommunikationen, der sich mit oder über DV-Systeme vollzieht. Eine Anpassung, die für den bisherigen Einsatz von Informationstechnologie - wenn auch in geringerem Umfang - ohnehin kennzeichnend ist: "Eine Formalisierung des Informationsflusses zwischen Computer und Benutzern ist daher eine notwendige Voraussetzung und damit zugleich eine zwangsläufige Folge des Computereinsatzes ..." (Kieser/Kubicek 1983, S. 309) Solange diese Kommunikation über Menüs oder Kommandosprachen abgewickelt werden kann, ist keine Änderung erforderlich. Der Rückgriff auf eine formale Geschäftssprache ist erst dann nötig, wenn Korrespondenz zu erstellen ist, die vom Empfänger maschinell verarbeitet wird, oder ein Dialog mit einem Programm (z.B. ein ES, das die Fehlersuche in technischen Systemen unterstützt) zu führen ist, dessen Funktionsbandbreite durch eine Menüauswahl nicht sinnvoll abgedeckt werden kann. Ein existierendes Beispiel für den letzten Fall sind umfangreiche Kommando- oder Datenmanipulationssprachen. Ihr wesentlicher Nachteil ergibt sich daraus, daß sie i.d.R. speziell für ein System entworfen sind. Ein Anwender, der das System nicht kennt, bleibt von der Nutzung weitgehend ausgeschlossen. Anders bei der Verfügbarkeit einer formalen Protokollsprache: hier formuliert der Anwender seine Anfragen an das System in der ihm vertrauten Sprache, die dann über eine Schnittstelle in die

1) zu denkbaren mittelbaren Auswirkungen vgl. S. 258

Protokollsprache transformiert wird. Von dort erfolgt die Transformation in die Sprache des Systems.[1)]

Der zur Implementierung der Protokolle und Schnittstellen erforderliche technische Aufwand soll hier nicht verharmlost werden, vor allem sind die politischen Barrieren, die der wirksamen Etablierung von Konventionen im Weg stehen, nicht zu unterschätzen.[2)] Auch läßt die Schwierigkeit, die vor allem Gelegenheitsanwender mit Kommando- oder Datenmanipulationssprachen haben, auf erhebliche Probleme beim Lernen einer formalen Geschäftssprache schließen. Der größere Sprachumfang einer solchen Sprache stellt dabei ohne Zweifel noch höhere Anforderungen. Es entfällt allerdings die Anpassung an mehrere unterschiedliche Systemsprachen. Darüber hinaus erleichtert eine Syntax, die der der natürlichen Sprache wesentlich entspricht, die Anpassung erheblich.

Ein weiterer Einwand betrifft die Veränderung von Kommunikationsinhalten, die die eingeschränkte Semantik formaler Sprachen mit sich bringt. Dieser Einwand greift allerdings nicht überzeugend, da die primären Kommunikationspartner bei der Verwendung der formalen Geschäftssprache ja Computer sind. Der freundliche Hinweis auf "den sehr befriedigenden Verlauf der bisherigen Zusammenarbeit" ist also überflüssig. Im übrigen zeigt die Nutzung des Fernschreibers, daß auch für die zwischenmenschliche Kommunikation Konzessionen gemacht werden, wenn sie Kosten sparen. So ist es durchaus denkbar, daß z.B. Kunden bereit sind, sprachliche Sachlichkeit dieser Art

1) für den eingeschränkten Bereich des Dialogs mit Systemen, deren Funktionsumfang weitgehend bekannt ist und der sinnvollerweise über sprachliche Anweisungen aktiviert werden kann, ergibt sich auf diese Weise die Möglichkeit der Definition der Anwendungsschicht in einem Rechnerverbundsystem, also z.B. der bisher offenen siebten Schicht im OSI-Referenzmodell der ISO. Darüber hinaus lassen sich durch formale Beschreibungen von Masken, Leistungsfunktionen und Tastenbelegungen auch für andere Dialogformen solche Anpassungen denken.

2) so hat hat ja vor allem das Tauziehen von Herstellern und Betreibern bisher ein einheitliches Netzwerk-Modell verhindert.

zu akzeptieren - solange sie nicht zu wesentlichen Funktionseinbußen führt. Eine vollständige Ersetzung der natürlichen Sprache ist kaum zu erwarten. Man kann eben über Sachverhalte reden, die sich gegen eine formale Beschreibung sperren - ohne daß sie "einfach Unsinn sein"[1] müssen. Es wäre die (nicht zu unterschätzende) Aufgabe organisatorischer Gestaltung, die für alle relevanten Kommunikationsbeziehungen notwendige Differenzierung zwischen formaler und natürlicher Sprache vorzunehmen.

Die Formalisierung der Kommunikation und vor allem die formale Definition von Regeln, nach denen sich Handeln vollziehen soll, gerät zu Recht in den Verdacht, die Bedürfnisse der betroffenen Mitarbeiter zu vernachlässigen. Die so entstehende motivationshemmende Wirkung bürokratischer Verwaltung ist seit langem bekannt (vgl. Kieser/Kubicek 1978, S. 112 f.). Solche Wirkungen sind allerdings keine notwendige Folge formaler Sprachen und Regelungen. Denn bei allen Parallelen zur bürokratischen Verwaltung gibt es einen wesentlichen Unterschied: Formalisierung ist hier als Wegbereiter der Automatisierung gedacht, d.h. es geht nicht zwingend um die "Verteilung der einzelnen Arbeiten auf spezialistisch abgerichtete und in fortwährender Übung immer weiter sich einschulende Funktionäre" (Weber 1972, S. 562), sondern um Arbeitsvorschriften, nämlich Programme, für Maschinen.[2] Das konsequente Bemühen um Formalisierung und Automatisierung fordert eine weitere, ähnlich motivierte Kritik heraus, die nicht selten auch auf den gegenwärtigen Computereinsatz angewandt wird: "*Taylorisierung* von geistiger Arbeit." (Baethge/Overbeck 1986, S.28) Eine Kritik allerdings, die die skizzierte

---

1) so glaubte der frühe Wittgenstein (1963, Vorwort) sprachliche Darstellungen disqualifizieren zu müssen, die nicht dem Diktum der Logik unterliegen.

2) ein Hinweis, der angesichts der mit Automatisierung häufig genug verbundenen Zerstörung von Arbeitsplätzen zynisch anmuten mag, aber gewiß nicht so gemeint ist. Es geht hier nicht darum, einer unreflektierten Automatisierungseuphorie das Wort zu reden, sondern um die Skizze der Möglichkeit und Brauchbarkeit eines Automatisierungskonzepts, das explizit auf gegenseitige Anpassung (von Mensch und Technik) setzt. (Vgl. dazu S. 254 ff.)

Automatisierung im Büro- und Verwaltungsbereich nicht überzeugend trifft.[1] Denn eine Formalisierung, die die Grundlage für eine umfassende Automatisierung darstellt, kann sicher eine andere Qualität als plumper Taylorismus haben, der auf die Formalisierung und rigide Reglementierung menschlicher Arbeitsabläufe abzielt. So ist das wesentliche Kennzeichen des Taylorismus wohl weniger der in ihm enthaltene Hang zur Formalisierung bzw. Standardisierung als vielmehr die dumpfe Übertragung eines naturwissenschaftlich-technischen Ansatzes auf soziale Kontexte, die für Sinnkonstrukte in einer lebendigen sozialen Welt blinde, den Menschen zum biomaschinellen Aufgabenträger degradierende Ingenieur-Perspektive. Darüber hinaus sind sowohl tayloristische Arbeitsorganisation als auch bürokratische Verwaltung nicht zuletzt durch die mit ihnen jeweils verbundenen Herrschaftsformen gekennzeichnet: hier die unverhohlene Demonstration eines strikt hierarchischen Machtgefüges mit einem Hang zu rigider Kontrolle, dort die subtile Herrschaft der "regelgebundenen kühlen 'Sachlichkeit'" (Weber 1972, S. 565). Damit soll nicht geleugnet werden, daß auch Formalisierung, die auf Automatisierung abzielt, in tayloristischer bzw. bürokratischer Absicht betrieben werden kann[2]. Eine solche Korrelation ist allerdings nicht denknotwendig. Dazu ist es wichtig, analytisch zwischen Formalisierung, die als unmittelbare Voraussetzung für Automatisierungen eingeführt wird (und sich als deren Folge etabliert), und der Urform bürokratischer Formalisierung, die ja menschliches Handeln betrifft, zu unterscheiden. Die Anpassungswiderstände und motivationshemmenden Wirkungen der zweiten Form werden - gleichwohl es unangebracht wäre, jeden Zusammenhang zu leugnen - durch die erste nicht zwangsweise induziert. Systementwickler und Programmierer - ganz zu schweigen von Formalwissenschaftlern - liefern nicht selten ein Indiz dafür, daß trotz der Notwendigkeit, in großem Umfang formale Sprachen zu verwenden, inhaltliche und soziale Dimen-

1) was auch Baethge/Overbeck (1986) zu bedenken geben
2) faktische Strategien zur Einführung von Informationstechnologie sind nicht selten durch diese Attitüde gekennzeichnet. Vgl. dazu Gottschall/Mickler/Neubert (1985)

sionen der Arbeit als anregend und befriedigend empfunden werden.

Nun sind die verbreiteten Vorbehalte gegen hochgradig formalisierte Organisationen gewiß nicht allein durch ihre Wirkungen auf individuelle Größen wie Motivation und Arbeitszufriedenheit bedingt, vielmehr steht Formalisierung - durchaus damit zusammenhängend - im Verdacht, Effizienz und Flexibilität von Organisationen negativ zu beeinflussen. So ist denn auch die neuere Organisationstheorie durch eine verstärkte Hinwendung zu informaler Organisation gekennzeichnet. Der Grund dafür ist wohl vor allem ein antipositivistisch geläutertes Verständnis von Sozialwissenschaft, das Komplexität bzw. Kontingenz als nicht vollständig auflösbar betrachtet, und ein zum 'social man' gewandeltes Bild vom Menschen. Danach ist informales Handeln nicht, wie in der klassischen Theorie, dysfunktional, sondern durchaus zweckdienlich[1] :

> "Es gibt kein vollständig formalisiertes System in dem Sinne, daß alle Erwartungen und Handlungen des Systems formal organisiert wären. Mit anderen Worten: Die Sinnverbundenheit der Handlungen, die das System ausmacht und es gegen eine andersartige Umwelt invariant hält, besteht nicht allein aus formalen Strukturen. Darin liegt kein Mangel an Perfektion; vielmehr wäre ein voll formalisiertes System gar nicht lebensfähig." (Luhmann 1972, S. 27)

Diese Kritik an der Leistungsfähigkeit formaler Organisation kann dem hier diskutierten Ansatz allerdings kaum vorgehalten werden. Schließlich war der Hinweis auf die funktionale Notwendigkeit informalen bzw. symbolischen Handelns wesentlicher Bestandteil unserer Kritik am ES- und ähnlichen KI-Ansätzen, die in mehr oder weniger ausgeprägter positivistischer Unbekümmertheit auf die Rekonstruktion bzw. Substitution einzelner Rollen zielen. Im Unterschied dazu zeigt das Bemühen um den Entwurf solcher Organisationsformen, die durch die bewußte Anpassung des Menschen an die Unzulänglichkeiten von Maschinen gekennzeichnet sind, seine Grenzen gleich mit auf:

1) wenngleich die konkreten Wirkungszusammenhänge zum großen Teil im Dunklen liegen.

nicht reduzierbare Kontingenz. Die Erkenntnis, daß die Leistungsfähigkeit formaler Organisation beim Umgang mit Kontingenz aufhört, ist in der Organisationstheorie wenig umstritten.[1] Unsere Untersuchung hat gezeigt, daß auch ES hier keine Änderung verheißen. Es mag allerdings möglich sein, durch geeignete organisatorische Maßnahmen Mehrdeutigkeit zu reduzieren, um so eine für Automatisierungen hinreichende Formalisierung zu gewährleisten. Für die verbleibende Arbeit allerdings würden sich formale Reglementierungen verbieten: sie wäre ja gerade durch die Notwendigkeit gekennzeichnet, mit Kontingenz umzugehen. Es ist allenfalls daran zu denken, solche Regeln formal zu gestalten, die Rechte und Pflichten der Mitarbeiter betreffen, die nicht unmittelbar mit einzelnen Aufgaben zusammenhängen. Das würde die Möglichkeit schaffen, Entscheidungen, die allein durch den Rückgriff auf eine solche Unternehmensverfassung getroffen werden könnten, zu automatisieren. Wesentliche Voraussetzung dafür ist allerdings, daß die dabei zu berücksichtigenden Kriterien einer formalen Beschreibung zugänglich wären. So lassen es die komplexen Persönlichkeitsmerkmale, die i.d.R. für Beförderungen zu berücksichtigen sind, nicht eben angeraten erscheinen, ein formales Regelwerk zu entwerfen. Entscheidungen über die Gewährung von Urlaub lassen sich sicher eher formalisieren. Die Auswirkungen formalisierter Regeln auf die Motivation der Mitarbeiter und damit die Leistungsfähigkeit der Organisation sind ambivalent. So mag zwar die maschinelle Behandlung persönlicher Anliegen oberflächlich und kalt erscheinen, aber auch menschliche Entscheider liefern hier so manchen Grund

1) "The uncertainty of the information associated with a task seems to be directly related to the degree of formality of the organization which can best deal with that task. If the task is absolutely certain and predictable, then one can predetermine what type of behavior can lead to effective information processing. An appropriate organization does just that, and as a result is quite "formal". At the other extreme, if a task is very uncertain, then it is impossible to specify in advance what type of behavior pattern is needed. An appropriate organization should reflect this by being less formal." (Kotter 1976, S. 486) Ähnlich Berger/Offe (1981, S. 55): "Die Bewältigung solcher Kontingenzen erlaubt offenbar keine Programmierung."

für Unzufriedenheit oder gar Frustration. Schließlich werden sie mehr oder weniger durch allerlei politische Motive, sowie durch Eigenarten zwischenmenschlicher Beziehungen geleitet. Formale Regelungen bieten hier die Chance, solch subtile Formen der Machtausübung zu überwinden und können damit durchaus dazu beitragen, eine symmetrische Behandlung der Organisationsmitglieder zu fördern. Dabei kann natürlich nicht übersehen werden, daß gerade auch formale Regeln ein äußerst subtiles Herrschaftsinstrument sein können, wenn sie nicht transparent gemacht werden bzw. sich als nicht weiter hinterfragte Systemrationalität etabliert haben.[1)] Es liegt auf der Hand, daß die Beteiligung der Betroffenen oder wenigstens die möglichst authentische Berücksichtigung ihrer Interessen bei der Bewertung solcher Regeln eine tragende Rolle spielt. In jedem Fall wird - wie auch bei der Verwendung einer formalen Sprache - im Einzelfall zu prüfen sein, ob die durch Formalisierung entstehenden Verkürzungen akzeptabel sind. Es ging hier allein darum, zu zeigen, daß es im Rahmen organisatorischer Gestaltung bisher nicht genutzte Spielräume für Formalisierungen gibt, die durchaus funktional sein können, d.h. die Leistungsfähigkeit der Organisation nicht mindern.

1) diese Kritik ist ja wesentliches Kennzeichen Webers Analyse bürokratischer Herrschaft.

Kontingenzreduktion und Komplexität

Die Einführung formaler Sprachen und, in Grenzen, formaler Regelungen schafft nicht nur neue Automatisierungsmöglichkeiten, sondern verändert auch die Anforderungen an diejenigen, die in einer derart technisierten Arbeitswelt tätig sind. Dabei ist nicht allein an vordergründige Anpassungen wie das Erlernen formaler Sprachen zu denken, sondern auch daran, daß durch den Computereinsatz im Bereich der formalisierten Aufgaben und den damit verbundenen strukturellen Änderungen Kontingenzadaptionen, die traditionell in diesem Bereich geleistet werden, an anderen Stellen zu erbringen sind. Etwas konkreter heißt das, daß die Pufferfunktion gegenüber Unabwägbarkeiten und Unsicherheiten der Umwelt, die z.B. Sachbearbeiter erbringen, durch zunehmende Automatisierung mehr und mehr entfallen. Diese Verlagerung von Kontingenz innerhalb der Organisation läßt sich bereits für den gegenwärtigen Einsatz von Informationstechnologie beobachten. Berger/Offe (1981, S. 48) behaupten gar, daß "jede Effizienzsteigerung an einer Stelle durch das Zugeständnis kontrollärmerer und weniger standardisierter Arbeitsbedingungen an anderer Stelle kompensiert werden muß oder solche jedenfalls zwangsläufig nach sich zieht." Das wirft die Frage auf, ob eine noch weiterreichende Formalisierung nicht zu einer Überforderung der verbleibenden Mitarbeiter führt. Zunächst ist daran zu denken, daß dann, wenn eine allgemeine Veränderung der Kommunikationsgewohnheiten etabliert ist, also der Gebrauch formaler Sprachen und die damit verbundene Sachlichkeit eine große Verbreitung gefunden haben, die genannten Pufferfunktionen, die ja vor allem über die Sprache wirksam werden, mehr und mehr an Bedeutung verlieren. Hier wird Kontingenz also reduziert und nicht verlagert. Es kann allerdings nicht übersehen werden, daß die Anforderungen an die im Büro- und Verwaltungsbereich Beschäftigten mit der skizzierten hochgradigen Automatisierung steigen. Während für den bisherigen Einsatz von EDV-Systemen immer noch umstritten ist, ob Qualifizierungs- oder Dequalifizierungswirkungen überwiegen, bedingt eine weiterreichende Automatisierung der dargestellten

Art vor allem zusätzliche Qualifikation. Dequalifizierung entsteht ja in erster Linie dadurch, daß Schnittstellen nicht automatisiert sind und durch manuelle Dateneingabe überbrückt werden müssen. Die zunehmende Formalisierung von Information zusammen mit DV-gerechter Aufbereitung würde Sinn-entleerte Tätigkeiten dieser Art aber mehr und mehr überflüssig machen.[1] Es sind also vor allem höhere Anforderungen an analytische und logische Kompetenzen der Betroffenen zu stellen. Baethge/Overbeck (1986, S. 290) sehen darin ein Kennzeichen einer unabwendbaren Entwicklung und prophezeien ein Ende "traditioneller 'Bürogemächlichkeit'", das einhergeht mit der Durchsetzung eines "*professionellen Verhaltensstils*". Uns geht es hier nicht um Prognose, sondern lediglich darum, auf mögliche organisatorische Veränderungen aufmerksam zu machen, die ein höheres Niveau der Automatisierung erlauben. Die Notwendigkeit höherer (wie auch immer bewerteter) Qualifikation ist dabei allerdings für den hier diskutierten Ansatz gleichsam konstituierend. Schließlich wird ja gerade in betonter Abgrenzung vom positivistischen Anspruch der KI-Forschung auf die Anpassungsfähigkeit des Menschen gesetzt.

Ein Ansatz, der die Bedeutung sozialen Wandels gegenüber der technologischen Sicht der KI-Forschung herausstellt, kann die Besonderheiten sozialer Systeme nicht vernachlässigen. Unsere Kritik am ES-Ansatz hat gezeigt, daß auch vermeidbare Mehrdeutigkeiten ebenso wie offensichtlich falsche Interpretationen der Realität (z.B. Mythen und Ideologien) durchaus funktional sein können: sie sind wirksame Strategien zur Anpassung an Kontingenz und damit zur Reduktion von Komplexität. Das mahnt vor allzu voreiligen Umsetzungsversuchen: strukturelle Veränderungen sowie die Einführung formaler Sprachen allein garantieren keinen Erfolg. Die dadurch drohende Überforderung der Betroffenen kann nur vermieden werden, wenn es gelingt, traditionelle Sinnsysteme durch funktional äquiva-

1) ein großer Schritt in diese Richtung wäre allein durch Standardisierung und die Etablierung von Rechnerverbundsystemen getan. Die Einführung einer formalen Geschäftssprache würde es ermöglichen, weitere Lücken zu schließen.

lente zu ersetzen (Luhmann 1967, S. 101). Auch wenn eine solche systemtheoretische Beurteilung wenig griffig ist, so macht sie doch deutlich, daß die Anpassungsschwierigkeiten nicht zu unterschätzen sind. Gleichzeitig verweist sie allerdings auch auf die grundsätzliche Möglichkeit, Kontingenz durch Systemvariation zu verringern. So bedeutet der bewußte Abbau von Mehrdeutigkeit zunächst eine Steigerung der Komplexität, die allerdings durch einen "Gewinn an reduzierbarer Komplexität" (Luhmann 1967, S. 109) ausgeglichen werden kann: eben durch erhöhte Selektivität menschlichen Handelns.[1)]

1) dieser Gedankengang reflektiert letztlich die von Luhmann propagierte "Abklärung der Aufklärung": mit Vorsicht zu handhaben, aber durchaus möglich.

3. Formalisierung und Humanisierung - ein Antagonismus?

Die Untersuchung der Einsatzmöglichkeiten von ES hat gezeigt, daß die für dispositive Tätigkeiten im Verwaltungsbereich wesentliche Kompetenz, Kontingenz handhaben zu können, kaum Aussichten auf eine erfolgreiche Automatisierung bietet. Wenn allerdings das Bemühen um Rekonstruktion einzelner Rollen in bestehenden Organisationen durch das Ziel ersetzt wird, Organisationsformen zu entwerfen, die durch eine höhere Formalisierung vor allem des Sprachgebrauchs charakterisiert sind, zeichnen sich neue Automatisierungspotentiale im Büro- und Verwaltungsbereich ab. Auch wenn davon Experten am wenigsten betroffen wären, bietet die vom ES-Ansatz favorisierte deklarative Darstellung hier eine für die Systementwicklung und -pflege erhebliche Vereinfachung, da die formal zu repräsentierenden Sachverhalte gewöhnlich auch in deklarativer Form (nämlich mit Hilfe von Sätzen der natürlichen Sprache) beschrieben werden. Der Umstand, daß bei der unumgänglichen gegenseitigen Anpassung von Mensch und Maschine dem Menschen die Hauptrolle zukommt, ist ohnehin plausibel: während wir eine Turing-Maschine "emulieren" können, gibt es bisher keine überzeugenden Anzeichen dafür, wie die umgekehrte Substitution je gelingen könnte. Der Weg zu mehr Effizienz im Büro- und Verwaltungsbereich führt also weniger über "intelligente" Maschinen als vielmehr über das Bemühen um intelligente Nutzung technischer Möglichkeiten.

Technisierung allein kann allerdings kaum ein hinreichendes Ziel sein. Vielmehr stellt sie für viele Menschen eine Bedrohung dar. Auch wenn es in den Sozialwissenschaften keinen Konsens darüber gibt, welche politischen Wirkungen von vermehrtem Technikeinsatz zu erwarten sind, besteht doch kein Zweifel daran, daß Technik als Herrschaftsmittel instrumentalisiert werden kann, ja, sich als "vergegenständlichte Zweckrationalität" (Bendixen 1976, S. 60) verselbständigen kann, die "ihren politischen Inhalt nicht preis (gibt)" (Habermas

1968, S. 49).[1] Umso bedenklicher muß (auf den ersten Blick) eine Automatisierungsstrategie erscheinen, die auf die Anpassungsfähigkeit des Menschen setzt - vor allem, wenn dabei der Gebrauch von Sprache zu ändern ist. Die Gefahren, die nicht selten mit der Zunahme eines formalen, technikorientierten Sprachgebrauchs assoziiert werden, macht Sobetzko (1985, S. 33) besonders drastisch deutlich:

"In dem Grad, in dem Daten und Systemstandards zur öffentlichen Sprache werden, wird die "traditionelle Sprache" marginalisiert, d.h. in irrelevante und nicht-öffentliche Randbereiche abgedrängt. Sie ist politisch, qualifikatorisch wie kommunikativ "funktionsentlastet" und wird nur noch eingeschränkt tradiert. Das Ende wird ein Heer von Deformierten sein, deren Blick auf die Gesamtheit der Sprache verengt ist, denen die Qualifikation, mit ihr umzugehen und sie kreativ und virtuos zu nutzen, bald unbekannt sein wird - konsumfixiert darauf bedacht, die Verwertungsbedingungen der Elektroindustrie zu optimieren, zugleich arbeitslos, eine "Frei"zeit mit dreißig Programmen verbringend, in ihrem Verhalten überwacht. Wir sind dann fast bei der Neusprache angelangt, wie sie Orwell in "1984" entwirft. Ihr Charakteristikum: oppositionelles, subversives und widerborstiges Denken ist schlicht unmöglich, denn es ist "ungrammatisch" und insofern lächerlich."

So ernst solche Warnungen vor Automatisierung und Formalisierung zu nehmen sind, so wichtig ist es, sie zu relativieren. Technikeinsatz ist nicht notwendig mit der Etablierung subtiler Herrschaftsformen und der Sinnentleerung von Arbeit verbunden. Vielmehr ist es denkbar (und in Teilbereichen ja bereits praktiziert), daß Arbeit in hochtechnisierter Umgebung bei weitreichender Verwendung formaler Sprachen im besten Sinne human sein kann: interessant und in einem angenehmen (durchaus informalen) sozialen Umfeld stattfindend. Darüber hinaus könnte die für den sachkundigen Gebrauch formaler Sprachen notwendige logisch-analytische Kompetenz dazu beitragen, gängigen politischen Mißbrauch der Sprache, wie er sich in Ideologien und Phrasen ausdrückt, als solchen zu entlarven. Schließlich ist zu berücksichtigen, daß die Verbrei-

---

1) das Phänomen, Herrschaft im Zuge von "Rationalisierung" durch den Verweis auf unverstandene technische und bürokratische Systeme neu zu legitimieren, ist ja bereits von Weber ausführlich untersucht worden.

tung von Informationstechnologie und damit auch die Anpassung der Betroffenen faktisch in vollem Gange ist. Es scheint mir deshalb aufrichtiger, die Bedeutung menschlicher Anpassung gerade auch im Gebrauch der Sprache explizit in den Mittelpunkt von Automatisierungsüberlegungen zu rücken (nicht: sie als besten Weg zu empfehlen), als durch die mystifizierende Rede von denkenden Maschinen Arglosigkeit oder Angst zu fördern. Gerade die Propagierung sog. natürlichsprachlicher Schnittstellen ist allem Anschein zum Trotz einem humanen Technikeinsatz abträglich, da die Anwender den subtilen Tücken solcher Systeme hilflos ausgeliefert sind (vgl. III.4, besonders das Winograd-Zitat, S. 116). Nun ist es gewiß nicht mein Anliegen (der Gang der Untersuchung hat das hoffentlich deutlich gemacht), einem euphorischen Szientismus das Wort zu reden, der sich über die Köpfe der Betroffenen hinweg an den Verheißungen einer rein instrumentellen Vernunft berauscht. Auch kann nicht übersehen werden, daß die Skizze von Organisationen, in denen hochqualifizierte Fachleute einen reflektierten Umgang mit Technik pflegen, allzu leicht in den Verdacht ideologischer Schönfärberei gerät. Denn sie spiegelt natürlich nur die halbe Wahrheit. Schließlich setzt das Bemühen um eine vernünftige Nutzung der Informationstechnologie gerade das voraus, was - vor allem bei denen, die den größten Bedarf haben - durch eben diese Technik gefährdet scheint: Qualifikation, Mündigkeit - und einen sicheren Arbeitsplatz. Es wäre töricht, dieses abgründige Problem mit seinen erschreckenden sozialen und politischen Konsequenzen zu leugnen oder auch nur zu verharmlosen. Allerdings wird diese Gefahr ja nicht erst durch den hier skizzierten Automatisierungsansatz geschaffen. Sie ist vielmehr aktuell und droht sich auszuweiten. Dabei ist es wenig hilfreich, apokalyptische Visionen einer technisierten Horrorwelt zu zeichnen, da sie kaum ein Beitrag zu einem konstruktiven Dialog über die Gestaltung der Zukunft sind. Stattdessen fördern sie die ohnehin gängige Polarisierung, die Gefahr läuft, apologetisch in einmal eingenommenen Positionen zu erstarren. Zwar ist eine ablehnende Haltung nicht zuletzt wegen des Unbehagens, den Falschen (nämlich den unreflektierten Technikproponenten) das Wort zu reden, verständlich, verhindert allerdings die kritische Auseinandersetzung mit dem, was Technik auch sein kann: eine Chance. Mit Wirkungsforschung allein ist es hier nicht getan. Denn einerseits richtet sie ihren Fokus gewöhnlich auf aktuelle technische Entwicklungen, hinkt ihnen also i.d.R. hinterher bzw. begleitet sie allenfalls. Andererseits ist es ihr (durchaus wichtiges) Anliegen, zu untersuchen, wie sich Anpassungsprozesse tatsächlich vollziehen, nicht, wie sie sich vollziehen könnten.

Eine Theorie, die stattdessen darauf zielte, *Ausschau* nach neuen Möglichkeiten der Nutzung von Informationstechnologie zu halten, würde nicht nur ihrem Namen alle Ehre machen, sondern die Chance bieten, über Technikeinsatz zu reden, bevor er sich vollzogen hat. Eine solche Theorie der Automatisierung - für die Automatisierung kein Selbstzweck wäre - könnte durch die Integration (und Überwindung) der Perspektiven organisationstheoretischer Implementierungsforschung und der KI-Forschung entstehen. Ihr Primat wäre die Untersuchung der Gestaltungsspielräume sozialer Systeme im Zusammenhang mit der Nutzung einer hochentwickelten Technologie. Eine soziale Orientierung ist dazu allein nicht hinreichend. Vielmehr sind auch die Eigenarten und Grenzen formaler Systeme zu berücksichtigen. Die KI-Forschung kann hier einen wesentlichen Beitrag leisten: ungeachtet ihres eigentlichen Anspruchs konzentriert sie sich vor allem auf die Untersuchung formaler Systeme und den Entwurf von Werkzeugen zur Software-Entwicklung.

Das Bemühen um die Skizzierung grundlegend neuer Organisationsformen weist ohnehin eine Parallele zur KI-Forschung auf: den ambitionierten Anspruch, Problemlösungen zu entwerfen, die heute noch nicht umgesetzt werden können. Dabei ist es allerdings wichtig, dieses *utopische* Element der KI-Forschung einer entmythologisierenden Läuterung zu unterziehen. Damit sind auch inhaltliche Konsequenzen verbunden: anstelle der *technischen* Utopie denkender Maschinen rückt die *soziale* Utopie eines vernünftigen Technikeinsatzes in den Vordergrund. Eine solche utopische Orientierung könnte sowohl forschungspragmatisch als auch politisch fruchtbar sein. So ist es wohl unbestreitbar, daß die Faszination, die der Entwurf von Utopien ausüben kann, der Produktivität von Forschung zugute kommt. Darüber hinaus würde eine so motivierte Wissenschaft - frei vom Legitimationsdruck einer möglichst raschen Verwertbarkeit - eine wirklich eigenständige Ergänzung zur ohnehin aufwendigen Forschung in den betroffenen Industriezweigen darstellen. Politisch bieten Utopien die Chance, einen gesellschaftlichen Dialog anzuregen, der jenseits der Beschränkungen faktischer Verhältnisse die Dogmatik einander widersprechender Interpretationen und Bewertungen dieser Realitität verringern könnte.[1] Dabei darf allerdings nicht übersehen werden, daß die politischen Wirkungen von Utopien ambivalent sind. Wenn sie als Heilslehre präsentiert werden, fördern sie Tendenzen zu Ideologisierung und Fanatismus.[2] Ein solcher Einwand kann die Orientierung an Utopien kaum nachhaltig diskreditieren, mahnt jedoch zu bedachtem Vorgehen. Es soll hier ohnehin keine Verklärung der bescheidenen Möglichkeiten aufklärungsorientierter Wissenschaft betrieben werden. Die reflektierte Betrachtung eines vernünftigen Umgangs mit Technik als Utopie darf die vielfältigen, sich in äußerster Komplexität präsentierenden Realisierungshemmnisse und Gefahren keineswegs übersehen. Sie bietet allerdings eine Chance, zu verhindern, daß der resignierende oder gar triumphierende Hinweis auf derlei Hemmnissse völlig entmutigt. Ihre Bedeutung ist gerade darin zu sehen, Veränderung *dennoch*, und sei es in noch so kleinen Schritten, als Sinn-haltigen Akt zu ermöglichen und so einer fatalistischen Akzeptanz nicht hinterfragter "Sachzwänge" entgegenzuwirken.

---

1) Bloch-Laine (1970, S. 235 f.) schreibt in diesem Sinne Utopien die Fähigkeit zu, "die Konservativen und Revolutionäre auf eine Ebene jenseits von Prognostik und 'prospektivem' Denken zu führen."
2) vor allem Popper (1968) hat mit Nachdruck auf diese seiner Ansicht nach dem utopischen Denken inhärente Gefahr hingewiesen. Ungeachtet dessen propagiert Popper mit seiner Skizze einer "offenen Geschellschaft" selbst eine Utopie par excellence.

Eine Theorie der Automatisierung mit diesem (zugegeben: ambitionierten) Selbstverständnis wäre in doppelter Weise ökonomisch. So verspricht sie einerseits bessere Aussichten auf substantielle Resultate als das Bemühen um die formale Rekonstruktion und maschinelle Substitution menschlicher Fähigkeiten - zudem würde sie weit weniger Geld kosten. Andererseits wäre das Anliegen, aufzuzeigen, wie Technikeinsatz aussehen *könnte*, im besten Sinne integraler Bestandteil einer ökonomischen Theorie. Oder gehört es nicht zu den vornehmsten Aufgaben der Ökonomie, die Transparenz von Wahl*möglichkeiten* zu fördern?

Literaturverzeichnis

Verzeichnis der Abkürzungen

ACM	Association of Computing Machinery
Ann. Rev. Psych.	Annual Review of Psychology
AI	Artificial Intelligence
ASQ	Admistrative Science Quarterly
BFuP	Betriebswirtschaftliche Forschung und Praxis
BS	Behavioral Science
Cog. Psych.	Cognitive Psychology
DBW	Die Betriebswirtschaft
EJOR	European Journal of Operations Research
GI	Gesellschaft für Informatik
GMD	Gesellschaft für Mathematik und Datenverarbeitung
HBR	Harvard Business Review
HSM	Human Systems Management
IFIP	International Federation of Information Processing
JMS	Journal of Management Studies
MS	Management Science
OCG	Oesterreichische Computer Gesellschaft
ÖGI	Österreichische Gesellschaft für Informatik
OR	Operations Research
OS	Organization Studies
PIK	Praxis der Informationsverarbeitung und Kommunikation
Psych. Bull.	Psychological Bulletin
Psych. Rev.	Psychological Review
Phil. Rev.	Philosophical Review
TODS	Transactions On Data Base Systems
WiSt	Wirtschaftwissenschaftliches Studium
ZfB	Zeitschrift für Betriebswirtschaft
ZfhF	Zeitschrift für handelswissenschaftliche Forschung
ZfOR	Zeitschrift für Operations Research

Abelson, R.P. (1979): Differences between Belief and Knowledge Systems. In : Cognitive Science, 3, S. 355-366

Abelson, R.P. (1980): Reply to Searle. In: The Behavioral and Brain Sciences 3, S. 424 ff.

Ackoff, R.L. (1967): Management Misinformation Systems. In: MS, Vol.14, No.4, S. 147-156

Adams, E.W.; Levine, H.P. (1975): On the uncertainties transmitted from premises to conclusions in deductive inferences. In: Synthese 30, S. 429-460

Aikins, J.S. (1983): Prototypical Knowledge for Expert Systems. In: AI 20, S. 163-210

Allaire, H.E.; Firsirotu, M.E. (1984): Theories of organizational culture. In: OS, Vol. 5, No. 3, S. 193-226

Allen,J. (1978): Anatomy of Lisp.

Alpert, M.; Raiffa, H. (1982): A progress report in training of probability assessors. In: Kahnemann, D.; Slovic, P.; Tversky, A. (Hg.), S. 294-305

Alty, J.L.; Coombs, M.J. (1984): Expert Systems. Concepts and Examples. Manchester

Amarel, S. (1983): Problems of Representation in Heuristic Problem Solving: Related Issues in the Development of Expert Systems. In: Groner, R.; Groner, M.; Bischof, W.F. (Hg.), S. 245-349

Anderson, A.R. (Hg.) (1964): Minds and Machines. Englewood Cliffs

Andriole, S. J. (Hg.) (1986): Microcomputer decision support systems: design, implementation and evaluation. Amsterdam

Appelrath, H.-J. (1985): Von Datenbanken zu Expertensystemen. Berlin, Heidelberg usw.

Argyris, C. (1971): Management Information Systems : The Challenge to Rationality and Emotionality. In : MS, Vol.17, No.6, S. 275-292

Ascher, W. (1978): Forecasting: An Appraisal for Policy Makers and Planners. Baltimore

Astley, W.G. (1984): Subjectivity, sophistry and symbolism in management science. In: JMS, Vol. 21, No. 3, S. 259-272

Bachem, J. (1986): EVA - Ein Expertensystem zur Vermögensanlageberatung. In: GMD Spiegel 2/86, S. 20-26

Baethge, M.; Overbeck, H. (1986): Zukunft der Angestellten. Neue Technologien und berufliche Perspektiven in Büro und Verwaltung. Frankfurt, New York

Balzert, H. (1985): Wissensbasierte Systeme im Büro der Zukunft. In: Hansen, H.R. (Hg.), S. 113-137

Bar-Hillel, M. (1982): Studies of representativeness. In: Kahnemann, D.; Slovic, P.; Tversky, A. (Hg.), S. 69-83

Barachini, F.; Adlassnig, K.-P. (1985): Konsistenzprüfung der Wissensbasis des medizinischen Expertensystems CADIAG-1. In: Hansen, H.R. (Hg.), S. 815-826

Barnett, J.A. (1984): How Much is Control Knowledge Worth?: A Primitive Example. In: AI 22, S. 77-89

Barr, A.; Feigenbaum, E.A. (Hg.) (1981): The Handbook of - Artificial Intelligence. 1. Bd., Los Altos/Cal.

Barr, A.; Feigenbaum, E.A. (Hg.) (1982): The Handbook of Artificial Intelligence. 2. Bd., Los Altos/Cal.

Bayer, R. (1985): Database Technology for Expert Systems. In: Brauer, W.; Radig, B. (Hg.), S. 1-16
Bell, D.E. (1982): Regret in decision making under uncertainty. In: Operations Research 30, S. 961-981
Bendixen, P. (1976): Kreativität und Unternehmensorganisation. Köln
Benson, I. (Hg.) (1986): Intelligent Machinery. Theory and Practice. Cambridge, London usw.
Benthem, J. van (1986): The Ubiquity of Logic in Natural Language. In: Leinfellner, W.; Wuketits, F.M. (Hg.), S. 177-186
Berger, U.; Offe, K. (1981): Das Rationalisierungsdilemma der Angestelltenarbeit. Arbeitssoziologische Überlegungen zur Erklärung des Status von kaufmännischen Angestellten aus der Eigenschaft ihrer Arbeit als 'Dienstleistungsarbeit'. In: Kocka, J. (Hg.), S. 39-58
Bernold, T. (Hg.) (1985): Expert Systems and Knowledge Engineering. Amsterdam, New York.
Bernold, T.; Albers, G. (Hg.) (1985): Artificial Intelligence: Towards Practical Application. Proceedings of the Joint Technology. Amsterdam, New York.
Bibel, W. (1984): Automatische Inferenz. In: Retti, J. u.a. (Hg.), S. 145-168
Bibel, W.; Siekmann, J.H. (Hg.) (1982): Künstliche Intelli genz. Frühjahrsschule, Teisendorf, 15.-24. März 1982. Berlin, Heidelberg usw.
Blaser, A. u.a. (1985): Ein juristisches Expertensystem mit natürlichsprachlichem Dialog - Ein Projektbericht. In: Brauer, W.; Radig, B. (Hg.), S. 42-57
Bloch-Laine, F. (1970): Vom Nutzen der Utopie für Reformer. In: Manuel, F.E. (Hrsg.): Wunschtraum und Experiment. Vom Nutzen und Nachteil utopischen Denkens. Freiburg, S. 234-254
Blumenthal, S.C. (1969): Management Information Systems. A Framework for Planning and Development. Englewood Cliffs
Bobrow, D.G.; Hayes, P.J. (1985): Artificial Intelligence - Where Are We? In: AI 25, S. 375-415
Bobrow, D.G.; Winograd, T. (1977): An overview of KRL, a Knowledge Representation Language. Cognitive Science, Vol.1, No.1, Jan., S. 3-46
Boden, M. (1984): AI and human freedom. In: Yadzani, M.; Narayanan, A. (Hg.), S. 196-221
Boden, M. (1977): Artificial Intelligence and Natural Man. New York
Bonnisone, P.P.; Brown, A.L. jr. (1985): Expanding the Horizons of Expert Systems. In: Bernold, T. (Hg.), S. 267-288
Bonnet, A. (1985): Artificial Intelligence. Engelwood-Cliffs
Borgida, A.; Mylopoulos, J.; Wong, H.K.T (1984): Generalization/Specialization as a Basis for Software Specification. In: Brodie, M.L.; Mylopoulos, J.; Schmidt, J. (Hg.), S. 87-117
Borgida,A.; Greenspan,S.; Mylopoulos,J. (1985): Knowledge Representation as the Basis for Requirements Specification. In: Brauer, W.; Radig, B. (Hg.), S. 152-169

Bossu, G.; Siegel, P. (1985): Saturation, Nonmonotonic Reasoning and the Closed-World Assumption. In: AI 25, S. 13-63

Bouwman, M.J. (1982): The Use of Accounting Information: Expert Versus Novice Behavior. In: Ungson, G.R.; Braunstein, D.N. (Hg.), S. 134-155

Brachman, R.J.; Amarel, S. u.a. (1983): What are Expert Systems?. In: Hayes-Roth, F.; Waterman, D.A.; Lenat, D.B. (Hg.), S. 31-57

Brachman, R.J.; Levesque, H.J. (Hg.) (1985): Readings in Knowledge Representation. Los Altos

Brady, J.M. (1984): The social implications of AI. In: Yadzani, M.; Narayanan, A. (Hg.), S. 67-72

Bramer, M.A. (1982): A survey and critical review of expert system research. In: Michie, D. (Hg.), S. 3-29

Brauer, W.; Radig, B. (Hg.) (1985): Wissensbasierte Systeme. GI-Kongreß 1985. Berlin, Heidelberg usw.

Bretzke, W.-R. (1980): Der Problembezug von Entscheidungsmodellen. Tübingen

Bretzke, W.-R. (1978): Die Formulierung von Entscheidungsproblemen als Entscheidungsproblem. In: DBW, 38. Jg., S. 135-143

Brodie, M.L.; Mylopoulos,J.; Schmidt, J. (Hg.) (1984): Conceptual Modelling. Perspectives from Artificial Intelligence, Databases and Programming. Berlin, Heidelberg usw.

Brödner, P. (1985): Fabrik 2000: alternative Entwicklungspfade in die Zukunft der Fabrik. Berlin

Buchanan,B.G.; Barstow,D.; Bechtal,R. (1983): Constructing an Expert System. In: Hayes-Roth,F.; Waterman, D.A.; Lenat, D.B. (Hg.), S. 127-167

Buchanan, B.G.; Feigenbaum, E.A. (1978): Dendral and Meta-Dendral: Their Applications Dimensions. In: AI 11, S. 5-24

Bundy, A. (1986): Meta-level inference and consciousness. In: Torrance, S.B. (Hg.), S. 145-155

Bundy, A.; Silver, B.; Plummer, D. (1985): An Analytical Comparison of Some Rule-Learning Programs. In: AI 27, S. 137-181

Bundy, A.; Byrd, L.; Mellish, C.S. (1985): Special-purpose, but domain independent, inference mechanisms. In: Steels, L.; Campbell, J.A. (Hg.), S. 93-111

Bungers, D. (1985): Using Expert Systems for the Costumer Service of Ford Europe. In: Bernold, Th. (Hg.), S. 215-220

Canis, V.; Frech, H.-U. (1987): Expertensysteme in deutschen Unternehmungen - eine Untersuchung des Einsatzstandes. In: PIK 10, S. 129-133

Carbonell, J.G. (1984): Learning by Analogy: Formulating and Generalizing Plans from Past Experience. In: Michalsky,R.S.; Carbonell,J.G. u.a. (Hg.), S. 137-161

Carbonell, J.G.; Michalski, R.S. u.a. (1984): An Overview of Machine Learning. In: Michalsky,R.S.; Carbonell,J.G. u.a. (Hg.), S. 3-23

Carnap, R. (1960): Einführung in die symbolische Logik. 2. Aufl., Wien

Carnap, R. (1961): Der logische Aufbau der Welt. 2. Aufl., Hamburg

Carnap, R. (1968): Logische Syntax der Sprache. 2. Aufl., Wien; New York

Carroll, J.S.; Payne, J.W. (Hg.) (1976): Cognition and Social Behavior. Hillsdale/N.J.

Charniak, E.; McDermott, D. (1985): Introduction to Artificial Intelligence. Reading/M.

Charpin, B.M. (1985): PANISSE: A Prototype Expert System to Forecast French Franc/U.S. Dollar Exchange Rate. In: Bernold, T. (Hg.), S. 159-172

Chesley, G.R. (1977): Subjective Probability Elicitation: A Comparison of Performance Variables. In: Jungermann, H.; De Zeeuw, G. (Hg.), S. 115-126

Churchman, C.W. (1973): Philosophie des Managements. Freiburg

Clancey, W.J. (1983): The epistemology of a rule-based expert system : a framework for explanation. In : AI 20, S. 215-251

Clancey, W.J. (1985): Heuristic Classification. In: AI 27, S. 289-350

Clemen, R. T. (1986): Calibration and the aggregation of probabilities. In: MS 32, No. 3, S. 312-314

Clocksin, W.F.; Melish, C.S (1984): Programming in Prolog. 2. Aufl., Berlin, Heidelberg

Codd, E.F. (1979): Extending the database relational model to capture more meaning. In: ACM TODS, Vol. 4, No. 4, S. 23-28

Cohen, P.R. (1985): Heuristic Reasoning about Uncertainty: An Artificial Intelligence Approach. Boston, London, Melbourne

Cohen, P.R.; Feigenbaum, E.A. (Hg.) (1982): The Handbook of Artificial Intelligence. 3. Bd., London

Cohen, M.D.; March, J.G.; Olsen, J.P. (1976): People, Problems, Solutions and the Ambiguity of Choice. In: March, James G.; Olsen, Johan P. (Hg.), S. 24-37

Cooke, S.; Slack, N. (1984): Making Management Decisions. Englewood Cliffs

Coombs, M.J. (Hg.) (1984): Developments in Expert Systems. London usw.

Cooper, P. (1985): Expert Systems in Management Science. In: Bernold, T. (Hg.), S. 61-71

Cummings, L.L.; Staw, B.M. (Hg.) (1981): Research in Organizational Behavior. 3. Bd.,Greenwich/London

Cyert, M.R.; March, J.G. (1963): A Behavioral Theory of the Firm. Englewood Cliffs

Daiser, W. (1984): Künstliche Intelligenz Forschung und ihre epistemologischen Grundlagen. Frankfurt/M.

Davis, R. (1979): Interactive Transfer of Expertise: Acquisition of New Inference Rules. In: AI, Vol. 12, S. 121-157

Davis, R. (1980): Meta-Rules: Reasoning about Control. In: AI, Vol. 15, S. 179-222

Davis, R.; Buchanan, B.; Shortliffe, E. (1977): Production Rules as a Representation for a Knowledge-Based Consultation Program. In: AI 8, S. 15-45

Davis,R.; Lenat,D.B. (1982): Knowledge-Based Systems in Artificial Intelligence. New York

Davis, M. (1980): The Mathematics of Non-Monotonic Reasoning. In: AI 13, S. 73-80

Davis, M. (1983): The Prehistory and Early History of Automated Deduction. In: Siekmann,J.; Wrightson,G. (Hg.), S. 1-23

Davis, G.B. (1973): Management Information Systems: Conceptual Foundations, Structure and Development. New York

De Groot, A.D. (1983): Heuristics, Mental Programs, and Intelligence. In: Groner, R.; Groner, M.; Bischof, W.F. (Hg.), S. 109-129

Deal, T.E.; Kennedy, A.A. (1983): Corporate Cultures. Reading/Mass.

Dearden, J. (1972): MIS is a Mirage. In : HBR, Vol.50, No.1, S. 90-99

Dehio,P.; Kieser,A. (1983): Die Gestaltung von Entscheidungsunterstützungssystemen. In: Angewandte Informatik, Heft 9, S. 371-382

De Kleer, J. (1986 a): An Assumption-based TMS. In: AI 28, S. 127-162

De Kleer, J. (1986 b): Extending the ATMS. In: AI 28, S. 163-196

De Kleer, J. (1986 c): Problem Solving with the ATMS. In: AI 28, S. 197-224

Desanctis, G.; Courtney, J.F. (1983): Toward Friendly User MIS Implementation. In: Communications of the ACM Oct. 1983, S. 732-738

Di Primio,F.; Bungers,D.; Christaller,T. (1985): BABYLON als Werkzeug zum Aufbau von Expertensystemen. In: Brauer, W.; Radig, B. (Hg.), S. 70-79

Dietterich, Th.G.; Michalski, R.S. (1981): Inductive Learning of Structural Descriptions: Evaluation Criteria and Comparative Review of Selected Methods. In: AI 16, S. 257-294

Dill, W.R. (1964): The Varieties of Administrative Decisions. In: Leavitt, H.J.; Pondy, L.R. (Hg.), S. 457-473

Dowty, D.; Wall, R.E.; Peters, S. (1981): Introduction to Montague Semantics. Dordrecht

Doyle, J. (1979): A truth-maintenance system. In: AI 12, S. 231-272

Dreyfus, H.L. (1985 a): Die Grenzen künstlicher Intelligenz: was Computer nicht können. Königstein/Ts.

Dreyfus, H.L. (1985 b): Was Computer nicht können. In: Stadt Revue Köln, Nr. 8, S. 28-31

Dyer, J.S.; Sarin, R.K. (1982): Relative risk aversion. In: MS 28, No. 8, S. 875-886

Dörner, D. (1983): Heuristics and Cognition in Complex Systems. In: Groner, R.; Groner, M.; Bischof, W.F. (Hg.), S. 89-107

Dörner, D.; Kreuzig, H.W.; Reither, F.; (1983): Lohhausen. Vom Umgang mit Unbestimmtheit und Komplexität. Bern, Stuttgart, Wien

Ebers, M. (1985 a): Organisationskultur: ein neues Forschungsprogramm? Wiesbaden

Ebers, M. (1985 b): Warum Organisationskultur? In: Zeitschrift der Gesellschaft für Organisationsentwicklung. Heft 4, S. 1-10

Edelson, E. (1982): Expert Systems - computers that think like people. In : Popular Science, Sept., S. 48-52

Einhorn, H.J.; Hogarth, R.M. (1982): Behavioral Decision Theory: Processes of Judgment and Choice. In: Ungson, G.R.; Braunstein, D.N. (Hg.), S. 15-41

Einhorn, H.J.; Hogarth, R.M. (1985): Ambiguity and Uncertainty in Probabilistic Inference. In: Psych. Rev., Vol. 92, No. 4, S. 433-461

Elcock, E.W.; Michie, D. (Hg.): Machine Representation of Knowledge. Machine Intelligence 8. Chichester

Ernst, G.W.; Newell, A. (1969): GPS: A Case Study in Generality and Problem Solving. New York, London 1969

Feigenbaum, E.A. (1984): Knowledge Engineering: The Applied Side of Artificial Intelligence. In: Hayes, J.E.; Michie, M., S. 37-55

Feigenbaum, E.A.; McCorduck, P. (1984): Die fünfte Computergeneration. Basel, Stuttgart

Findler, N.V. (Hg.) (1979): Associative Networks: Representation and Use of Knowledge by Computers. London

Fischhoff, B. (1982): Debiasing. In: Kahnemann, D.; Slovic, P.; Tversky, A. (Hg.), S. 422-444

Foerster, H. v. (1981): Das Konstruieren einer Wirklichkeit. In: Watzlawick, Paul (Hg.), S. 39-60

Fohmann, L. (1984): Wissenserwerb und maschinelles Lernen. In: Savory, S. (Hg.), S. 125-200

Frank, U. (1987): Artificial Intelligence and Organizational Design: Prospects of Integrating two Perspectives. In: Proceedings of the IFIP WG 8.4, 17.-19. Aug., Toronto, S. 76-79

French, S. (1986): Calibration and the expert problem. In: MS 32, No. 3, S. 315-321

Frohlich, D.M.; Crossfield, L.P.; Gilbert, G.N. (1985): Requirements for an intelligent form filling interface. In: Johnson, P.; Cook, S. (Hg.), S. 102-116

Gibbs, S.J. (1985): Conceptual Modelling and Office Information Systems. In: Tsichritzis, D. (Hg.), S. 193-225

Gill, K.S. (1984): Crisis and creation - computers and the human future. In: Yadzani, M.; Narayanan, A. (Hg.), S. 80-95

Glymour, C. (1985): Independence Assumptions and Bayesian Updating. In: AI 25, S. 95-99

Goguen, J.A. (1968/69): The logic of inexact concepts. In: Synthese Vol.19, S. 325-373

Gottschall, K.; Mickler, O.; Neubert, J. (1985): Computerunterstützte Verwaltung. Auswirkungen der Reorganisation von Routinearbeiten. Frankfurt, New York

Greene, D. (1976): Social Perception as Problem Solving. In: Carroll, J.S.; Payne, J.W. (Hg.), S. 155-161

Groner, R.; Groner, M.; Bischof, W.F. (Hg.) (1983): Methods of heuristics. Hillsdale/N.J.

Groner, R.; Groner, M.; Bischof, W.F. (1983 a): The Role of Heuristics in Models of Decision. In: Scholz, R.W. (Hg.), S. 87-108

Groner, M.; Groner, R.; Bischof, W.F. (1983 b): Approaches to Heuristics: A Historical Review. In: Groner, R.; Groner, M.; Bischof, W.F. (Hg.), S. 1-18

Habermas, J. (1968): Technik und Wissenschaft als 'Ideologie'. In: Ders.: Technik und Wissenschaft als 'Ideologie'. Frankfurt/M., S. 48-103

Habermas, J. (1981): Theorie des kommunikativen Handelns. Bd. 2: Zur Kritik der funktionalistischen Vernunft. Frankfurt/M.

Habermas, J. (1984): Vorstudien und Ergänzungen zur Theorie kommunikativen Handelns. Frankfurt/M.

Hacking, I. (1975): The emergence of probability. Cambridge

Hammond, J.S. (1974): The Roles of the Manager and Management Scientist in Successful Implementation. In: Sloan Management Review, Vol. 15, No. 2, S. 1-24

Hansen, H.R. (Hg.) (1985): GI/OCG/ÖGI-Jahrestagung 1985. Berlin, Heidelberg usw.

Harman, G. (1967): Detachment, Probability, and Maximum Likelihood. In: Nos 1. S. 401-411

Harmon, P.; King, D. (1985): Expert Systems. New York

Harris, L.R. (1986): Artificial intelligence enters the marketplace. Toronto usw.

Harrison, J.R.; March, J.G. (1984): Decision Making and Postdecision Surprises. In: ASQ 29, S. 26-42

Hart, A. (1986): Knowledge Acquisition for Expert Systems. London

Hayes, J.R. (1982): Issues on Protocol Analysis. In: Ungson, G.R.; Braunstein, D.N. (Hg.), S. 61-77

Hayes-Roth, F.; Waterman, D.A.; Lenat, D.B. (Hg.) (1983): Building Expert Systems. Reading/Mass.

Hayes-Roth, F.; Waterman, D.A.; Lenat, D.B. (1983): An Overview of Expert Systems. In: Dies. (Hg.), S. 3-29

Henle, P. (1975): Sprache, Denken, Kultur. Frankfurt/M.

Hermes, H. (1976): Einführung in die mathematische Logik. 4. Aufl., Stuttgart

Hofstadter, D.R. (1985): Gödel, Escher, Bach. Stuttgart

Hogarth, R.M.; Makriadis, S. (1981): Forecasting and planning: an evaluation. In: MS 27, S. 115-138

Hogarth, R. M. (1980): Judgement and Choice: The Psychology of Decision. New York

Hogarth, R.M. (1981): Beyond discrete biases: Functional and dysfunctional aspects of judgmental heuristics. In: Psych. Bull. 90, S. 197-217

Hong,S.J.; Kastner,J.K. (1984): A Review of Expert Systems. In : EJOR Vol.18, No.3, Dec., S. 285-292

Horowitz, E. (1985): LOAN RISK ADVISER: An Expert System for the Evaluation of Credit Risk to Small and Medium Sized Enterprises. In: Bernold, T. (Hg.), S. 151-157

Huber, G. P. (1982): Decision Support Systems: Their Present Nature and Future Applications. In: Ungson, G.R.; Braunstein, D.N. (Hg.), S. 249-262

Huber, G. P. (1983): Cognitive style as basis for MIS and DSS designs: much ado about nothing? In: MS 29, No. 5, S. 567-579

Huff, A.S. (1980): Evocative metaphors. In: HSM 1, S. 1-10

Hörz, H. (1980): Zufall - eine philosophische Untersuchung. Bern

Israel, D.J.; Brachman, R.J. (1984): Some Remarks on the Semantics of Representation Languages. In: Brodie, M.L.; Mylopoulos, J.; Schmidt, J. (Hg.), S. 119-146

Johnson, P.; Cook, S. (Hg.) (1985): People and Computers: Designing the Interface Proceedings of the British Computer Society. Cambridge usw.

Jungermann, H.; De Zeeuw, G. (Hg.) (1977): Decision Making and Change in Human Affairs. Dordrecht

Jungermann, H. (1983): The Two Camps of Rationality. In: Scholz, R.W. (Hg.), S. 63-86

Kadane, J.B.; Larkey, P.D. (1982): Subjective probability and the theory of games. In: MS 28, No. 2, S. 113-120

Kahnemann, D. (1982): Bureaucracies, Minds, and the Human Engineering of Decisions. In: Ungson, G.R.; Braunstein, D.N. (Hg.), S. 121-125

Kahnemann, D.; Slovic, P.; Tversky, A. (Hg.) (1982): Judgment under Uncertainty: Heuristics and Biases. Cambridge

Kahneman, D.; Tversky, A. (1972): Subjective probability: A judgment of representativeness. In: Cog. Psych. 3, S. 430-454

Kahnemann, D.; Tversky, A. (1982 a): Variants of uncertainty. In: Kahnemann, D.; Slovic, P.; Tversky, A. (Hg.), S. 509-520

Kahnemann, D.; Tversky, A. (1982 b): Intuitive prediction: Biases and corrective procedures. In: Kahnemann, D.; Slovic, P.; Tversky, A. (Hg.), S. 414-421

Kahnemann, T.; Tversky, A. (1982 c): On the psychology of prediction. In: Kahnemann, D.; Slovic, P.; Tversky, A. (Hg.), S. 48-68

Keen, P.G.W.; Morton, M.S.S. (1978): Decision Support Systems. An Organizational Perspective. Reading/M.

Keeney, R.L. (1982): Decision analysis: State of the field. In: OR 30, S. 803-838

Kidd, A.L. (1985): The consultative role of an expert system. In: Johnson, P.; Cook, S. (Hg.), S. 248-254

Kieser, A.; Kubicek, H. (1978): Organisationstheorien I. Stuttgart, Berlin usw.

Kieser, A.; Kubicek, H. (1983): Organisation. 2. Aufl., Berlin, New York

King, W. R.; Cleland, D. I. (1975): The design of management information systems: an information analysis approach. In: MS 22, No. 3, S. 286-297

Kirsch, W. (1977): Einführung in die Theorie der Entscheidungsprozesse. Bd. I - III. 2., Aufl., Wiesbaden

Klar, W.; Wittur, K.-H. (1985): DEX.C3: Ein Expertensystem zur Diagnose von Fehlverhalten im automatischen Getriebe C3 von Ford. In: Hansen, H.R. (Hg.), S. 778-791

Kocka, J. (Hg.) (1981): Angestellte im europäischen Vergleich. Göttingen

Konrad, E. (1986): Grenzen der Anwendbarkeit von Expertensystemen. In: Krallmann, Herrmann (Hg.), S. 153-157

Kotter, J.P. (1976): Organization Design. In: Lawrence, P.R.; Barnes, L.B.; Lorsch, J.W (Hg.), S. 481-501

Kowalski, R. (1985): Logic for Problem Solving. 5. Aufl., New York, Amsterdam.

Krallmann, H. (Hg.) (1986): Expertensysteme im Unternehmen: Möglichkeiten, Grenzen, Anwendungsbeispiele. Berlin

Köhler, R. (1976): Inexakte Methoden in der Betriebswirtschaftslehre: Praxisrelevanz und wissenschaftstheoretische Beurteilung des von Helmer und Rescher vorgeschlagenen Ansatzes. In: ZfB 46, S. 27 ff.

König, W.; Niedereichholz, J. (1986): Der Fortschritt der Informationstechnik und seine Auswirkungen auf Managementtechniken. In: ZfB, 56. Jg., H.1, S. 4-23

Kreplin, K.; Rieder, H.K. (1987): Dokumentenanalyse und Klassifikation. In: Computer Magazin, Heft 5, S. 44 f.

Kubicek, H. (1979): Interessenberücksichtigung beim Technikeinsatz im Büro- und Verwaltungsbereich. München, Wien

Kubicek, H.; Berger, P. (1983): Regelungen und Rahmenbedingungen der Beteiligung im Bereich der Arbeitgeber-Arbeitnehmer-Beziehungen. In: Mambrey, P.; Oppermann, R. (Hg.), S. 23-85

Kümmel, P. (1979): Formalization of Natural Language. Berlin, Heidelberg

LaBerge, D.; Samuels, S.J. (Hg.) (1977): Basic Processes in Reading: Perception and Comprehension. New York, Toronto usw.

Langer, E. J. (1982): The illusion of control. In: Kahnemann, D.; Slovic, P.; Tversky, A. (Hg.), S. 231-238

Lawrence, P.R.; Barnes, L.B.; Lorsch, J.W (Hg.) (1976): Organizational Behavior and Administration. Homewood/Ill.

Lawrence, P.R. (1981): The Harvard Organization and Environment Research Program. In: Van de Ven, A.H.; Joyce, W.E. (Hg.), S. 311-337

Leavitt, H.J.; Pondy, L.R. (Hg.) (1964): Readings in managerial psychology. Chikago, London

Lehnert, W. (1978): Representing Physical Objects in Memory. In: Ringle, M. (Hg.), S. 81-109

Leinfellner, W.; Wuketits, F.M. (Hg.) (1986): The Tasks of Contemporary Philosophy. Proceedings of the 10th International Wittgenstein Symposium. Wien

Lenat, D.B. (1982): The Nature of Heuristics. In: AI 19, S. 189-249

Lenat, D.B. (1983 a): Theory Formation by Heuristic Search. The Nature of Heuristics II: Background and Examples. In: AI 21, S. 31-59

Lenat, D.B. (1983 b): EURISKO: A Program That Learns New Heuristics and Domain Concepts. The Nature of Heuristics III: Programm Design and Results. In: AI 21, 61-98

Levesque, H.J. (1984): The Logic of Incomplete Knowledge Bases. In: Brodie, M.L.; Mylopoulos, J.; Schmidt, J. (Hg.), S. 165-189

Li, D. (1985): A PROLOG Database System. Letchworth

Lichtenstein, S.; Fischhoff, B.; Phillips, L. (1982): Calibration of probabilities: The state of the art to 1980. In: Kahnemann, D.; Slovic, P.; Tversky, A. (Hg.), S. 306-334

Lindblom, C.E. (1964): The Science of "Muddling Through". In: Leavitt, H.J.; Pondy, L.R. (Hg.), S. 61-78

Linnemann, V. (1985): Datenbankunterstützung für Expertensysteme. In: Hansen, H.R. (Hg.), S. 827-838

Lorenz, K. (1980): Analogieschluß. In: Mittelstraß, J. (Hg.), S. 99

Lorenz, K. (1983): Kalkül. In: Mittelstraß, J. (Hg.), S. 338

Luce, R.D.; Bush, R.R.; Galanter, E. (Hg.) (1965): Readings in Mathematical Psychology, Vol. II, New York, London, Sydney

Luhmann, N. (1967): Soziologische Aufklärung. In: Soziale Welt, 18. Jg., S. 97-123

Luhmann, N. (1972): Funktionen und Folgen formaler Organisation. 2. Aufl., Berlin

Luhmann, N. (1977): Zweckbegriff und Systemrationalität. 2. Aufl., Frankfurt/M.

Luhmann, N. (1984): Soziale Systeme. Grundriß einer allgemeinen Theorie. Frankfurt/M.

Lycan, W.G. (1984): Logical Form in Natural Language. Cambridge/Mass.

Mambray, P.; Oppermann, R. (Hg.): Beteiligung von Betroffenen bei der Entwicklung von Informationssystemen. Frankfurt/M. 1983

March, J.G. (1978): Bounded Rationality, Ambiguity and the Engineering of Choice. In: The Bell Journal of Economics, Vol. 9, No. 2, S. 587-608

March, J. G.; Olsen, J. P. (Hg.) (1976 a): Ambiguity and Choice in Organizations. Bergen

March, J.G.; Olsen, J.P. (1976 b): Attention and the Ambiguity of Self-interest. In: March, J. G.; Olsen, J. P. (Hg.), S. 38-53

Mason, R.O.; Mitroff, I.I. (1973): A Program for Research on Management Information System. In : MS, Vol.19, No.5, S. 475-487

McCall, M.W. jr.; Lombardo, M.M. (Hg.) (1978): Leadership: Where else can we go?. Durham (NC)

McCarthy, J. (1980 a): Circumscription: A non-monotonic inference rule. In: AI 13, S. 27-40

McCarthy, J. (1986): Applications of Circumscription to Formalizing Common-Sense Knowledge. In: AI 28, S. 89-116

McCarthy, J. (1980 b): Addendum: Circumscription and other Non-Monotonic Formalisms. In: AI 13, S. 171-172

McDermott, D. (1982): Non-monotonic logic II: non-monotonic modal theories. In: JACM 29, S. 33-57

McDermott, D.; Doyle, J. (1980): Non-Monotonic Logic 1. In: AI 13, S. 41-72

Medin, D.M.; Smith, E.E. (1984): Concepts and concept formation. In: Ann. Rev. Psych., Vol. 35, S. 113-138

Meindl, J.R.; Ehrlich, S.B. (1987): The Romance of Leadership and the Evaluation of Organizational Performance. In: Academy of Management Journal, S. 91-109

Mertens, P. (1982): Künstliche Intelligenz und Expertensysteme. In: WiSt, 12. Jg., S. 628-631

Mertens, P. (1985): Was können Expertensysteme? In: manager magazin, 15. Jg., Heft 7, S. 132-135

Mescheder, B. (1984): Funktionen und Arbeitsweise der Expertensystem-Shell TWAICE. In: Savory, S. (Hg.), S. 57-90

Michaelsen, R.; Michie, D. (1983): Expert Systems in Busi ness. In: Datamation, Heft 11, S. 240-246

Michalsky,R.S.; Carbonell,J.G. u.a. (1984): Machine Learning. An Artificial Intelligence Approach. Berlin, Heidelberg usw.

Michalski, R.S. (1984): A Theory and Methodology of Inductive Learning. In: Michalsky,R.S.; Carbonell,J.G. u.a. (Hg.), S. 83-134

Michalski, R.S.; Chilausky, R.L. (1980): Learning by being told and learning from examples: an experimental comparison of the two methods of knowledge acquisition in the context of developing an expert system for soybean disease diagnosis. In: Policy Analysis and Information Systems, Vol. 4, No. 2, S. 125-160

Michalski, R.S.; Negri, P. (1977): An Experiment on Inductive Learning in Chess End Games. In: Elcock, E.W.; Michie, D. (Hg.), S. 175-192

Michie, D. (Hg.) (1982): Introductory Readings in Expert Systems. New York, London usw.

Michie, D. (1982 a): Expert Systems in the Microelectronic Age. Edinburgh

Michie, D. (1982 b): The state of the art in machine learning. In: Michie, D. (Hg.), S. 208-229

Michie, D.; Johnston, R. (1985): Der kreative Computer. Künstliche Intelligenz und menschliches Wissen. Hamburg, Zürich

Michie, D. (1984): A prototype knowledge refinery. In: Hayes, J.E.; Michie, M. (Hg.), S. 208-229

Minker, J.; Perlitz, D. (1986): Completeness Results for Circumscription. In: AI 28, S. 29-42

Minsky, M. (1967): Computation: Finite and Infinite Machines. Englewood Cliffs/N.J.

Minsky, M. (1975): A Framework for Representing Knowledge. In: Winston, P.H. (Hg.), S. 211-277

Minsky, M. (Hg.) (1968): Semantic Information Processing. Cambridge

Mintzberg, H.; Raisinghani, D.;Theoret, A (1976): The structure of 'unstructured' decision processes. In: ASQ 21, S. 246-275

Mitroff, I.I. (1978): Systemic Problem Solving. In: McCall, M.W. jr.; Lombardo, M.M. (Hg.), S. 129-143

Mitroff, I.I.; Betz, F. (1972): Dialectical Decision Theory: A Meta Theory of Decision Making. In: MS, Vol. 19, S. 11 ff.

Mitroff, I.I.; Featheringham, T. (1974): On Systemic Problem Solving and the Error of the Third Kind. In: BS, Vol. 19, S. 383 ff.

Mittelstraß, J. (Hg.) (1980): Enzyklopädie Philosophie und Wissenschaftstheorie. 1. Bd., Mannheim

Mittelstraß, J. (Hg.) (1983): Enzyklopädie Philosophie und Wissenschaftstheorie. 2. Bd., Mannheim

Molzberger, P.; Zemanek, H. (Hg.) (1985): Software-Entwicklung: kreativer Prozeß oder formales Problem? Stuttgart

Montgomery, H. (1977): A Study of Intransitive Preferences Using a Think Aloud Procedure. In: Jungermann, H.; De Zeeuw, G. (Hg.), S. 347-362

Murdick, R. G. (1986): MIS, concepts and design. 2. Aufl., Englewood Cliffs

Murphy, A.H.; Winkler, R.L. (1977): The Use of Credible Intervals in Temperature Forecasting: Some Experimental Results. In: Jungermann, H.; De Zeeuw, G. (Hg.), S. 45-56

Mylopoulus, J.; Levesque, H.J. (1985): An Overview of Knowledge Representation. In: Tsichritzis, D. (Hg.), S. 3-17

Negoitǎ, C. (1985): Expert Systems and Fuzzy Systems. Amsterdam

Neumann, J.v. (1958): The Computer and the Brain. New Haven

Newell, A. (1982): The Knowledge Level. In : AI 18, S. 87-127

Newell, A.; Simon, H.A. (1972): Human problem solving. Englewood Cliffs

Newell, A.; Shaw, J.C.; Simon, H.A. (1965): Report on a General Problem Solving Program. In: Luce, R.D.; Bush, R.R.; Galanter, E. (Hg.), S. 41-78

Nilsson, N.J. (1982): Principles of Artificial Intelligence. Berlin, Heidelberg usw.

Nilsson, N.J. (1986): Probabilistic Logic. In: AI 28, S. 71-87

Nisbett, R.E.; Wilson, T.D. (1977): Telling more than we know: Verbal reports on mental processes. In: Psych. Rev. 84, S. 231-259

Noelke, U. (1984): Das Wesen des Knowledge Engineering. In: Savory, S. (Hg.), S. 109-124

Novikov, P.S. (1973): Grundzüge der mathematischen Logik. Braunschweig

Ouchi, W.G. (1981): Theory Z. Reading/Mass.

Parker, M.M.; Benson, R.J. (1985): ENTERPRISE-WIDE INFORMATION MANAGEMENT: Selected Papers on Enterprise-wide Information Management. Los Angeles Scientific Center Report G320-2769.

Patzig, G. (1981): Sprache und Logik. Göttingen

Peters, T.J.; Waterman, R.H. jr. (1982): In Search of Excellence. New York

Perrow, C. (1986): Complex Organizations: A Critical Essay. 3. Aufl., Glenview/Ill.

Pfeffer, J. (1978 a): The Ambiguity of Leadership. In: McCall, M.W. jr.; Lombardo, M.M. (Hg.), S. 13-34

Pfeffer, J. (1978 b): Organizational Design. Arlington Heights

Pfeffer, J. (1981): Management as symbolic action: The creation and maintenance of organizational paradigms. In: Cummings, L.L.; Staw, B.M. (Hg.), S. 1-52

Pfeffer, J.; Salancik, G.R.; Leblebici, H. (1976): The effect of uncertainty on the use of social influence. In: ASQ, Vol. 21, S. 227-245

Pfohl, H.-Ch. (1977): Problemorientierte Entscheidungsfindung in Organisationen. Berlin, New York

Pitz, G.F.; Sachs, N.J. (1984): Judgement and Decision: Theory and Application. In: Ann. Rev. Psych. 35, S. 139-163

Pogson, B. (1985): Expert Systems in Industry and Commerce - Practical Use of the SAVOIR System. In: Bernold, T. (Hg.), S. 243-255

Polya, G. (1949): Schule des Denkens. Bern

Pondy, L.R. (1978): Leadership is a language game. In: McCall, M.W. jr.; Lombardo, M.M. (Hg.), S. 87-99

Popper, K.R. (1968): Utopie und Gewalt. In: Neusüss, A. (Hg.): Utopie. Begriff und Phänomen des Utopischen. Darmstadt, Berlin, S. 313-326

Posner, M.I. (1982): Protocol Analysis and Human Cognition. In: Ungson, G.R.; Braunstein, D.N. (Hg.), S. 78-82

Powers, L. (1978): Knowledge by Deduction. In: Phil. Rev., S. 337-372

Prince, T.R. (1970): Information Systems for Management Planning and Control. Homewood/Ill.

Puppe, F. (1986): Expertensysteme. In: Informatik Spektrum 1, S. 1-13

Quillian, R. (1968): Semantic Memory. In: Minsky, M.L. (Hg.), S. 216-270

Quinlan, J.R. (1982): Fundamentals of the knowledge engineering problem. In: Michie, D. (Hg.), S. 33-46

Rapoport, A.; Wallsten, T.S. (1972): Individual Decision Behavior. In: Ann. Rev. Psych., Vol. 23, S. 131-176

Rauch-Hindin, W.B. (1985): Artificial Intelligence in Business, Science and industry. Vol. II - Applications. Englewood Cliffs

Rauh, M. (1985): Expertensysteme für Praktiker heute und morgen. In: Brauer, W.; Radig, B. (Hg.), S. 246-256

Raulefs, P. (1982): Expertensysteme. In: Bibel, W.; Siekmann, J.H. (Hg.), S. 61-98

Reiter, R. (1980): A logic for default reasoning. In: AI 13, S. 81-132

Reitman, W. (Hg.) (1983): Artificial Intelligence Applications for Business. Norwood

Rescher, N. (1968): Topics in Philosophical Logic. Dordrecht

Retti, J. u.a. (Hg.) (1984): Artificial Intelligence - Eine Einführung. Stuttgart

Retti, J. (1984): Knowledge Engineering und Expertensysteme. In: Retti, J. u.a. (Hg.), S. 73-98

Ringle, M. (Hg.) (1978): Philosophical Perspectives in Arificial Intelligence. Sussex

Roberts, R.B.; Goldstein, I.P. (1977): "The FRL Primer", Report AIM-408, Artificial Intelligence Laboratory, Massachusetts Institute of Technology. Cambridge/Mass.

Robinson, J.A. (1984): Logical reasoning in machines. In: Hayes, J.E.; Michie, M. (Hg.), S. 19-36

Roesner, H. (1984): Expertensysteme für den kommerziellen Einsatz. In: Savory, S. (Hg.), S. 35-55

Rogers, P.C. (1984): AI as a dehumanising force. In: Yadzani, M.; Narayanan, A. (Hg.), S. 222-234

Rosenschein, S. (1986): Natural language processing. In: Benson, T. (Hg.), S. 48-68

Rumelhart, D.E. (1977): Understanding and Summarizing Brief Stories. In: LaBerge, D.; Samuels, S.J. (Hg.), S. 265-303

Savory, S. (1984): Artificial Intelligence - State of the Art 1984. In: Savory, S. (Hg.), S. 13-34

Savory, S. (Hg.) (1984): Künstliche Intelligenz und Expertensysteme.

Schachter-Radig, M.-J. (1985): Wissenserwerb und -formalisierung für den kommerziellen Einsatz wissensbasierter Systeme. In: Brauer, W.; Radig, B. (Hg.), S. 314-332

Schaefer, R.E.; Borcherding, K.; Lammerhold, C. (1977): Consistency of Future Event Assessments. In: Jungermann, H.; De Zeeuw, G. (Hg.), S. 331-345

Schank, R.C. (1975): Conceptual Information Processing. Amsterdam, Oxford

Schank, R.C. (1982): Dynamic Memory. A Theory of Reminding and Learning in Computers and People. Cambridge

Schank, R.C. (1985): The Cognitive Computer. On Language, Learning and Artificial Intelligence. Reading/Mass.

Schank,R.C.; Abelson,R. (1975): Scripts, Plans, Goals and Understanding. Hillsdale

Schauer,H.; Tauber,R. (Hg.) (1981): Informatik und Philosophie. Wien, München

Schefe, P. (1980): On foundations of reasoning with uncertain facts and vague concepts. In: International Journal of Man-Machine Studies, Vol. 12, S. 35-62

Schefe, P. (1985): Informatik - Eine konstruktive Einführung. Mannheim, Wien, Zürich

Schefe, P. (1983): Natürlicher Zugang zu Datenbanken? In: Angewandte Informatik Heft 10, S. 419-423

Schmalenbach, E. (1911/12): Die Privatwirtschaftslehre als Kunstlehre. In: ZfhF, S. 304-316

Schmitz, P.; Lenz, A. (1986): Abgrenzung von Expertensystemen und konventioneller ADV. In: BFuP 6, S. 499-516

Schnupp, P.; Leibrandt, U. (1986): Expertensysteme : nicht nur für Informatiker. Berlin, Heidelberg

Scholz, R.W. (Hg.) (1983): Decision Making under Uncertainty. Amsterdam

Schütz, A. (1981): Der sinnhafte Aufbau der sozialen Welt. 2. Aufl., Frankfurt/M.

Schwenk, C.R. (1984): Cognitive Simplification Processes in Strategic Decision Making. In: Strategic Management Journal, Vol. 5, S. 111-128

Searle, J. (1980): Minds, brains and programs. In: The Behavioral and Brain Sciences 3, S. 417-457

Searle, J. (1975): Theorie der menschlichen Kommunikation und Philosophie der Sprache - Einige Bemerkungen. In: Wiggershaus, Rolf (Hg.), S. 301-317

Sheffield, B. (1985): Looking back on the office of the future. In: Johnson, P.; Cook, S. (Hg.), S. 310-316

Sheldon, S.Z.; Costello, T.W. (1964): Perception: Implications for Administration. In: Leavitt, H.J.; Pondy, L.R. (Hg.), S. 32-47

Shneiderman, B. (1980): Natural vs. Precise Concise Languages for Human Operations of Computers: Research Issues and Experimental Approaches. In: Proc. 18th ACL, S. 139-141

Shortliffe, E.H. (1976): MYCIN: Computer-based Medical Consultations. New York
Siekmann,J.; Wrightson,G. (Hg.) (1983): Automation of Reasoning. Classical Papers on Computational Logic, 1957-1966. 1. Bd., Berlin, Heidelberg usw.
Siekmann,J.; Wrightson,G. (Hg.) (1983): Automation of Reasoning. Classical Papers on Computational Logic 2, 1967-1970. 2. Bd., Berlin, Heidelberg usw.
Simon, H.A. (1964): The Corporation: Will It Be Managed by Machines. In: Leavitt, H.J.; Pondy, L.R. (Hg.), S. 592-617
Simon, H.A. (1973): The Structure of Ill Structured Problems. In: AI 4, S. 181-201
Simon, H.A. (1983): Search and Reasoning in Problem Solving. In: AI 4, S. 181-201
Simon, H.A. (1984): Why Should Machines Learn?. In: Michalsky,R.S.; Carbonell,J.G. u.a. (Hg.), S. 25-37
Simon, H.A.; Newell, A. (1958): Heuristic Problem Solving: The Next Advance in Operations Research. In: OR, Vol. 6, S. 1-10
Simons, H.W. (1976): Persuasion. Reading/Mass.
Sloman, A. (1978): The Computer Revolution in Philosophy: Philosophy, Science, and Models of Mind. Hassocks
Slovic, P.; Fischhoff, B.; Lichtenstein, S. (1976): Cognitive Processes and Societal Risk Taking. In: Carroll, J.S.; Payne, J.W. (Hg.), S. 165-184
Slovic,P.; Fischhoff,B.; Lichtenstein,S. (1977): Behavioral Decision Theory. In: Ann. Rev. Psych. 28, S. 1-39
Slovic, P.; Tversky, A. (1974): Who accepts Savage's axiom? In: Behavioral Science Vol. 19, S. 368-373
Sobetzko, J. (1984): Sprache ohne Herrschaft. Gesellschaftliche Entfaltung der Grammatik als strukturelle Gewalt. Frankfurt, New York
Sobetzko, J. (1985): Schweigend ins Gespräch vertieft. In: Stadt Revue Köln, Nr. 8, S. 32 f.
Sparck-Jones, K.; Kay, M. (1976): Linguistik und Informationswissenschaft. München
Spetzler, C.S.; Stael von Holstein, C.-A.S. (1975): Probability encoding in decision analysis. In: MS 22, S. 340-358
Sprague, R.; Carlson, E.D. (1982): Building Effective Decision Support Systems. Englewood Cliffs
Stael von Holstein, C.-A.S. (Hg.) (1974): The concept of probability in psychological experiments. Dordrecht
Staw, B.M. (Hg.) (1979): Research in Organizational Behavior. 1. Bd.,Greenwich/Con.
Steels, L.; Campbell, J.A. (Hg.) (1985): Progress in Artificial Intelligence.
Stefik, M.; Aikins, J. u.a. (1982): The Organization of Expert Systems, A Tutorial. In: AI 18, S. 135-173
Stefik, M.; Aikins, J. u.a. (1983): Basic Concepts for Building Expert Systems. In: Hayes-Roth, F.; Waterman, D.A.; Lenat, D.B. (Hg.), S. 59-86
Stefik, M.; Aikins, J.; Balzer, R. u.a. (1983): The Architecture of Expert Systems. In: Hayes-Roth, F.; Waterman, D.A.; Lenat, D.B. (Hg.), S. 89-126

Stoyan, H.; Görz, G. (1984): LISP. Berlin, Heidelberg usw.

Streim, H. (1975): Heuristische Lösungsverfahren: Versuch einer Begriffsklärung. In: ZfOR 19, S. 143-162

Struß, P. (1986): Gibt es Expertensysteme. In: Computer Magazin Heft 5, S. 49-53

Suppes, P. (1958): Introduction to Logic. New York

Suppes, P. (1983): Heuristic and the Axiomatic Method. In: Groner, R.; Groner, M.; Bischof, W.F. (Hg.), S. 69-88

Sussman, G.; Winograd, T. (1970): Micro-planner reference manual. Technical Note AIM-203, MIT. Cambridge

Szypersky, N.; Höring, K.; Wolff, M. (1981): Probleme und Forschungsaufgaben der Textkommunikation. GMD-Studien Nr. 57, St. Augustin; Darmstadt

Takashima, Q. (1985): Characteristics and Technical Challenges of Current Expert Systems. In: Johnson, P.; Cook, S. (Hg.), S. 31-48

Tarski, A. (1966): Einführung in die mathematische Logik. 2. Aufl., Göttingen

Taylor, S. E. (1982): The availability bias in social perception and interaction. In: Kahnemann, D.; Slovic, P.; Tversky, A. (Hg.), S. 190-200

Torrance, S.B. (Hg.) (1986): The Mind and the Machine. Philosophical Aspects of Artificial Intelligence. Chichester

Torsun, I.S. (1984): Expert Systems: State of the Art. Reading/Mass.

Tsichritzis, D. (Hg.) (1985): Office Automation. Berlin, Heidelberg usw.

Turing, A.M. (1950): Computing Machinery and Intelligence. In: Mind, Bd. 59, S. 433-460

Turner, R. (1984): Logics for Artificial Intelligence. Chichester

Tversky, A. (1977): Features of similarity. In: Psych. Rev. 84, S. 327-352

Tversky, A.; Kahnemann, D. (1971): The belief in the "law of small numbers". In: Psych. Bull. 76, S. 105-110

Tversky, A.; Kahnemann, D. (1982 a): Causal schemas in judgment under uncertainty. In: Kahnemann, D.; Slovic, P.; Tversky, A. (Hg.), S. 117-128

Tversky, A.; Kahnemann, D. (1982 b): Judgment under Uncertainty: Heuristics and Biases. In: Kahnemann, D.; Slovic, P.; Tversky, A. (Hg.), S. 3-20

Tversky, A.; Kahnemann, D. (1983): Extensional Versus Intuitive Reasoning: The Conjunction Fallacy in Probability Judgment. In: Psych. Rev., Vol. 90, No. 4, S. 293-315

Ungson, G.R.; Braunstein, D.N. (Hg.) (1982): Decision Making. An Interdisciplinary Inquiry. Boston

Van de Ven, A.H.; Joyce, W.E. (Hg.) (1981): Perspectives on Organization Design and Behavior. New York usw.

Von Wright, G.H. (1974): Erklären und Verstehen. Frankfurt/M.

Wahlster, W. (1985 a): Expertensysteme im Betrieb - Einführung in das Fachgespräch. In: Hansen, H.R. (Hg.), S. 775 ff.

Wahlster, W. (1985 b): "Unsere Managementstrukturen könnten zerstört werden". Interview im Industriemagazin, Heft 5, S. 25 f.

Wallsten, T.S. (1983): The theoretical status of judgmental heuristics. In: Scholz, R.W. (Hg.), S. 21-37
Wallsten, T.S. (1977): Measurement and Interpretation of Beliefs. In: Jungermann, H.; Zeeuw, G. de (Hg.), S. 369-393
Watzlawick, P. (Hg.) (1981): Die erfundene Wirklichkeit. Wie wissen wir, was wir zu wissen glauben?. München
Watzlawick, P. (1981): Selbsterfüllende Prophezeiungen. In: Ders. (Hg.), S. 91-110
Watzlawick, P. (1981): Bausteine ideologischer "Wirklichkeiten". In: Ders. (Hg.), S. 192-228
Weber, M. (1924): Gesammelte Aufsätze zur Soziologie und Sozialpolitik. Tübingen
Weber, M. (1972): Wirtschaft und Gesellschaft. 5. Aufl., Tübingen
Weick, K.E. (1979): Cognitive Processes in Organizations. In: Staw, B.M. (Hg.), S. 41-74
Weick, K. E. (1985): Der Prozeß des Organisierens. Frankfurt/M.
Weizenbaum, J. (1978): Die Macht der Computer und die Ohnmacht der Vernunft. Frankfurt/M.
Whiteside, D. (1984): Artificial Intelligence: the race to make it work for managers. In: International Management, Vol. 39, No. 9, S. 20-26
Wielinga, B.J.; Breuker, J.A. (1985): Training of Knowledge Engineers Using a Structured Methodology. In: Bernold, T. (Hg.), S. 133-139
Wiggershaus, R. (Hg.) (1975): Sprachanalyse und Soziologie. Die sozialwissenschaftliche Relevanz von Wittgensteins Sprachphilosophie. Frankfurt/M.
Winkler, R.L. (1977): Rewarding Expertise in Probability Assessment. In: Jungermann, H.; De Zeeuw, G. (Hg.), S. 127-140
Winkler, R. L. (1986): Expert resolution. In: MS 32, No. 3, S. 298-306
Winograd, T. (1972): Understanding Natural Language. In: Cog. Psych. 3, S. 1-191
Winston, Ph.; Prendergast, K.A. (1984): The Artificial Intelligence Business. The Commercial Uses of Artificial Intelligence. London
Winston, P.H. (Hg.) (1975): The Psychology of Computer Vision. New York
Winston, P.H. (1975 a): Learning Structural Descriptions from examples. In: Ders. (Hg.), S. 157-209
Winston, P.H. (1980): Learning and Reasoning by Analogy. In: Communications of the ACM, Vol. 23, S. 689-703
Winston, P.H. (1982): Learning New Principles From Precedents and Examples. In: AI 19, S. 321-350
Winston, P.H. (1984): Artificial Intelligence. 2. Aufl., Reading/Mass.
Wittgenstein, L. (1963): Tractatus logico-philosophicus. Frankfurt/M.
Wittgenstein, L. (1980): Philosophische Untersuchungen. 2. Aufl., Frankfurt/M.
Wos, L.; Henschen, L. (1983): Automated Theorem Proving 1965-1970. In: Siekmann,J.; Wrightson,G. (Hg.), S. 1-24

Yadzani, M.; Narayanan, A. (1984): Artificial Intelligence - Human Effects. Chichester

Zadeh, L.A. (1975): Fuzzy logic and approximate Reasoning. In: Synthese 30, S. 407-428

Zadeh, L.A. (1978): Fuzzy sets as a basis for a theory of possibility. In: Fuzzy Sets and Systems. Vol. 1, S. 3-38

Zadeh, L.A. (1979): A theory of approximate reasoning. In: Hayes, J.E. u.a. (Hg.), S. 149-194

Zadeh, L.A. (1983): The role of fuzzy logic in the management of uncertainty in expert systems. In: Fuzzy Sets and Systems, Vol. 11, S. 199-227

Zadeh, L.A. (1985): A Formalization of Commonsense Reasoning Based on FUZZY Logic. In: Brauer, W.; Radig, B. (Hg.), S. 398-402

Zelewski, St. v. (1986): Das Leistungspotential der künstlichen Intelligenz Bd. I-III. Bonn

Zimmer, A. C. (1983): Verbal vs. Numerical Processing of Subjective Probabilities. In: Scholz, R.W. (Hg.), S. 159-182

Zimmer, A.C. (1984): A model for the interpretation of verbal predictions. In: Coombs, M.J. (Hg.), S. 235-248

neue betriebswirtschaftliche forschung

Unter diesem Leitwort gibt GABLER jungen Wissenschaftlern die Möglichkeit, wichtige Arbeiten auf dem Gebiet der Betriebswirtschaftslehre in Buchform zu veröffentlichen. Dem interessierten Leser werden damit Monographien vorgestellt, die dem neuesten Stand der wissenschaftlichen Forschung entsprechen.

Fortsetzung von S. II

Band 33 Dr. Mark Ebers
Organisationskultur: Eine neues Forschungsprogramm?

Band 34 Dr. Axel v. Werder
Organisationsstruktur und Rechtsnorm

Band 35 Dr. Thomas Fischer
Entscheidungskriterien für Gläubiger

Band 36 Privatdozent Dr. Günter Müller
Strategische Suchfeldanalyse

Band 37 Prof. Dr. Reinhard H. Schmidt
Modelle in der Betriebswirtschaftslehre

Band 38 Privatdozent Dr. Bernd Jahnke
Betriebliches Recycling

Band 39 Dr. Angela Müller
Produktionsplanung und Pufferbildung bei Werkstattfertigung

Band 40 Dr. Rudolf Münzinger
Bilanzrechtsprechung der Zivil- und Strafgerichte

Band 41 Dr. Annette Hackmann
Unternehmensbewertung und Rechtsprechung

Band 42 Dr. Kurt Vikas
Controlling im Dienstleistungsbereich mit Grenzplankostenrechnung

Band 43 Dr. Bernd Venohr
„Marktgesetze" und strategische Unternehmensführung

Band 44 Dr. Hans-Dieter Krönung
Kostenrechnung und Unsicherheit

Band 45 Dr. Theodor Weimer
Das Substitutionsgesetz der Organisation

Band 46 Dr. Hans-Joachim Böcking
Bilanzrechtstheorie und Verzinslichkeit

Band 47 Dr. Ulrich Frank
Expertensysteme: Neue Automatisierungspotentiale im Büro- und Verwaltungsbereich?

GABLER